安徽师范大学徽学资料丛书

徽都金融谭

张恺◎编著

安徽师范大学出版社
·芜湖·

责任编辑:李克非
装帧设计:任　彤
封面题字:胡　云

图书在版编目(CIP)数据

歙故丛谭 / 张恺编著 . — 芜湖:安徽师范大学出版社,2016.12
　ISBN 978-7-5676-2594-5

Ⅰ.①歙… Ⅱ.①张… Ⅲ.①徽州地区－地方史－史料 Ⅳ.①K295.42

中国版本图书馆 CIP 数据核字(2016)第 197621 号

本书由

安徽师范大学中国区域文化研究院高端科研平台

2014年高校引进高校领军人才团队
"中国传统文化以及中外文化交流研究团队"项目
资助出版

歙故丛谭

张恺　编著

出版发行:安徽师范大学出版社
　　　　芜湖市九华南路189号安徽师范大学花津校区　邮政编码:241002
网　　址:http://www.ahnupress.com/
发 行 部:0553-3883578　5910327　5910310(传真)　E-mail:asdcbsfxb@126.com
印　　刷:虎彩印艺股份有限公司
版　　次:2016年12月第1版
印　　次:2016年12月第1次印刷
规　　格:700 mm ×1 000 mm　1/16
印　　张:14.25
字　　数:225千
书　　号:ISBN 978-7-5676-2594-5
定　　价:49.50元

序

　　几年前，一个偶然的机会，我得到一部张恺先生编撰的著作——《歙故丛谭》，此书是作为歙县文史资料专辑，由歙县政协文史资料委员会印刷，近四十万字。虽不是正式出版物，但我被它的内容深深吸引。该书是作者几十年读书时关于徽州资料的摘抄，经过整理而成的，确实是一本有学术价值的书。随后我设法与张先生取得联系，建议他将此书正式出版，张先生慨然应允，他认真做了删减整理，今天终于面世。张先生嘱我写序，屡辞不获，勉为从命。

　　张先生是徽州歙县人，20世纪60年代就读于安徽大学中文系汉语言文学专业，毕业后回到家乡，先后从事秘书、新闻、方志、文史等工作，业余亦从事文学创作，系中国散文诗协会会员、黄山市作家协会会员、歙县作家协会主席顾问。同我见过的许多徽州人一样，他也深受徽州千年来重教兴文传统的影响，一生钟情读书，读书时又喜爱笔记，读到好的内容就会情不自禁地把它抄录下来。这种好习惯影响了他的一生。长期的读书和实践培养了他较深的文学和史学素养。尤其是在1997年张先生从县委宣传部调到县地方志办公室工作，得以接触到大量的历史资料，从此他如鱼得水，在书海中尽情遨游。多年来，他或者埋头图书馆、档案馆、博物馆，或者实地调研、走访，在完成本职工作的同时，积累了大量的资料，本书就是这些汗水的结晶。

　　《歙故丛谭》是作者在阅读大量历史资料的基础上，摘录了有关歙州（宋徽宗宣和三年即1121年前徽州称歙州）、歙县的资料，内容林林总总，涉及方方面面。有人物、宗族、风俗、地理、掌故、传说、神话，很多材料读起来令人兴趣盎然，有些内容今天看来很有教育意义。虽然这些资料都摘自各种古籍，但这些古籍有的是较难找寻的，作者把这些资料集中起来，给读者节省了很多翻检之劳，同时为进一步的学术研究提供了有价值

的线索。尤其是其中一些资料录自孤本、抄本或稀见本，那就更有价值了。比如，清嘉庆间武阳张朝干的《武阳张氏宗谱》以及《富溪大本堂汪氏宗谱》《仁里程氏宗谱》等都是抄本，今天很难看到，张先生从中摘录了不少资料，对我们今天的徽学研究就非常有价值。再如，本书卷七《吴公纪功碑》的碑文资料价值很高。这是作者于2007年10月12日随歙县政协文史委考察团考察镇海招宝山、炮台和海口海防陈列馆，在招宝山上见一《吴公纪功碑》，立于一碑亭内，知吴公名杰，乃歙人也，为光绪年间的抗法英雄，张先生遂视为宝贵资料，不辞劳苦将碑文全文录之，碑文对吴杰的抗法事迹记载得十分详细。民国《歙县志》说吴杰"始学贾兰溪，业茶漆，性喜武，稍长弃贾从军"，虽也记载了他的抗法事迹，但较简略。这篇碑文可以使我们知道一名徽商弃贾从军后表现出的爱国主义精神。再如卷七《岑山渡文书》条，乃是2007年9月6日作者前往岑山渡村考察时发现的，其中两条很有意思：一是《大坦禁约》，康熙二十七年合族公议，"从大川桥起，至下楼坞口水沟止，大路一应坦地，不得建造房屋、擅立厕所及栽种瓜菜等事"。如有违反，"合族公同拆毁，议罚入祠。"可以知道当时宗族是如何保护环境的。另一于同年立的《祠内悬牌》则严禁族人鬻卖子女，如有违反，"祠规重责三十板，立逐出村，生死不许入祠。"这些材料都给我们的研究提供了丰富的信息。

还有的资料因很长，作者仿照《歙事闲谭》的方法自己进行了梳理和摘编，如卷七中《洪村洪姓之经商者》，就是作者从洪氏宗谱中摘抄而成，梳理出自宋代至民国，共有经商者54人，商游之地以浙吴为多，亦有河南、北京、华北、淮徐、丰沛、南畿、襄樊等地。作者还特别指出，万历年间洪元悯、洪元美将植花之艺带至北京经营，表明此时洪川已有花艺之业了，以至后来成为"卖花渔村"。这些对徽商研究都提供了极宝贵的资料。

在本书中，作者还加了大量的按语，交待材料的来源和发现的时间、地点，确保材料的真实可靠性，作者还对某些材料做了简单的评论，这些对读者都是颇有启发的。

总之，此书对于一般读者扩大知识面，了解徽州、歙县，不失为一部好读本；对于专业工作者尤其是徽学研究者来说，也是一本颇有价值的参考书。

最后我想特别指出的是，张先生已经年逾七旬，仍然笔耕不辍，为徽学事业做贡献，确实有一种"徽骆驼"精神，值得我们钦佩和学习。我们希望更多的同志像张先生那样，将自己平生积累的资料整理贡献出来，为发扬光大我们的徽学事业，不断扩大徽学的影响力做贡献。

同时，本书给了我们后学一个有益的启示：平时看书，要随手把一些好的资料记录下来，片言只语、一鳞半爪，当时看起来似乎价值不大，但久久为功，集腋一定成裘。试想，如今被学界视为珍贵资料的明清笔记，不就是当时的"有心人"记录的当时事，或他们的读书笔记吗？今天，我们也应像张先生那样，做个"有心人"，眼勤、手勤、腿勤、笔勤，把我们平时"检"到的一颗颗"珍珠"保存下来，若干年后，就能串成一条光彩夺目的"项链"。

王世华

二〇一六年八月二十八日

目　录

卷 一

《太平广记》三则

石鼓山

《歙州图经》曰："歙州石鼓山，有石如鼓形，又有石人石驴。俗传石鼓鸣，则驴鸣人哭，而县官不利。后凿破其鼓，遂不复鸣。"

按：《太平广记》为成于宋太宗太平兴国年间的小说总集，北宋李昉等编辑，计十二地类，五百卷。该石鼓山究竟在歙州何处，尚不知。辑录于此，以待存考。另据《新安志·卷五》"黟县"载："戢兵山在县北十五里，高百仞，周十里，旧名石鼓山。有石鼓、石人、石驴，俗传石鼓鸣，即驴鸣，长官不利。后凿其鼓破之，遂不复鸣。天宝六年改名戢兵。"

赤岭溪

《歙州图经》曰："歙州赤岭下有大溪，俗传昔有人造横溪鱼梁，鱼不得下，半夜从此岭过，其人遂于岭上张网以捕之。鱼有越网过者，有飞不过而变为石者。今每雨，其石即赤，故称赤岭。而浮梁县得名因此。按《吴都赋》云：'文鳐夜飞而触纶。'盖此其也。"

又据《祁门县志》"山脉"节载："赤岭，旧名血岭，界于彭龙乡与赤岭乡。赤岭头海拔422米。《祥符经》云：赤岭下有大溪，昔人为梁取鱼，鱼不得下，遂夜飞越岭而去，人复张网岭上，其飞不过者，皆化为石，遇雨则赤，故名。"

按:两篇所述相近,故亦录于此。赤岭在今祁门县内。

阎居敬

《稽神录》曰:"新安人阎居敬,所居为山水所浸,恐屋坏,移榻于户外而寝。梦一乌人曰:'君避水在此,我亦避水至此;于君何害,而迫逐我如是。'居敬瘝,不测其故尔。夕三梦,居敬曰:'岂吾不当止耶?'因命移床。乃床脚压一龟于户外,放之乃去。"

按:阎居敬因水侵袭将床移居户外,不料床脚却压着一龟,龟托梦才知。此当一桩奇事。但不知此新安当系歙州之新安否?且录以备考。

《霞外攟屑》十四则

按:清人平步青撰杂著《霞外攟屑》共十卷,涉猎甚广,经史考辨,诗文评论,记方言,释俗谚,朝野掌故,里巷稗史,无所不有,各自成卷。攟,拾取、收集也;屑,碎末也。平步青(1832—1896),字景孙,别号栋山樵、霞偶、常庸等,浙江山阴(今绍兴)人,咸丰乙卯举人,同治元年(1862)赐进士出身,历任翰林院编修、侍读、江西粮道并署布政使等职。同治十一年(1872)弃官归里,居家读书,研治学术。

洪更生

《衎石斋纪事稿》洪更生赞云:"慕范孟博不负母,西荒归来益纵酒,三书帝置诸座右。"

按:洪更生,即歙人洪亮吉也,为清乾隆五十五年(1790)殿试榜眼。

《霞外攟屑》又载嘉庆帝对洪亮吉的两道谕旨。其一曰:"嘉庆四年八月癸亥,上谕:洪亮吉呈递成亲王书札,语涉不经,全无伦次。书内所称如先法宪皇帝之严明,后法仁皇帝之宽仁等语,妄测高深,意存轩轾,狂谬已极。所称谄事和珅诸人,如孙士毅、窦光鼐、李绶等,早经物故;吴省钦则业经罢斥,蒋赐棨、韩镕虽尚列朝籍,亦不复向用;此外如吴省兰、胡长龄、汪滋畹等与和珅交涉之处,皆朕所素知。春间将和珅定谳时,已明降谕旨:凡依附和珅者,概不必株连。洪亮吉平日耽酒狂纵,放荡于礼法之外,除成亲王呈进者,留以备览,其呈递朱珪、刘权之二书,仍著发还,听其或留或毁可也。"其二曰:"(嘉庆)五年闰四月初三乙卯,上谕:洪亮吉原书,实无违碍之句,仍有爱君之诚,惟言视朝稍晏,及小人荧惑等语,未免过激。洪亮吉所论,实足启沃朕心,故置诸座右,时常观览。洪亮吉释放回籍,仍行知岳起,留心查看,不准出境。""伏读圣谕,是成邸所呈进书,置诸座右,其递朱文正、刘文恪二书,业经奉旨发还,虽听其或留或毁,然必已毁弃不存。衍石之赞,三字微误。至诸城实入北江弹文,圣训煌煌,诸家纷纷辨雪,皆未核也。"

按:嘉庆四年,仁宗皇帝诏求直言极谏之事,洪亮吉欲诤言进谏,但他任编修之职,按例不得奏事,遂乞求成亲王代奏,结果获罪被充军新疆伊犁;次年即获大赦回籍。上载两道御旨即是对洪降罪和释罪之内容。最后一段乃《霞外攟屑》作者之论。

兄弟鼎甲

《父子兄弟鼎甲》篇内,辑兄弟鼎甲之歙籍人有"国朝徐元文、徐乾学、徐秉义"。

《儒林小传》之徽人

《儒林小传》载徽人名录有:休宁戴氏震,婺源江氏永,江都(原籍歙)汪氏中,阳湖(原籍歙)洪氏亮吉。

父子主会试者

《父子知举》条云:"国朝(清)自康熙丁丑至光绪丙戌(1697—1998),

父子主会试者已有十三家"，其中原籍歙人一家：潘世恩，道光壬辰、丙申、庚子、丁未；潘曾莹，咸丰癸丑。

　　按：潘世恩、潘曾莹为歙县大阜潘氏移居苏州"贵潘"一支。

国史儒林传之徽人

　　《阮文达公国史儒林传拟稿目》条云："传凡四十四篇，附传五十余人。"其中徽人有江永、汪绂、金榜、戴震、凌廷堪。

　　　按：阮文达，即清学者阮元也，其为国史儒林传拟稿名单中有徽州人5名。

　　另《国史儒林传目》条云："同治丙寅，湘乡曾文正公督江南，属余姚朱太史逌然钞国史儒林、文苑、循吏传稿"，其中徽人有"江永，康熙辛酉(1681)生。""汪绂，康熙壬申(1692)生。""戴震，雍正癸卯(1723)十二月生。""凌廷堪，乾隆丁丑(1757)生，庚戌进士。"

三代翰林之徽人

　　《三代翰林》条，录有徽人，曰："镇洋汪廷玙，乾隆戊辰探花；子学金，辛丑探花；孙彦博，丁未进士。"

　　　按：汪氏祖籍歙县。

　　另"吴县潘世恩，乾隆癸丑状元；子曾莹，道光辛丑进士；孙祖同，咸丰丙辰赐进士；祖荫(曾绶子)，咸丰壬子探花。"

　　　按：潘氏原籍歙县。

父子兄弟翰林之徽人

　　《父子兄弟翰林》条云："五人一家，昆山徐(乾学)，康熙庚戌探花；弟秉义，癸丑探花；元文，顺治乙亥状元；乾学子骏，癸巳(翰林)；元文子树本,丁丑(翰林)。"(徐氏原籍歙县)"三人二十五家,……(其中)休宁汪晋征,康熙己未;子文炯,癸未;倬,己丑。……歙县吴华孙,雍正庚戌;子绶诏,乾隆戊辰;覃诏,辛卯。""二百一家,……(其中)钱塘汪鹤孙,癸丑;(子)德容,雍正甲辰探花(原籍歙)。歙吴苑,壬戌;瞻淇,癸未;曹文埴,庚辰传胪;(子)振镛,辛丑。程昌期,庚子探花;(子)恩泽,嘉庆辛未。吴县潘世璜,乙卯探花;(子)遵祁,道光乙巳(原籍歙县)。商城程国仁,己未;(子)家督,乙丑(原籍歙县)。""(兄弟翰林)二人百三十八家,(其中)歙金云槐,辛巳;榜,壬辰状元。休宁,黄腾达,辛巳;轩,辛卯状元。歙吴绍濂,乙未;绍浣,戊戌。婺源董桂敷,乙丑;桂新,壬戌。"

> 按:上录为父子兄弟翰林中的徽州人。中进士,选翰林,在科举时代已属不易,而竟能父子相承、兄弟相继,更是不易,故被特地列出。

程文恭公

《程文恭公》条引《思补斋笔记》卷五云:"程文恭公'景伊'生平未掌文衡(即担任考官)。《制艺丛话》卷九同。盖本檀沐清腋班评语而误。《雨村诗话》卷二程文恭公位跻宰辅,而总裁典试皆不与,亦缺事也。雨村语本分晓,檀、潘误会耳。《清秘述闻》卷十五,程于乾隆甲子同考顺天,戊辰分校会试,房首,二名李中简。国史馆本传但云十三年三月充会试同考官,脱去甲子同考一节。按乙丑散馆,授编修,甲子以庶吉士分校,述闻作编修。亦微误。"

> 按:《思补斋笔记》言歙人程景伊官居宰辅,却未曾任过考官,是为缺憾。而《霞外攈屑》据《清秘述闻》指出前说有误。

乾隆辛卯会试榜之徽人

《乾隆辛卯会试榜得人》条曰:"《鲁山木文集》卷四,与同年龚惟广书云,尝引宋张忠定之言,谓吾榜中,得人最盛,或以经术显,或以文章称,或以风节著,皆卓卓有声京师,其出而任监司,治郡、县者,皆回绝流辈。"继

而指出"辛卯一榜,以经术显者"有9人,其中徽州人占3,他们是程世淳,字征江;程晋芳,字鱼门;洪朴,字素人。

徽人所刻丛书

《丛书》条曰:"朱文藻云,丛书字见韩诗,云门以两版,丛书其间,而鲁望笠泽丛书,其权舆也。庸按,天随笠泽丛书序云,丛书者,丛脞之书也;丛脞犹细碎,细而不遗大,可知其所容也。盖戢旮己作,犹后人别集中之杂著也。王楙野客丛书乃杂家。朱以为合刻丛书之权舆,似未详天随序意。蛾术编合刻丛书条云,取古人零碎著述,汇刻为丛书。"其中明代刻书"新安程荣有汉魏三十八种"丛书,"新安吴琯有《古今逸史》";清代"则新安张潮(字山来)有《昭代丛书甲集》五十卷、乙集五十卷、丙集五十卷,每卷一种。"

按:本条先叙述丛书的概念,后举例证明,其中有徽州人所刻丛书,程荣、吴琯、张潮皆歙人也。

经学名儒之徽人

《经学名儒记》曰:"常熟张问月明经(星鉴)有《经学名儒记》一卷,凡一百二人,附见十五人。李悉伯农部补浙人十五,凡一百三十二人。"其中本籍或寄籍的徽州人有:程晋芳(寄籍江都)、汪中(附子喜孙,寄籍江都)、洪亮吉(寄籍阳湖)、徐乾学(寄籍昆山)、程廷祚(寄籍上元),非寄籍标明安徽者:江永(婺源)、戴震(休宁)、程瑶田(歙县)、金榜(歙县)、汪绂(歙县)、胡匡衷(绩溪)、凌廷堪(歙县)、汪莱(歙县)、胡培翚(绩溪)、徐卓(休宁)、汪龙(歙县)、洪榜(歙县)、洪梧(歙县)、俞正燮(黟县)。

吴素江得古琴

《谢叠山行实之误》条曰:"新安吴素江景潮,字宪文,于嘉庆乙亥(1815)春,得一古琴,云出自燕郊土中,修三尺四寸五分,额广五寸,腰狭三寸四分,髹漆多剥,形制古朴,积土坚凝如石,铲磨三日,龟文毕露,并见铭刻，词曰：'东山之桐，西山之梓，合而为一，垂千万古，'上题号锺，下署叠山，分隶凡二十字。乃知为谢文节公故物。素江旧蓄潞琴，及朱致远琴，皆名材。得此遂以为琴冠，绘图征诗文。海内名流下及闺阁缁衣，皆有题咏。素江裒为文钞一卷，诗钞七卷，首文节遗像，次琴缩本，次宋史本传，又次谢叠山先生行实，不言何人所撰。"

按：谢枋得，字君直，号叠山，宋代信州弋阳人，登宋宝祐丙辰第。其所遗古琴为新安人吴素江所得。

汪容甫

《汪容甫》条云，"汪容甫氏，经学词术，足称乾隆中钜手，持论偶有偏宕，亦才人恒有。吾乡章实斋氏颇讪之，不能掩也。诗集未刊。《湖海诗传》卷三十五，仅从《淮海英灵集》录其辛卯（1771）三月二十一日夜《和黄仲则》七古一首。《蒲褐山房诗话》谓诗非所长。非定论也。钱金粟《文苑纪事》采其遗诗，谓得唐人法。《宫怨》云：'高树明河隐殿阑，风帘不下夜灯残。玉阶秋草无行迹，坐对三更白露寒。'《夜静》云：'空床生夜寒，梦回知漏永。'《过张明府》云：'天清秋树静，风定夜钟迟。'《宿龙江》云：'疏星渔舍火，寒雨戍楼更。'予读先生子孟慈太守所纂年谱中，载佳作甚伙。如丁亥年（1767）《旅食》云：'旅食和江上，浮生感二毛。畏谗多礼数，居贱习忧劳。野性存麋鹿，机心对桔槔。百年将母计，未敢托名高。'戊申（1788）《题机声灯影图之二》云：'严漏知冬尽，残春倡岁荒。米盐来日计，灯下几回肠。'四云：'夜长资火力，天晓惜膏残。比似吾亲苦，煎熬渐欲干。'五云：'裁到胜衣日，长为负米游。已知贫贱累，仍作别离愁。'六云：'日短何由爱，云飞且自望。百年将母计，气尽是空囊。'七云：'寡鹄应悲早，衔鱼忽就枯。可怜八九子，不及城上乌。'八云：'衣敝犹余线，擘寒尚有膏。尽人由顾复，生我最劬劳。'字字血泪，使人不堪卒读。先生自谓生平学问，私淑亭林，此种诗直入亭林之室矣。余如《辛巳述怀》云：'有子亦何益，生受虚名累。饱暖尚难望，显扬复何赖。'百世下衔恤者读之，真有不可为人之恸。甲午《秋萍》云：'自是浮生易漂泊，不因霜露怨蹉跎。'丙申《千里》云：'平生皎日心犹昨，每到穷途怀故人。'寄托忠厚，尤见性情。至壬午

《重过族弟既清》云：'少年都似梦中看，'则子野闻清歌，辄唤奈何矣。《北江诗话》卷一，谓汪诗如病马振鬣，时鸣不平，洵确评也。"

　　按：据《中国人名大辞典》载，汪容甫，即汪中，乃以字行，清江都人，原籍歙人。乾隆拔贡生。家贫，事母至孝，以母孝竟不朝考，绝意仕进。治经宗汉学，于清代诸儒，最服膺顾炎武、阎若璩、梅文鼎、胡渭、惠栋、戴震，于时彦不轻许可，见负盛名者，必讥弹其失。治古文不取韩欧，以汉魏六朝为则。毕沅总督两湖，聘入幕，属撰《琴台铭》《黄鹤楼记》，好事者争传诵之。后校四库全书于浙江之文澜阁。卒于西湖僧舍。有《广陵通典》《周官征文》《左氏春秋释疑》，而《述学》内外篇尤有名。本条例证了汪容甫文才诗才兼长，指出"《蒲褐山房诗话》谓诗非所长，非定论也"。

徽州朝奉

《员外朝奉》条曰："《事物原会》《通典》：（隋）开皇六年（586），置尚书二十四司，各置员外郎，谓本员之外，复置郎也。《益文散录》引《唐书》：李峤为吏部，欲市私惠，员外置官数十人。言鲭。徽俗称富翁为员外，亦有出。汉有奉朝请，无定员，请音静，按《唐书·职官志》，员外置同正员，俗称似始于此。徽俗以筦质库者为朝奉，或沿奉朝请之称，而误倒之。"

　　按：此条述徽州朝奉含义。《辞海》对"朝奉"的解释有三：①宋代官名。《宋史·职官志九》："朝奉大夫，正五（品）。"又："朝奉郎，正六上。"②旧时对富人或土豪的称呼。《水浒传》第四十七回："这三处庄上……惟有祝家庄最豪杰。为头家长唤作祝朝奉。"③旧时对当铺中管事的店员的称呼。《儒林外史》第五十二回："那毛胡子的小当铺开在西街上……几个朝奉在里面做生意。"有些地方亦用作对一般官员的客气称呼。实际上，在徽州还衍生成孙子对祖父的一种称呼，"朝"或"老朝""老奉"。

《阅微草堂笔记》十二则

按:清人纪昀所作笔记小说集《阅微草堂笔记》分《滦阳消夏录》《如是我闻》《槐西杂志》《姑妄听之》《滦阳杂录》五种,共二十四卷。内容多写鬼怪神异故事,间杂考辨,鲁迅云其"于宋儒之苛察,特有违言";其基本倾向,则仍为宣扬封建道德。纪昀(1724—1805),清学者、文学家,字晓岚,一字春帆,直隶献县(今属河北)人。乾隆进士,官至礼部尚书、协办大学士。谥文达。曾任四库全书馆总纂官,纂定《四库全书总目提要》。能诗及骈文,多宣扬封建伦理观念及歌功颂德之作,有《纪文达公遗集》等。

曹某不畏鬼魅

《滦阳消夏录》第二十二则云:"曹司农竹虚言,其族兄自歙往扬州,途经友人家。时盛夏,延坐书屋,甚轩爽。暮欲下榻其中,友人曰:是有魅,夜不可居。曹强居之,夜半,有物自门隙蠕蠕入,薄如夹纸。入室后,渐开展作人形,乃女子也。曹殊不畏,忽披发吐舌,作缢鬼状。曹笑曰:'犹是发,但稍乱。犹是舌,但稍长。亦何足畏!'忽自摘其首置案上。曹又笑曰:'有首尚不足畏,况无首耶!'鬼技穷,倏然灭。及归途再宿,夜半门隙又蠕动。甫露其首,辄唾曰:'又此败兴物耶?'竟不入。此与嵇中散事相类。夫虎不食醉人,不知畏也。大抵畏则心乱,心乱则神涣,神涣则鬼得乘之。不畏则心定,心定则神全,神全则沴戾之气不能干。故记中散是事者,称神志湛然,鬼渐而去。"

按:歙人曹竹虚之族兄曹某不畏鬼魅,精神可佳也,仍令今人钦佩。

罗两峰目能视鬼

《滦阳消夏录》之七十一则云,"扬州罗两峰,目能视鬼,曰:'凡有人处皆有鬼。其横亡厉鬼,多年沉滞者,率在幽房空宅中,是不可近,近则为害。其憧憧往来之鬼，午前阳盛，多在墙阴，午后阴盛，则四散游行。可以穿壁而过，不由门户，遇人则避路，畏阳气也。是随处有之，不为害。'又曰：'鬼所聚集，恒在人烟密簇处。僻地旷野，所见殊稀。喜围绕厨灶，似欲近食气。又喜入溷厕，则莫名其故，或取人迹罕到耶？'所画有《鬼趣图》，颇疑其以意造作。中有一鬼，首大于身几十倍，尤似幻妄。然闻先姚安公言，瑶泾陈公，尝夏夜挂窗卧，窗广一丈，忽一巨面窥窗，阔与窗等，不知其身在何处。急掣剑刺其左目，应手而没。对屋一老仆亦见，云从窗下地中涌出。掘地丈余，无所睹而止。是果有此种鬼矣。茫茫昧昧，吾乌乎质之。"

按：罗两峰乃徽州人罗聘也。《辞海·艺术分册》云其生卒为1733—1799年，清画家，字遁夫，号两峰、花之寺僧，江苏甘泉（今扬州）人（实祖籍为安徽歙县呈坎人），自题所居为"朱草诗林"。金农弟子。画人物、佛像、花果、梅竹、山水，自成风格。作《鬼趣图》，借以讽刺当时，袁枚、姚鼐、钱大昕、翁方纲等为之题咏。为"扬州八怪"之一。兼能诗，有《香叶草堂集》。妻方婉仪，号白莲居士，亦工画梅竹兰石；子允绍、允缵，均善画梅。

程鱼门论怨毒

《滦阳消夏录》之一百一十六则云，"程编修鱼门曰：'怨毒之于人甚矣哉。'宋小岩将殁，以片札寄其友，曰：白骨可成尘，游魂终不散。黄泉业镜台，待汝来相见。余亲见之。其友将殁，以手拊床曰：'宋公且坐。'余亦亲见之。"

按：程鱼门为程晋芳之字，《中国人名大辞典》载其为清代歙人，初名廷锽，号鱼园，乾隆进士，官吏部主事，为《四库全书》纂修官，改编修。家世殷富，业盐于淮。晋芳独好儒术，购书五万卷，日夜搜讨；又好周戚里，礼文士，声华籍甚，卒以是倾其资，客死关中。有《周易知旨》《尚书会文释义》《左传翼琉》《礼记集释》《勉行斋文》《鱼园诗》。本条记程晋芳对怨毒之论。

深山岩洞

《滦阳消夏录》之二百五十六则云，"戴东原言，明季有宋某者，卜葬地，至歙县深山中。日薄暮，风雨欲来，见岩下有洞，投之暂避。闻洞内人语曰：'此中有鬼，君勿入'。问：'汝何以入？'曰：'身即鬼也。'宋请一见。曰：'与君相见，则阴阳气战，君必寒热小不安。不如君爇火自卫，遥作隔座谈也。'宋问：'君必有墓，何以居此。'曰：'吾神宗时为县令，恶仕宦者货利相攘，进取相轧，乃弃职归田。殁而祈于阎罗，勿轮回人世。遂以来生禄秩，改注阴官。不虞幽冥之中，相攘相轧，亦复如此，又弃职归墓。墓居群鬼之间，往来嚣杂，不胜其烦。不得已，避居于此。虽凄风苦雨，萧索难堪，较诸宦海风波，世途机阱，则如生忉利天矣。寂历空山，都忘甲子。与鬼相隔者，不知几年。与人相隔者，更不知几年。自喜解脱万缘冥心造化，不意又通人迹，明朝当即移居。武陵渔人，勿再访桃花源也。'语讫，不复酬对。问其姓名，亦不答。宋携有笔砚，因濡墨大书'鬼隐'两字于洞口而归。"

按："鬼域"与人世同，亦不安宁，亦须隐避，然隐避亦不意受扰，悲矣！戴东原，戴震字也。《中国人名大字典》载，震，清休宁人，乾隆举人，少从婺源江永游，礼经制度名物及推步天象，皆洞彻原本。既乃究精汉儒传注及说文诸书，由声音文字以求训诂，由训诂以寻义理，实事求是，不主一家。四库馆开，荐充纂修，旋赐同进士出身，授庶吉士。性介特，无嗜好，惟喜读书，馆中有奇文疑义，辄就谘访，以积劳致疾卒官。有《诗经二南补注》《毛郑诗考证》《考工记图》《孟子字义疏证》《方言疏证》《原善》《原象》《勾股割圆记》《策算声韵考》《声类表》《仪礼正误》《尔雅文字考》《屈原赋注》《九章补图》《古历考》《历问》《水地记》《东原文集》等书。所校《大戴礼记》《水经注》，尤精核。

蒋紫垣解砒毒方

《如是我闻》二之八十七则云，"歙人蒋紫垣，流寓献县程家庄，以医为业。有解砒毒方，用之十全。然必邀取重赏，不满所欲，则坐视其死。一

日暴卒,见梦于居停主人。曰:'吾以耽利之故,误人九命矣。死者诉于冥司,冥司判我九世服砒死。今将赴转轮,赂鬼卒,得来见君,特以此方奉授。君能持以活一人,则我少受一世业报也。'言讫,涕泣而去,曰:'吾悔晚矣。'其方以防风一两,研为末,水调服之而已,无他秘药也。又闻诸沈丈丰功曰:'冷水调石膏,解砒毒如神。'沈丈平生不妄语,其方当亦验。"

按:本条记述歙县医家蒋紫垣有解砒霜毒之偏方,此方于今,不知可有参考价值。

程也园失火

《如是我闻》三之一百五十一则云:"程也园舍人,居曹竹虚旧宅中。一夕勿戒于火,书画古器,多遭焚毁。中褚河南临兰亭一卷,乃五百金所质。方虑来赎时缪戾,忽于灰烬中拣得,匣及袱并爇,而书卷无一毫之损。表弟张桂岩,馆也园家,亲见之。白香山所谓在在处处有神物护持者耶?抑成毁各有定数,此卷不在此火劫中耶?然事则奇矣,亦将来赏鉴家一佳话也。"

按:曹竹虚,曹文埴也。《中国人名大辞典》载,文埴,清歙人,字近薇,号竹虚,乾隆进士,官至户部尚书,鞫狱秉公,得大臣体。卒谥文敏。有《石鼓研斋文抄》。程也园何人?待查。

徽州唐打猎

《槐西杂志》一之五十六则云,"族兄中涵知旌德县时,近城有虎暴,伤猎户数人,不能捕。邑人请曰:'非聘徽州唐打猎,不能除此患也。'(休宁戴东原曰:'明代有唐某,甫新婚而戕于虎。其妇后生一子,祝之曰:尔不能杀虎,非我子也;后世子孙如不能杀虎,亦皆非我子孙也。故唐氏世世能打虎。')乃遣吏持币往。归报唐氏选艺至精者二人,行且至。至则一老翁,须发皓然,时咯咯作嗽;一童子十六七耳。大失望,姑命具食。老翁察中涵意不满,半跪启曰:'闻此虎距城不五里,先往捕之,赐食未晚也。'遂命役导往。役至谷口，不敢行。老翁哂曰：'我在，尔尚畏耶？'入谷将半，老翁顾童子曰：'此畜似尚睡，汝呼之醒。'童子作虎啸声.果自林中出，径搏老翁。老翁手持一短柄斧，纵八九寸，横半之，奋臂屹立。虎扑至，侧首让之。虎自顶上跃过，已血流仆地。视之，自颔下至尾闾，皆触斧裂矣。乃厚赠遣之。老翁自言练臂十年，练目十年。其目以毛帚扫之不瞬，其臂使壮夫攀之，悬身下缒不能动。《庄子》曰：'习伏众神，巧者不过习者之门。'信夫。尝见史舍人嗣彪，暗中捉笔书条幅，与秉烛无异。又闻静海励文恪公，剪方寸纸一百片，书一字其上，片片向日叠映，无一笔丝毫出入。均习而已矣，非别有谬巧也。"

按：以徽州唐打猎之故事，说明凡艺技之精，在于勤学苦练而已，亦即天才在于勤奋也。老翁打虎之状，写得细致生动，历历在目。

狐报淮妓

《槐西杂志》四之一百八十九则："程鱼门言，朱某昵淮上一妓，金尽，被斥出。一日，有西商过访妓，仆舆奢丽，挥金如土。妓兢兢恐其去，尽谢他客，曲意效媚。日赠金帛珠翠，不可缕数。居两月余，云暂出赴扬州，遂不返。访问亦无知者。赀货既饶，拟去北里为良家。检点箧笥，所赠已一物不存。朱某所赠，亦不存。惟留二百余金，恰足两月余酒食费。一家迷离惝恍，如梦乍回，或曰：闻朱某有狐友，殆代为报复云。"

按：淮妓势利，本性所然，狐会为友报复，当是奇事。

伪狐女

《槐西杂志》四之一百九十则："鱼门又言游士某，在广陵纳一妾，颇娴文墨，意甚相得，时于闺中唱和。一日夜饮归，童婢已睡，室内暗无灯火。入视阒然，惟案上一札曰：'妾本狐女，僻处山林。以夙负应偿，从君半载。今业缘已尽，不敢淹留，本拟暂住待君，以展永别之意。恐两相凄恋，弥难为怀。是以茹痛竟行，不敢再面。临风回首，百结柔肠。或以此一

念，三生石上，再种后缘，亦未可知耳。诸惟自爱，勿以一女子之故，至损清神。则妾虽去，而心稍慰矣。'某得书悲感，以示朋旧，咸相慨叹。以典籍尝有此事，弗致疑也。后月余，妾与所欢北上，舟行被盗，鸣官待捕，稽留淮上者数月，其事乃露。盖其母重鬻于人，伪以狐女自脱也。周书昌曰：'是真狐女，何伪之云。吾恐志异诸书所载，始遇仙姬，久而舍去者，其中或不无此类也乎？'"

按：又是程晋芳所言狐女作怪之事。真伪虽难辨，然事亦奇也。

二士游黄山

《姑妄听之》四之一百五十则云："周化源言有二士游黄山，留连松石，日暮忘归。夜色苍茫，草深苔滑，乃共坐于悬崖之下。仰视峭壁，猿鸟路穷。中间片石斜欹，如云出岫。缺月微升，见有二人坐其上。知非仙即鬼，屏息静听。右一人曰：'顷游岳麓，闻此翁又作何语？'左一人曰：'走时方聚众讲《西铭》，归时又讲《大学衍义》也。'右一人曰：'西铭论万物一体，理原如是。然岂徒心知此理，即道济天下乎？父母之于子，可云爱之深矣。子有疾病，何以不能疗？子有患难，何以不能救？无术焉而已。此犹非一身也。人之一身，虑无不深自爱者。己之疾病，何以不能疗？己之患难，何以不能救？亦无术焉而已。今不讲体国经野之政，捍灾御变之方，而曰吾仁爱之心，同于天地之生物。果此心一举，万物即可以生乎？吾不知之矣。至《大学》条目，自格致以至治平，节节相因，而节节各有其功力。譬如土生苗，苗成禾，禾成谷，谷成米，米成饭，本节节相因。然土不耕则不生苗，苗不灌则不得禾，禾不刈则不得谷，谷不舂则不得米，米不炊则不得饭，亦节节各有其功力。西山作《大学衍义》，列目至齐家而止。谓治国平天下，可举而措之，不知虞舜之时，果夔契允诺，而洪水即平，三苗即格乎？抑扰有治法在乎？又不知周文之世，果太姒徽音，而江汉即化，崇侯即服乎？抑别有政典存乎？今一切弃置，而归本于齐家，毋亦如土可生苗，即炊土为饭乎？吾又不知之矣。'左一人曰：'琼山所补，治平之道其备乎？'右一人曰：'真氏过于泥其本，邱氏又过于逐其末。不究古今之时势，不揆南北之情形，琐琐屑屑，缕陈多法，且一一疏请施行，是乱天下也。即其海运一议，胪列历年漂失之数，谓所省转运之费，足以相抵。不知一舟人命，讵止数十，合数十舟即逾千百，又何为抵乎？亦妄谈而已矣。'左一人曰：'是则然矣。诸儒所述封建井田，皆先王之大法。有太平之实验，究何如乎？'右一人曰：'封建井田，断不可行。驳者众矣。然讲学家持此说者，意别有在，驳者未得其要领也。夫封建井田不可行，为驳者知之，讲学者本自知之。知之而必持此说，其意固欲借一必不行之事，以藏其身也。盖言理言气，言性言心，皆恍惚无可质。谁能考未分天地之前，作何形状，幽微暧昧之中，作何情态乎？至于实事，则有凭矣。试之而不效，则人人见其短长矣。故必持一不可行之说，使之必不能试，必不肯试，必不敢试，而后可号于众曰：'吾所传先王之法，吾之法可为万世致太平，而无如人不用何也。'人莫得而究诘，则亦相率而欢曰：'先生王佐之才，惜哉不竟其用'云尔。以棘刺之端为母猴，而要以三月斋戒乃能观，是即此术。第彼犹有棘刺，犹有母猴，故人得以求其削。此更托之空言，并无削之可求矣。天下之至巧，莫过于是。驳者乃以迂阔议之，乌识其用意哉？'相与太息者久之，划然长啸而去。二士窃记其语，颇为人述之。有讲学者闻之，曰：'学求闻道而已。'所谓道者，曰天曰性曰心而已。忠孝节义，犹为末务。礼乐刑政，更末之末矣。为是说者，其必永嘉之徒也夫。"

按：此黄山奇人论道也，为游黄山二士所窃听知，又经周化源传言，再由纪翁载之。意义若何？吾暂不究，录以备考也。

士人狎狐

《滦阳续条》五之六十则："程编修鱼门，言有士人与狐女狎，初相遇即不自讳，曰：'非以采补祸君，亦不欲托词有夙缘，特悦君美秀，意不自持耳。'然一见即恋恋不能去，傥亦夙缘耶。不数数至，曰：'恐君以耽色致疾也。'至或遇其读书作文，则去。曰恐妨君正务也。如是近十年，情若夫妇。士子久无子，尝戏问曰：'能为我诞育否耶？'曰：'是不可知也。夫胎者，两精相搏，翕合而成者也。媾合之际，阳精至而阴精不至，阴精至而阳精不至，皆不能成。皆至矣，时有先后，则先至者气散不摄，亦不

能成。不先不后，两精并至，阳先冲而阴包之，则阳居中为主而成男；阴先冲而阳包之，则阴居中为主而成女。此化生自然之理，非人力所能为。故有一合即成者，有千百合而终不成者。故曰不可知也。'问孪生何也。曰：'两气并盛，遇而相冲。正冲则歧而二。偏冲则其一阳多而阴少，阳即包阴；其一阴多而阳少，阴即包阳。故二男二女者多，亦或一男一女也。'问精必欢畅而后至，幼女新婚，畏缩不暇，乃有一合而成者，阴精何以至耶？曰：'燕尔之际，两心同悦，或先难而后易，或貌瘁而神怡。其情即洽，其精亦至。故亦偶一遇之也。'问既由精合，必成于月信落红以后。何也？曰：'精如谷种，血如土膏。旧血败气，新血生气。乘生气乃可养胎也。吾曾侍仙妃，窃闻讲生化之源，故粗知其概。愚夫妇所知能，圣人有所不知能。此之谓矣。'后士人年过三十须暴长。狐忽叹曰：'是鬈鬈者如芒刺，人何以堪，见辄生畏，岂夙缘尽耶？'初谓其戏语，后竟不再来。鱼门多髯，任子田因其纳姬，说此事以戏之。鱼门素闻此事，亦为失笑。既而曰，此狐实大有词辩，君言之未详。遂具述论如此。以其颇有理致，因追忆而录之。"

按：又是程晋芳鱼门所言之轶事，且是一番男女阴阳之论，索探生化之源，确有理致，录存当值也。

定静祛魔不畏鬼

《滦阳续录》五之一百则："戴东原言，其族祖某，尝僦僻巷一空宅。久无人居，或言有鬼。某厉声曰：'吾不畏也。'入夜，果灯下见形，阴惨之气，砭人肌骨。一巨鬼怒叱曰：'汝果不畏耶？'某应曰：'然。'遂作种种恶状，良久，又问曰：'仍不畏耶？'又应曰：'然。'鬼色稍和，曰：'吾亦不必定驱汝，怪汝大言耳。汝但言一畏字，吾即去矣。'某怒曰：'实不畏汝，安可诈言畏？任汝所为可矣！'鬼言之再四，某终不答。鬼乃太息曰：'吾住此三十余年，从未见强项似汝者。如此蠢物，岂可与同居！'奄然灭矣。或咎之曰：'畏鬼者常情，非辱也。'谬答以畏，可息事宁人。彼此相激，伊于胡底乎？某曰：'道力深者，以定静祛魔，吾非其人也。以气凌之，则气盛而鬼不逼；稍有牵就，则气馁而鬼乘之矣。彼多方以饵吾，幸未中其机械也。'

论者以其说为然。"

按：又一则徽州人不怕鬼的故事。正可压邪，清可驱浊，人不畏鬼，鬼自灭之。戴东原即经学家戴震也。

卷 二

《梦溪笔谈》三则

按：北宋沈括所著《梦溪笔谈》为古典科技名著，成书于宋哲宗元祐年间（约1091年前后），全书26卷，外加《补笔谈》3卷、《续笔谈》11条，计1卷，总30卷，因写于润州（今江苏镇江）梦溪园而得名。分故事、辩证、乐律、象数、人事、官政、权智、艺文、书画、技艺、器用、神奇、异事、谬误、讥谑、杂志、药议17目，约600条。内容涉及天文、气象、历法、数学、地质、地理、物理、生物、化学、医药、文学、史学、音乐、美术等。《中国人名大辞典》载沈括："字存中，嘉祐进士，神宗时累官太子中允，提举司天监，置浑仪景表，招卫朴造新历，转太常丞。括博学善文，于天文、方志、律历、音乐、医药、卜算，无所不通。有《长兴集》《梦溪笔谈》《苏沈良方》。"

均衡赋税

《官政一》之"均衡赋税"条云："五代方镇割据，多于旧赋之外，重取于民。国初悉皆蠲正，税额一定，其间或有重轻未均处，随事均之。福、歙州税额太重，福州则令以钱二贯五百折纳绢一匹，歙州输官之绢止重数两；太原府输赋全除，乃以减价籴粟补之。后人往往疑福、歙折绢太贵，太原折米太贱，盖不见当时均赋之意也。"

按：这里记述了宋代歙州税额太重，可做研究宋代徽州经济之参考。

各地茶情

《官政二》之"各地茶情"条云:"国朝(宋)六榷货物,十三山场,都卖茶岁一千五十三万三千七百四十七斤半,祖额钱二百二十五万四千四十七贯一十。其六榷货务取最中,嘉祐六年,抛占茶五百七十三万六千七百八十六斤半,祖额钱一百九十六万四千六百四十七贯二百七十八。……无为军祖额钱三十四万八千六百二十贯四百三十,受纳潭、筠、袁、池、饶、建、歙、江、洪州、南康、兴国军片散茶共八十四万二千三百三十三斤。真州祖额钱五十一万四千二百二十二贯九百三十二,受纳潭、袁、驰、饶、歙、建、抚、筠、宣、江、吉、洪州、兴国、临江、南康军片散茶共二百八十五万六千二百六斤。海州祖额钱三十八万八千七百三贯六百七十六,受纳睦、湖、杭、越、衢、温、婺、台、常、明、饶、歙州片散茶共四十二万四千五百九十斤。"

按:六榷货物,即六个专卖处。嘉祐六年,为公元1061年,北宋仁宗年间。上述可知,歙州茶由无为军、真州、海州三处收购,然具体数目未示。

活版印刷

《技艺》之"活版印刷"条云:"板印书籍,唐人尚未盛之。自冯瀛王始印五经,已后典籍,皆为板本。庆历中,有布衣毕昇,又为活板。其法用胶泥刻字,薄如钱唇,每字为一印,火烧令坚。先设一铁板,其上以松脂腊和纸灰之类冒之。欲印则以一铁范置铁板上,乃密布字印。满铁范为一板,持就火炀之,药稍熔,则以一平板按其面,则字平如砥。若止印三二本,未为简易,若印数十百千本,则极为神速。常作二铁板,一板印刷,一板已自布字,此印者才毕,则第二板已具,更互用之,瞬息可就。每一字皆有数印;如"之""也"等字,每字有二十余印,以备一板内有重复者。不用则以纸贴之,每韵为一帖,木格贮之。有奇字素无备者,旋刻之,以草火烧,瞬息可成。不以木为之者,木理有疏密,沾水则高下不平,兼与药相粘,不可取。不若燔土,用讫再火令药熔,以手拂之,其印自落,殊不沾污。昇死,为予群从所得,至今宝藏。"

按：据传，毕昇乃歙县人，是以收录此条。但究竟是否歙人，尚待行家考之。

《南亭笔记》十三则

道光笑问潘世恩

清末小说家李伯元所著《南亭笔记》卷一之二十一则云："某某年道光御便殿，召见最亲幸之某旗员。时长昼如年，道光倦甚，因问：'有何消遣之良法？'某对曰：'臣以为读书最佳。'道光曰：'读书固佳，然书贵新奇，耐人寻味，内府群书，朕已遍览，不识外间有何妙书，足供寓目否？'某率尔对曰：'妙书甚多，即如奴才所见之《金瓶梅》《红楼梦》《肉蒲团》《品花宝鉴》等，均可读之以消遣。'道光闻而茫然，略记其名，颔首称善。明日于军机处见潘文恭公，笑问曰：'闻卿家藏书甚富，如某某等书，谅必购置。'公大惊，伏地叩头不起。道光曰：'第欲问卿借书，何遽至此？'公乃婉奏：'此皆淫书，非臣家所敢蓄，不识圣聪何以闻之？'道光默语，即降手谕，将某严行申斥。"

按：李伯元（1867—1906），名宝嘉，原名宝凯，字伯元，别号南亭亭长，笔名游戏主人、讴歌变俗人等，江苏武进（今常州）人。晚清小说大家，著名报人。代表作有《官场现形记》《文明小史》等。《南亭笔记》有16卷，记有清代上至朝廷，下讫闾巷遗闻遗事。于封建帝王、名宦士夫、封疆大吏，多有涉及。所写有官场、艺苑、文坛、理学诸多方面。尤其是对晚清官场腐败及官僚贪鄙的揭露，为《官场现形记》《文明小史》提供了大量素材，对认识明清官场小说创作及本事的关系，颇具史料价值。该条所记"潘文恭公"，乃潘世恩也。据《中国人名大辞典》载："潘世恩，清吴县人（祖籍歙县大阜），字槐堂，号芝轩，乾隆进士，授修撰，累官体仁阁大学士，加太傅，直枢廷几三十年。寿八十有六。子孙科第踵武，极人爵之荣。卒谥文恭。有《思补堂集》。"清代，《金瓶梅》等被视为淫书而禁之，士大夫即使私下购阅，亦不敢公开承认，故潘世恩见道光帝询问,即惊而伏地叩首,足见潘为人为官谨慎。

徽商斗富一斑

卷三之第五则云:"潘梅溪为苏州巨富,与之相埒者,惟枫桥汪姓而已。尝谒汪,服貂耳茸外褂,汪不之识,问潘,潘告之而面有得色。汪大恚,潘去,乃令其仆遍向旧家搜寻此服,并悬重价,每一袭偿金八百两,一夕而得八袭。诘朝折柬招潘饮,潘至则八仆立于大门之左,所服与潘无异,潘惭而去。按俗以潘梅溪与查三爷斗胜,编为京剧,其实潘后查七八十年,并非同时人物。又左公平西,以曹克忠为主脑,其实甲午之岁,曹尚任某处总镇,捻匪之役,盖与曹绝不相干也。"

按:潘、汪皆徽州商人也,徽商斗富乃有钱人无聊之举。作者于此则中还纠正了两桩故实。

胡教授之梦

卷三之第七则云:"胡恪靖公宝瑔,世居徽州,父官松江府教授,遂家焉。生公之夕,教授公寓居王文成公祠,梦文成手一金轴曰:'五十年后,烦送吾乡'。乾隆十六年,恭扈圣驾南巡,至会稽御祭王文成,命公赍金轴读祝堂下,方知前梦之征也。公未遇时,赴礼部试,有友人托其代赍文书投部者,为奴误事致愆期,其人不得与试。公知之曰:'吾累吾友不得入闱,吾安能独试?'遂不入闱,寻考授中书,累官巡抚。"

按:此条表明胡宝瑔,并非《中国人名大辞典》所载为清青浦人,实祖籍为徽州歙县,字泰舒,乾隆间试授内阁中书,历任山西、湖南、江西、河南巡抚,力行教养之政,在河南最久。卒谥恪靖。此条写胡降生之际,其父即有梦兆,当是奇事也。

吴三桂戏盐商

卷三之三十二则云："吴三桂盛时，颇留意声伎，蓄歌童自教之，中六人最胜，称六燕班，因六人皆以燕名也。尝微服漫游江淮，与六燕俱。盐贾某亦嗜声伎，值家宴演剧，吴具伪姓名致贶为寿，贾人而觞之。未几乐作，列坐少长，奖借不遗余力，吴惟嘿坐瞑目摇首而已。主人怒目吴曰："若村老，亦谙此耶？"吴曰："不敢！但嗜此已数十年矣。"主人愈不怿。客有黠者请吴奏技，否则因而折辱之。吴欲自炫，不复辞谢，欣然为演《寄柬》，声容台步，动中肯綮，座客相顾愕眙。少焉乐阕，下场一笑，连称献丑而去。"

按：此盐贾为徽州盐贾吗？不得而知，且录于此，以备考。以吴三桂之地位，竟以艺自炫而戏他人，品亦低也。

程晋芳客卒西安

卷五之三十五则云："程编修晋芳，以贫病乞假诣西安，节使虚上室迎之。未数日即病，节使率姬侍为料理汤药，不归寝者旬日。及卒，凡附身附棺之具，节使皆躬亲之，不假手仆隶也。一日举两哀，官吏来吊者竟忘程为客死矣。榇归日，复以三千金恤其遗孤。时言舍人朝标《投节使》一诗曰：'任昉全家欣有托，祢衡一个仅容狂。'洵实录也。"

按：程晋芳为歙人，客亡他乡，当是惨事，然而受到"节使"之优待，又属幸事。此"节使"即时任陕西巡抚的阮元。

汪吴表兄弟轶事

卷六之二则云："汪柳门侍郎与吴清卿中丞为表兄弟，同治初，汪已弃儒就贾，一日遇吴某处，互叩踪迹，汪谓明日奉访，吴曰：'你不能来的，乃是知府衙门。'盖吴方为苏守吴公延之教读也。明日汪待吴不及，诣其馆，与吴公之子广涵相值，彼此投契。广涵将应南宫试，吴、汪附之去，下北闱焉，途遇张人俊、洪文卿，结伴偕行。既抵京，汪忽不知所往，越宿来取铺程,吴询其由,汪曰:'我那里你也不能来的,乃是中堂住宅。'盖汪为彭相国允章所赏,命课其孙也。后吴、洪缘汪而见彭,彭叹曰:'诸君皆国器也。'悉为纳监,并各赠膏火数十金。迨揭晓,吴、洪获隽,而汪下第。时粤乱甫靖,浙省乡场推至十月,彭又为汪咨送回南亦捷。明年会榜,洪大魁天下,汪、吴俱列编修。"

按:汪柳门,乃汪鸣銮也。《中国人名大辞典》载:"清,钱塘人,字柳门,号郋亭,同治进士,光绪间任国子监司业,累有陈奏,历官吏部侍郎,旋在总理衙门行走。中日甲午战争后,两宫猜忌日甚,鸣銮以奏对失旨,革职废置终身。"吴清卿,乃吴大澂也。《中国人名大辞典》与《辞海》皆载其为江苏吴县人,《歙县志》却以其为歙人,寄居江苏吴县,传略曰:吴大澂(1835—1902),字清卿,号恒轩、愙斋,同治进士,授编修,历任陕甘学政,广东、湖南巡抚。甲午战争时,自请率湘军出关御敌,兵败被革职。罢官后精研金石、文字学,潜心著述。著有《古籀补》12卷、《字说》1卷、《权衡度量考》、《古玉图考》1卷。由吴大澂与汪鸣銮之关系推之,鸣銮亦可能祖籍歙人。文中洪文卿亦歙人,即洪钧状元。此条记述了汪、吴表兄弟相互斗气之轶事。

洪钧之梦

卷六之三则云:"洪文卿未第时,梦神告之曰:'汝戊午第一人也。'甚喜。至次年临场,又梦前神告曰:'前言戏之耳。'洪愠谓:'妖梦不践,神实颠倒我。'及试,题为'子之武城全章',有'前言戏之'之句,始悟曩梦之奇,榜发果列魁首。"

按:洪文卿,乃洪钧也。《中国人名大辞典》载其"清,吴县人",原籍应是歙县桂林。字文卿,同治进士第一,由修撰累官兵部左侍郎。光绪年间出使俄德荷奥,于元史致力尤深,有《元史译文证补》。此条载洪考前作梦,梦兆前程,确为奇事,但不知是否真实?还是杜撰以充谈资?无法考证,录存作稗史也。

洪钧醉态

卷六之四则云："洪钧通籍后，请修墓假，在金阊微服作狭邪游。一日昏然醉，夜四漏，踽踽归家，路遇巡逻者，诘其何故中宵踯躅，洪怒，掌其颊，巡逻者出绳缚之去。洪倒卧地甲家，黎明始醒，大骇呼地甲至，地甲识为洪，叩头请罪，洪无言出，盖恐人之传播也。"

按：此洪钧得意忘形之举也，表明状元亦与常人无二。

潘祖荫轶事

卷六之二十二至三十则记载了潘祖荫诸多轶事，其一云："王廉生祭酒官翰林二十年，喜金石书画，一贫如洗，典衣绝粮不顾也。书法雄健，尽脱楷气，吴县潘文勤公极赏识之。王性耿介，好诙谐，动辄玩世，使酒骂座，同官均侧目，有'东怪'之称。至合家殉国，人始叹为不可及。"

按：潘祖荫属苏州"大阜贵潘"。此条实写王廉生喜金石书画也，同官侧目，潘祖荫独赏识之，可谓有同好也。

其二云："潘文勤祖荫，酷嗜金石，修墓回籍，闻某处有碑石，文勤欣然往觅。至则石在某姓家子妇床后壁间，文勤持烛扪索之，良久，飞尘满头不顾也，已而审为真本，立予五百金舁之去。"

按：潘痴迷金石如此，确为"酷嗜"矣！

其三云："文勤秉吴人柔脆之遗，遇事和缓，与同列某满相并善谀词，时人为之联曰：'者者者主子洪福，是是是皇上天恩。'"

按：潘乃徽人，然几代居吴，是乃秉"吴人柔脆之遗"矣。

其四云："文勤在南书房日，恃宠而骄，一时以潘三架子呼之。尝在前门外与一车相撞，车中人探头出望，则某亲王也。亲王乃曰：'潘三小子，你忙什么？不是赶天桥吗？'潘赧然而已，一时闻者为之拊掌称快。"

按：恃宠而骄，或许是大多数人的秉性，潘亦不例外，某亲王亦不例外，拊掌称快者亦不例外。不过，恃宠而骄者，总会吃苦头的，还是平和些好。

其五云："文勤喜闻鼻烟，尝以银五百两购得金花一罐。某邸乞得少许，嗅之绝佳，而思以术取之，明日扬言于众曰：'潘三架子闻烟到底外行，他那个五百两头并不好。'潘知之大恚，归而取烟赏其仆。仆密以献某邸，得善价焉。"

按：潘愚矣，竟不细辨奸言；某邸奸矣，为区区鼻烟竟施奸计；潘仆耻矣，竟背主谋私！

其六云："文勤偶在朝房与众闲谈，提及某日陛见之某提督，谓此人真是忠肝义胆。李文田问曰：'其战绩如何？'文勤曰：'不甚清楚。'李曰：'然状貌如何？'文勤曰：'没有会过。'李曰：'然则中堂何所见而云然？'文勤曰：'他送我的鼻烟很好，我就知道此人不错。'"

按：仅以鼻烟好坏论人，潘谬矣！不过倒也坦率。李文田，广东顺德人，字仲约，号芍农，咸丰进士，官至礼部左侍郎。

其七云："某科考差，奉旨派潘文勤公拟题，文勤一时笔误，竟书同治年号。此纸已粘诸殿柱矣，监试者见而骇甚，潜往揭之，裁去同治某年拟题一行，而文勤卒获无事。可见当时尚有同寅协恭之谊。"

按：潘太粗心了！若非监试者帮忙，几乎酿成大祸。事当出光绪朝。

其八云："某科会试，文勤充大总裁。有一卷荐而未售，评曰：'欠沙石。'及辗转托人致问。文勤曰：'其文日光玉洁，因恐风檐寸晷，未必有如此磨琢工夫，或系代枪所致，故抑之。'又一卷批一矮字，众皆愕视，文勤晓之曰：'矮者谓其不高耳。'又文勤尝请门生私宴，其知单曰：'天气甚热，准九点入座，迟者俱死无益。'其坦率有如此者。"

按:此科会试当是光绪十五年(1898)己丑科会试,潘祖荫以工部尚书、壬子科探花充任第三席主考官。文中潘之批语,显出其人之幽默风格也。

其九云:"文勤以斥革举人徐景春一案,部议降二级调用,为户部侍郎,管理三库事务。不知何时三库印信失落,及潘在任时举发,因得革职留任处分,至是降二级调用,无任可留,竟议革职。两宫以其南书房多年,特旨赏编修,仍在南书房行走,潘抑郁殊甚。甲戌会试后,邀各门生在松筠庵宴饮,集款二万两,捐修颐和园,遂赏三品京堂候补,累迁至工部尚书,薨于位。"

按:何谓宦海沉浮,何谓仕途艰险?潘祖荫之遭遇可见一斑。然其也太不谨慎,竟将印信失落,革职降级之处分还是照顾的。《中国人名大辞典》载:"潘祖荫,清曾绶子,字伯寅,号郑盦,幼好学,涉猎百家,喜收藏,储金石甚富,咸丰进士(乃第三名探花),官至工部尚书。好士重贤而性坦率,治事勤,日寅而起,至官署恒在人先,與马甚俭,同僚笑之,弗计也。卒谥文勤,有滂喜斋、功顺堂丛书。"

潘祖荫参保左宗棠

卷八之十四则云:"又文襄在骆幕时,尝见恶于官文恭,因严劾之,文襄几蹈不测,后胡文忠上'敬举贤才,力图补救'一疏,谓文襄'才可大用',又有'名满天下,谤亦随之'之语。上问肃顺曰:'方今天下多事,左宗棠果长军旅,自当弃瑕录用。'肃顺奏曰:'左宗棠在骆秉璋幕中,赞画军谋,迭著成效,骆秉璋之功,皆其功也。人才难得,自当爱惜。请再密寄官文,录内外保荐各疏,令其酌察情形办理。'从之。官公知朝廷欲用文襄,遂与僚属别商具奏结案,而文襄竟得无恙。因文襄之在湖南巡抚幕府也,已革永州镇樊燮,控之都察院,而官文恭公复严劾之,廷旨敕下文恭密查,如左宗棠有不法情事,可即就地正法。肃顺告其幕客高心夔,高告王闿运,王告郭嵩焘。郭闻之大惊,遣王往求救于肃顺。肃顺曰:'必俟内外臣工有疏保荐,予方能启齿。'郭方与潘文勤公同值南书房,乃浼文勤力保文襄,肃顺从中解释，其事始寝。"

> 按：文襄，左宗棠也；官文恭，官文也，湖广总督，官至大学士；骆文忠，骆秉璋也，道光进士，累擢湖南巡抚；胡文忠，胡林翼也，道光进士，累擢湖北巡抚；以及肃顺、王闿运、郭嵩焘等，皆清中晚期之高官。潘文勤即潘祖荫，其力保左宗棠，对左前程起了一定作用。清代人写文章提到高官时，都喜以其谥号代其名。

吴大澂轶事

卷十之一至七则记载了吴大澂诸多轶事。其一云："吴大澂，一号窓斋，尝为潘文勤作篆书二字于纸尾。文勤瞠目不识，谓人曰：'真奇怪，此与某尚书谓某名士所著《尬书》，曰那个什么什么字相同。'吴不能操官话，常赴都谒某侍郎，侍郎乃其表亲，吴觌面，即曰：'阿唷阿哥，长远勿见哉。'左右闻之，无不齿粲。"

> 按：吴大澂简历前文已述，不赘。窓，同恪，《尔雅·释诂》曰：敬也；《孔丛子答问篇》曰：礼之如宾客也。以此字为号，表吴之性格也。然礼敬过之，不免引人笑。

其二云："吴性沉静，不苟言笑。官翰苑，居寺中以金石书画自娱，不事奔竞。平时作札，均用古篆，潘文勤汇付装池，不半年，成四巨册。一日文勤戏告曰：'老弟以后写信，求你写的潦草些罢，我只半年的裱工，实在出的不少了。'文勤爱才如命，士有一才一技，均在门下。尝柬清卿云：'老弟古文大篆，精妙无比，俯首下拜，必传必传！兄不能也。'"

> 按：此则既表吴之善篆之才，又表潘之爱才之举，兼及徽州同乡之谊。

其三云："吴潜志金石，以抱残守缺自命，有以图书彝鼎求售者，虽重值不惜。甲午之役，疏请统兵赴援高丽，廷寄壮之，请训出京，以图书彝鼎自随。及抵平壤，去敌营三舍舍马。随营员弁，纷纷诣吴叩方略，吴犹手

玉章一,摩挲把玩,与幕僚谈此印出处,谓是细柳将军亚夫故物,此古文恶亚通用之明证,各弁不敢陈请,屏息傍侍。旋闻炮声,疑是寇至,相率弃营溃走,吴惶遽无所措,但高呼备马而已。日军望见清军无故自乱,疾趋掩杀,清军遂大败,吴随带古玩尽为敌人所得,以献主帅。主帅某笑曰:'不料支那营中,到开有绝大的骨董铺。'"

按:吴乃金石家,非带兵之战略家,带古玩上战场,临阵前不谈兵事谈古董,吴大澂痴至愚矣! 焉能不败! 是对国家的犯罪! 可叹可笑可恨! 然清朝廷不善用人,亦愚昧至极。

其四云:"甲午吴慷慨从戎,或叩问其由,吴对曰:'日者决我有封侯之相,因元旦梦一大鹏鸟从天而下,而敌人适有大鸟介圭之号,湘中所练洋枪极准。'汪柳门侍郎闻其事,哈然笑曰:'清卿此举,知之者以为疯,不知者以为忠。'"

按:书呆子吴大澂竟以梦之兆而从戎,愚极! 其表弟汪柳门道出真谛,既疯且忠。

其五云:"甲午之役,吴在湘抚任,自请督师。躬率十万貔貅,伐鼓鸣金,凛然就道,僚属排班祖饯。吴慨然曰:'受恩深重,未报涓埃,今日誓师请行,不敢作出将入相之望,但求马革裹尸足矣。'某太守未知其作何语也,率然应曰:'恭喜大人,一定如愿以偿。'吴闻之大为恚恨,呵责之。"

按:吴有书生卫国之慨,然只书生之慨而已。不料有下属乱拍马屁,竟拍其痛处。可恨可笑也。

其六云:"吴平壤之败也,统营四十,出队日,将弁已当前敌,吴方卧床吸鸦片。一炮子砰然堕,洞穿土壁,沙飒飒然如雨,吴犹不起。迨左右白前敌已溃,吴一跃下地曰:'等我去传令。'摆尾队,则尾队不知如何往。吴大恚曰:'我尽了忠罢。'左右曰:'大人,这是何苦?'急挟之出,时帐外有破车一辆,左右强吴入,一昼夜行一百五十里,始由宋军护至摩天岭,时吴犹顿足号咷不已也。黄慎之学士时在吴幕中襄案牍,曾拟招降告示,中有一句云:'本大臣于三战三北之余,自有七纵七擒之计。'即学士手笔也。稿上，吴大喜，复点窜一二字，亲自句读加圈，命军吏大书深刻，榜诸营外。不数日即大挫，学士几为日人所获，幸马快得以生入榆关。"

按：吴不仅书呆，且亦是乌烟鬼，大敌当前，仍卧床吸乌烟，以致一击即溃。溃退后犹大言不惭，告示逞雄，却即大挫。可怜此君为何要慷慨上阵，以乱国事。然朝廷于大敌当前之际，却无懂兵御敌之将，亦可怜矣！甲午战争，岂能不败。

其七云："吴性风雅，嗜金石，秦砖汉瓦，胪陈一室，签押房如清秘阁。有时判事，亦书大篆，胥吏不识，持而询问。吴指之如数家珍，其迂疏如此。治家极严谨，子弟十余岁，则衣之红绿布，皆深居间出，不敢游行市井，较他人敲扑为优。甲午后解组归吴，居北仓桥下，某年除夕忽书春联若干副，待价而沽，说者谓吴此举不失为文人游戏。吴卒之前一月，已中风瘫软矣，一日思观剧，公子辈以绳椅舁之，赴青阳地某戏园内，吴则巍然居上，以风帽兜其首，侧耳而听，移时始返。吴能画山水，逼真戴文节，其秀润处有过之而无不及，赏鉴家多藏之箧笥，颇为珍异。吴又能打靶，颇有命中之长，其女公子辈亦皆擅此。惜乎一人敌，否则中东之役克奏肤功矣。"

按：吴终只一文官也，带兵抗日，精神勇气虽可嘉，然弄真刀真枪颇不敌矣。但他是真文士，金石山水皆长，其孙吴湖帆为民国时大画家。

汪鸣銮力拒赵舒翘

卷十之九则云："赵会试出汪侍郎鸣銮门下，抚苏之日，赵往谒之，方初夏，戴一帽条儿（帽条儿状似包头），汪以为不敬也，拒之甚力。其后赵以罪魁伏法，闻者皆服汪有先见之明。赵尝衣大布之衣，冠大帛之冠，动引魏文公以自命。某年万寿，赵服一极暗敝之蟒袍补褂，拜牌之后，或请更衣，其中仅袭一絮衣而已。"

按：此条有误，查《清秘述闻三种》，甲戌年会试，汪鸣銮未曾任主考官及同考官，何言赵出汪门下？然赵之狂妄确为人不齿。

胡雪岩轶事

卷十五之二十四则云:"浙江巨商胡雪岩,受左文襄特达之知,赏黄褂,加红顶,遭逢之盛,几无其匹。后以亏空公款,奉旨查抄,文襄再三为力,脱于文网,未几郁郁而终。冰山易倒,令人浩叹。胡好骨董,以故门庭若市,真伪杂陈,胡亦不暇鉴别,但择价昂者留之而已。一日有客以铜鼎求售,索八百金,且告之曰:'此系实价,并不赚钱也。'胡闻之颇不悦,曰:'尔于我处不赚钱,更待何时耶?'遂如数给之,挥之使去,曰:'以后可不必来矣!'其豪奢皆类此。每晨起,取翡翠盘盛青黄赤白黑诸宝石若干枚,凝神注视之,约一时许,始起而盥濯,谓之养目,洵是奇闻。胡有姜三十六人,以牙签识其名,每夜抽之,得某姜,乃以某姜侍其寝。厅事间四壁皆设尊罍,略无空隙,皆秦汉物,每值千金。以碗砂捣细涂墙,扪之有棱,可以百年不朽。园内有仙人洞,状如地窖,几榻之类行行整列,六七月,胡御重衣偃卧其中,不复知世界内尚有炎尘况味。花晨月夕,必令诸姜衣诸色衣,连翩而坐,胡左顾右盼,以为乐事。或言胡尝使诸姜衣红蓝比甲,上书车马炮,有一台高盈丈,画为方卦,诸姜遥遥对峙,胡与夫人据阑干上,以竿指麾之,谓为下活棋,亦可谓别开生面矣。胡尝衣敝衣,过一妓家,妓慢之不为礼,一老妪殷殷讯问,胡感其诚,坐移时而去。明日使馈老妪以蒲包二,启视之,粲粲然金叶也。妓大悔,复使老妪踵其门,请胡命驾,胡默然无一语,但捻须微笑而已。胡尝过一成衣铺,有女倚门而立,颇苗条,胡注目观之,女觉,乃阖门而入。胡恚,使人说其父,欲纳之为姜,其父靳而不予,许以七千圆,遂成议。择期某日,燕宾客酒罢入洞房,开尊独饮,醉后令女裸卧于床,仆擎巨烛侍其旁,胡回环审视,轩髯大笑曰:'汝前日不使我看,今竟何如?'已而匆匆出宿他所,诘旦遣妪告于女曰:'房中所有,悉将取去,可改嫁他人,此间固无从位置也。'女如言,获二万余金,归诸父,遂成巨室。胡尝观剧,时周凤林初次登台,胡与李长寿遥遥相对,各加重赏,胡命以筐盛银千两,倾之如雨。数十年来,无有能继其后者。"

按:胡雪岩为徽州绩溪人,当称其"徽商"。本条记述巨商胡雪岩奢侈之事。钱多了,便有如此奢侈,真穷者不敢想也。徽商奢侈者,不只胡一人,也反映其局限性。

卷十五之第二十五则又云："胡败日，预得查抄信，侵晨坐厅事间，召诸妾入，诸妾自房出，则悉扃以钥，已而每人予五百金，麾之使去。其有已加妆饰者，则珠翠等尚可值数千金；其猝不及防者，除五百金外，惟所着衣数袭，余皆一无所有。胡所居门窗户闼，其屈戍皆以云白铜熔铸而成，查抄后，当事者恐为他人盗去，悉拔之使下，堆废屋中，充梁塞栋。胡既以助筹军饷受知于左文襄公，财势盛极一时，故各省大吏之以私款托存者不可胜计，胡以是拥资更豪，乃有活财神之目。迨事败后，官场之索提存款者亦最先，有亲至者，有委员者，纷纷然垩息而来，聚于一堂。方扰攘间，左文襄忽鸣驺至。先是司帐某知事不了，已先期远扬，故头绪益繁乱至不可问。文襄乃按簿亲为查询，而诸员至是皆嗫嚅不敢直对，至有十余万仅认一二千金者，盖恐干严诘款之来处也，文襄亦将计就计，提笔为之涂改，故不一刻，数百万存款仅以三十余万了之。胡之败也，亏倒文达公煜存款七十万两，因托德馨料理，言官劾之，谓文何得有如许巨资，朝旨令其明白回奏，后以历任粤海关监督福州将军等优缺廉俸所入为对，并请报效十万，竟蒙赏收，此项乃议以庆余堂房屋作抵，其屋估价二十万，尚余十万，令胡自取为糊口之资，德之用心可谓厚矣。胡豪富之名更驾潘梅溪而上，败后以天马皮四脚裤货诸衣市尚值万余金，肆中截长补短，改为外褂，到省人员多购之，后知其故，竟至无人过问者。胡第三子名大均，后以知府候补某省，每年必返杭一次，为收雪记招牌租金三千两也。胡既败，分遣各妾，金珠悉令将去。某年其第三子大均回浙，一妾依然未嫁，闻而探视，无何妾病，即卒于大均处，检其所携之筐，只珠二颗值银一万两，他物称是，可想见胡平日之豪奢矣。胡之舆夫相随既久，亦拥巨资。舆夫有家，兼畜婢仆，入夜舆夫返，则金呼曰：'老爷回来了，快些烧汤洗脚。'一舆夫而至如此，真是千古罕闻。"

按：成由俭，败由奢，千古至理，胡雪岩亦难逃此规律。此条从胡败落后侧面写其豪奢也。

《丹午笔记》四则

徐乾学

清人顾公燮著《丹午笔记》之第三十七目载："韩慕庐家贫，力学，不善治生。性嗜酒，有太白风。其为文原本六经，出以典雅，不蹈天（启）、崇（祯）时决裂之习。补博士弟子员，以欠粮三升为奏销黜革。旋冒籍嘉定，既拔取，又被攻讦除名。应吴邑童子试，题系'狂者进取'，或云'其在宗庙朝廷'一句，邑宰斥其不通，将文贴于照墙不录。今两文已脍炙人口矣。时苏郡有驻防之师，名曰大营兵。公居娄门，其房尽被圈封屯兵，装折仍着房主办理，公益落魄。迨徐司寇乾学来苏，其门生候于门者，争诵韩之文以为笑柄。徐闻之，亟问姓氏？曰：'此文开风气之先，真盛世之音也。'即命延见，引入都中，援例中北闱，癸丑会、状联捷。

徐司寇乾学善啖，每早入朝，食实心馒头五十、黄雀五十、鸡蛋五十、酒若干壶，竟日不饥。解组后，常寓苏郡雅园顾氏，人一见便终身不忘。凡投拜门生者，如诗文古学之类，无一端可取者，不收也。执贽者先缮帙以进，公两目二十行，顷刻终篇。有不妥者，折脑志之。翌日，其人进见，公面命指示，一字不爽。有奇才者，自有异相。今葬于邓尉费家河。公幼子骏，字冠卿，性聪慧，畏师拘束，酖死之，混名药师佛。长入词馆，恃才狂放，雍正初年以逆诗正法。当廷试时，见有刑部少年司员，面目与师无异，自知无生路矣。其员即松江胡宝琳也。时有与司寇瓜葛者，欲宽之，胡力与之争，卒置于法。南洲自此式微。徐师周云核（陔），老孝廉也。"

按：本文叙韩慕庐文被时人耻笑，却为徐乾学所看重，以为其文"开风气之先，真盛世之音"，后果然"会、状联捷"，足见徐乾学有识人之慧眼。又叙徐乾学肚量大，善吃，且阅文一目十行，识才爱才。终叙其幼子徐骏遭文字狱被正法。《丹午笔记》，清顾公燮著，据作者自序，原名《消夏闲记》。顾，字丹午，号澹湖，又号担瓠，生活于清乾隆年间，吴郡诸生。喜欢搜罗稗野，以著述自娱。著有《消夏闲记》《致穷奇书》（已侠)等。《丹午笔记》所记叙内容，涉及面很广，大都为明末清初史事，距作者所处时代不远，有一定的史料价值。

黄山守尸鬼

《丹午笔记》之一百一十一目载文，写黄山守尸鬼之状。文曰："新安黄山，怪怪奇奇，非复人间所有。山之巅有茅蓬，人迹罕到，微闻木鱼声，间有游者，见披发数人，问之，则餐松餐柏，盖数百年于兹矣。内有闭目趺坐者，骨瘦如柴，唇吻略动，戒人不得近身。此辈根气浅薄，难参上乘，死不死，活不活，名曰守尸鬼。噫！今人动曰修仙学道，谈何容易哉。"

按：修仙学道而成守尸鬼状，可谓苦矣！然修之学之，于人何益？录此，乃存奇也。

徐幕扮僧戏王翠翘

《丹午笔记》之一百二十三目载文，记徐幕扮僧戏王翠翘事，文曰："山阴徐文长渭，客胡中丞宗宪幕。宗宪平倭寇徐海，遣谍厚赂海所幸妓王翠翘，使说海降。海死，胡纳翠翘为妾。时寓居僧舍，文长欲窥之，服僧衣帽，自墙外与之戏。宗宪怒，群集寺僧，同翠翘谛视，翠翘误指貌似者，杀之。文长归，瞥见继室与僧卧，即手刃之，乃继室也。下狱论死。张太史元汴力释得免。文长仍作《祝发记》传奇为母寿，母为之饮泣。又作《祢衡骂曹操》《月明和尚度柳翠》诸剧，名《四声猿》，盖猿丧子，啼四声而肠断。文长生二子，悉庸才，雅号'角心''麻皮'，一传而绝。"

按：本篇记述徐文长无聊之状毕现，自己调戏他人妾，自己继妻却为他人所占，可谓得不偿失也。但徐又作诸传奇剧，文采可观。文才与品行不一致也。

田雄挟宏光出降

《丹午笔记》之二百零一目载田雄挟宏光出降事,文曰:"田雄,徽州人。有膂力,少年无赖,为暴于乡里。有程朝奉者常周给之,每与人争斗,遇程叱之,即退。既而投身行伍,以功超升为靖南伯黄得功军中。南都陷,宏光奔得功营,降将刘泽清追之,得功拒战。雄射得功坠马,挟宏光出降。宏光啮雄肩而哭,雄以此得封侯爵。遣弁迎程朝奉至邸,程见其富贵显荣,且惊且喜,问其故,雄以实告。程怒曰:'食其禄而背其主,非人也。君子不饮盗泉之水。'驱车而去。雄大惭,驰赠千金,程麾之不受。后雄以肩生疽死。谚云:'田雄赶猪,未知可谓。然如程朝奉者,亦端人哉。'"

按:宏光,亦作弘光,为南明福王朱由崧之年号,仅存世一年。田雄挟主出降之举,竟成一谚,流芳乎,遗臭乎?

卷　三

《醉茶志怪》二则

按：清笔记小说《醉茶志怪》作者李庆辰，字筱筠，别名醉茶子，天津人。生年不详，卒于光绪二十三年（1897）。平生仅为诸生（秀才），以课徒为业，家世陵夷，困顿清贫，善吟咏，其诗以五律为佳。该书为其晚年之作，如自叙中说"半生抑郁，累日长愁，借中书君为扫愁帚"，藉其文以解心中块垒。《醉茶志怪》初有光绪十八年（1892）津门刊本，曾印行多数。本条记徽商于某在京遇鬼魅之事，是否可信？今作轶闻看之可也。

徽商

清光绪间李庆辰所著笔记小说《醉茶志怪》卷三载"安徽巨商于某，携眷入京，赁一第。居数月，恒见怪异。未几，婢死，妻又病，睡中喃喃，似与人辩。醒而询之，云：'有一女子，披发索命。'如是频频。商惧，另租他所。将迁前一夕，灯下倦卧，仰见梁上倒悬一女子，红裳跣足，发如飞蓬。怪而叱之，旋失所在。朦胧中，闻人语曰：'妾某官之姬，过蒙主人宠爱，遭大妇虐遇，缚而鞭之殒命，瘗诸此屋之东隅，人不知也。埋冤已久，屈莫能伸。长者能为我延高僧瑜伽超度，拔此沉沦，九泉感德矣。'商云：'汝胡杀我之婢？'女云：'彼命应死，非妾为也。'商诺之。次日迁居，遂置之不理。

"移居新第数月，女忽夜至，立灯下，谓商曰：'既许以超度，何竟失信。妾果恶作，岂避地所能免耶？商曰：'予与汝无仇，且冤各有主，尔不扰仇人，而扰我耶？'女曰：'惟其无仇，故仅尔尔。不然，岂铙鼓诵经所能已也？'商曰：'世乏高僧，虚文何益？'女求商自诵《金刚经》一藏，即能顿除苦恼。商曰：'我非僧，何能效力？'女云：'心诚非僧亦可，不诚僧亦徒然，岂拘拘有发无发乎！'商不得已，诵满其数。是日，炉烟结如华盖，数刻不散。或者女果得超升欤？"

汪某

卷四载："汪某者，传者忘其县邑，家中惟一老母。有妹幽闲贞静，及笄，许字于邻村管翁之子，亦务农为业。相隔十余里，素相稔熟，每遇于市廛，辄相醵饮，情益亲密。妹于归后，至旬月归宁。及归夫家，则兄御车送之，谓之送亲，乡俗然也。管翁知汪偕来，备酒肴与汪痛饮，晚即止宿。有汪村无赖子觊觎其妆奁，夜穿窬入妇室，攫衣袄去。妇惊大号，夫起追之，汪亦醒，逐诸其后。管氏子追数里，将及，贼恐，弃袄道左。管追犹不已，奔及，从后抱其腰。盗不得脱，急抽刀刺其胁，颓然而倒。盗见其毙，归家裹粮夜遁。迨汪后至，见路旁有衣袄，知为妹物，视其处，离己家不远，拾归，待明日为妹送之。至管为盗杀，则未见也。天明，管翁以子久不归，往寻之。见尸横道旁，疑汪所杀，鸣于官，遣役同往。诣其家，汪出见翁，戏云：'衣物已失，谅难璧返，翁胡为乎来？'翁无语，入其室，见袄色变。汪举袄付翁，云：'本欲为翁送去，今既来，请自将去。'翁让之曰：'赃证并获，夫复何言！'汪大骇，不容分辩，捉将官里去。邑宰黄某，毒施五刑诬服，坐以因奸致杀，拟兄妹并抵。

汪有舅刘某，疑汪冤，第案已结，无可奈何。越数载，贸易关东，遇乡人，即杀管之盗也，相见甚欢，遂并入酒市饮。语次，屡以管家失盗事盘问甚苦。某云：'管氏子冤已伸。'问：'何以伸？'云：'其妻与妻兄并抵。'盗惊曰：'冤哉！'刘以其言有因，苦诘之，盗似悔失言，语多支唔。刘乃亟劝以酒，盗大醉，试以言相诱，且云将烦其司会计，盗甚感。徐以言铦，尽吐肝膈，云：'若非知交，此情不敢泄——杀管子者，实我也。前乡居时，仆落魄好赌，不得已，夜盗其物，被彼穷追，予弃其袄于道左，以为得物斯已耳。不料彼尚纠缠，且云识我，将为播扬。窃想邻村本皆熟悉，此后何以见人？急抽刀刺之，遂毙其命。潜逃此处，得小负贩，聊以无馁。不知冤连多命，此悔何追！'刘云：'大丈夫既往不咎，此宜缄秘，请勿谈也。'盗唯唯。乃邀入逆旅复酌，盗醉如泥，卧眠榻上。刘遣主人坐守之，诣官鸣冤。官即差役往捕，盗犹未醒，至公堂未刑而服。乃移文发回本县。

是时黄令宰任邱县，闻其事忧闷欲死。有王姓武举，虎而冠者，居恒奔走公门，鱼肉邻里，诸多强霸事。黄喜其为鹰犬，相交甚昵。王偶入官署，见黄不怿，询其故，黄以实告，且求筹策。王云：“是不难，某自关外来，必经某县，遣心腹人暗贿禁卒，使毙于狱，则事化无有矣。”黄善其言，令其侄与一干仆怀千金往。其计果行。黄喜，造王申谢，倾谈甚欢。言次，有旋风蓬蓬然起自坐后，二人毛发俱懔，黄起告辞，王送之。及归，见从帐中出一女子，方骇怪间，女子辄往帐后，揭帐视之，阒无其人，惊而成疾，渐至不起。黄宰知之，急来问疾，王诉其所见。宰询女子年貌，王备言之，宰惊颜如玉，托故辞出。盖女子即汪氏，宰知之而不敢言也。

先是王有甥杜某，性诚笃，为富室经营钱行。王尝借贷，恃强横悍不还，数年来拖累颇多，甥索债则加诟谇，畏其势不敢与争。而富室诬其甥舅合谋讼于官。官偏袒王，不理其词，富室益逼杜。杜冤忿填胸，而为人刚直，货田产以偿居停，不足抵十之一，家业已空，坐以待毙。闻舅病，往探之，王方祖卧昼眠，呼之醒，大怒，骂曰：“我以汝为望舅来耶，汝乃来讨债耶！银钱俱有，恐汝将不去！”杜婉言哀恳，至泣下。王词色愈厉，杜窘甚，自思进退一死，不如早先杀却。抽其枕底小刀子，猛刺之，中其腹。王起而扑之，下床而踬，刃透腹中，血流而绝，其二子知之，杜已走出，自思罪无可逃，乃诣县自首。其子亦奔至。宰问：‘汝不怕死乎？’杜云：‘怕。’问：‘既怕，胡以杀人？’曰：‘窃闻杀人偿命，欠债还钱，有是例乎？’宰曰：‘有。’曰：‘小人所以怕死者，为偿命。所以不敢怕死者，为还钱也！大人果能追其二子还钱，微命所不敢惜。’宰以其言直，系之，迫令其二子急为变产偿债。二子托人关说缓追，而宰亦畏因果，不敢循私，置不理，乃具其词，详提问，并无异词。上亦严追王子偿债，而家贫又不足以相抵，于是渐寝其事。

至明春，黄宰入省贺新节，往谒督辕，方跪拜于地，遽呼冤。督问何冤，乃以汪等被屈之事始末，备诉甚详，且云；‘杀王武举乃神所使，非尽杜某之罪，望大人天恩活之，若再抵命，则冤冤相报，更无已时。’言毕扣首，乞录其供。宪呼吏至，录其辞毕，令其自视。宰云：‘小人目不识丁，词既

录矣,即请究办,小人去矣。'宰霍然而醒,问其所言,则茫不知。令自视其词,则俱招认。乃按例宰以抵,王家产中落,仅交其半。杜某减轻,后以恩赦得免,其居停复委以会计,不数载,称小康焉。

醉茶子曰:死者已矣,谁复起而相争哉?乃冤气所凭,卒使害己者自言之。岂杀人灭口,即匿迹消声哉!噫,可畏也夫。

按:此篇文中并未言汪某为徽歙人,事为徽歙事,然文曰"传者忘其县邑",而汪姓盖源于徽歙,故录以备考。本文记述冤案反复相扣,曲折可观。

《里乘》四则

按:清代志怪笔记小说《里乘》为许奉恩所著,其字叔平,生卒年不详。从其自述中可寻知,概其生活在道光、咸丰、同治三朝,安徽桐城人。少有隽才,诗文通擅,但一生科举不达,以做幕僚终其身。长年游历大江南北,见多识广,所著有兰苕馆十余种。该书成于同治十三年(1874),版本有光绪初年抱芳阁巾箱十卷本、《笔记小说大观》八卷本、《扫叶山房丛钞》四卷本数种,亦有齐鲁书社1988年十卷本刊行。

一文钱

卷一载:"一文钱者,姑苏布店也。初,徽商甲乙合伙,挟重资至苏贸易,各昵一姬,不吝挥霍。两姬固奇女子,当半夜无人时,谓二人曰:'从古勾栏中鸨媪无好相识,有钱则奉为上宾,无钱即摽诸门外,比比皆然。日来,窥二君囊金渐次萧索,君等挟重资,背乡里为权子母,今为妾等耗费殆尽,脱不早为计,其何面目归家人?愿熟思之。'甲乙亦以为然,以恋恋不忍割爱,苟且安之。鸨媪每有所求,必百方谋画,以厌其欲。无何,典质既罄,遂为鸨媪齿冷,将下逐客之令。两姬曰:'何如?君等不听妾言,早知有今日矣。妾等不幸,身堕下流,实非所愿。蒙君等割臂要盟,刻铭心髓。观二君意气，不过暂时落寞，必不久困，不如暂歌别鹤，努力以图恢复。妾等当誓死待践昔约，报君有日矣！'各馈白金五十两，趣令早去。甲乙无可如何，不得已，受金挥泪而别。时岁将暮，二人姑就酒垆，对酌御寒，并市饦馎、寒具等物充饥。心绪烦冤，饮罢，忘携馈金，归寓始觉，急觅不得。逆旅主人促索税资，勉强典衣以应，行李一空，二人计穷，日则行乞，夜则寄宿古刹。耻过两姬之门，避道而行。

会除日，薄暮，二人拾得枯枝，就地燃火，相对歔欷。甲于腰囊摸得一钱，掷地叹曰：'重资散尽，留此一钱何益！不如抛去。'乙忽心动，急拾取曰：'此硕果也。天幸存此一脉生机，安知非剥极而复之兆？'遽携钱出，曰：'君待之，我自有计。'甲莫喻其意。少顷，乙归，手携竹片、草茎、败纸、鸡鸭毛等物，甲问：'何为？'乙笑出面粉，索水调浆。就地火光中，将草缠竹片上，蒙以败纸，又遍粘鸡鸭毛，畀甲视之，宛然各种禽鸟。甲曰：'君处此愁城，尚何作此儿戏？'乙但笑而不言。竟夕，约成二三百具。平明，以半付甲。邀同至玄妙观，自有料理。甲姑与俱往。观为姑苏游观之薮，春日尤盛。比至观，士女云集。妇孺见甲乙所携禽鸟，以为酷肖，争求购买，顷刻俱尽。每具十数钱，共计五千有奇。甲至是始叹乙心思灵巧，乐不可支。因问：'一钱何用？'曰：'竹片、草茎、败纸、鸡鸭毛等物，皆系拾诸市上，以一钱市面粉，岂不慊敷所用耶？'相于大笑。自是购添各色纸张、杂鸡鸭毛，以肖人物花草等状。两人夜间分制，日至观求售。

自春徂夏，才百日，计敛钱三千余缗矣。因变计，居积货物，无往不利。不两年，积资数万。遂于阊门开设布店，大书'一文钱'三字榜于门，志不忘所自也。乃各具千金为两姬脱籍。姬各出私蓄，相助经营，不数年，财雄一方。爰遣人至徽迎取眷属。两家相约，世为婚姻，迄今二百有余岁矣。阊门外泰伯庙前'一文钱'三金字，大如栲栳，犹煌煌照人目云。"

　　按：《里乘》作者尊崇蒲松龄、纪昀，《笔记小说大观》评其小说："谈狐说鬼，天殊淄水之洸洋，善劝恶惩，犹是河间之宗旨。"成由俭，败由奢，甲乙二位徽商的生活历程亦可说明。俗话又云，婊子无情戏子无义，然《一文钱》中二姬却不在此例，非二人之点拨，二徽商何能复兴？可见亦不可一概而论。

· 39 ·

卷三

余徐二公轶事

卷一载:"徽州黟县余公梦岩,名毓祥。微时授徒,馆谷甚菲。岁除,无资祀先,夫妇枵腹,愁对太息。公身仅着一敝袍,一旧羊皮短褕。鸡鸣而起,拟趁早墟,贳短褕可得三千钱,市牲酒薪米之属,聊以卒岁。独行五里许,路经一岭,隐约见树林中有人影,叱之不答,固疑是鬼。迫而视之,则一男子投缳树枝也。大骇,急解缳放卧地上,移时顿苏。诘其自经之由,其人忸怩泣对曰:'小人负佃租若干,主人迫索,倘不急偿,便擭取妻相抵。妻去,儿在襁褓,失乳必死。小人既不忍妻之生离,又不忍儿之短折,左右思维,不如先填沟壑为得也。'问:'租值须钱几何?'曰:'三千足矣。'公乃以短褕付之,曰:'速将去贳钱偿主人,慎勿出此下策。'其人崩角在地,叩问姓名。公麾令速去:'勿多言,吾不责尔偿,问姓名何为者!'其人叩头起,携短褕而去。公日晡归家,夫人问:'衣已贳乎?'曰:'否否,吾不自慎,为人窃去矣。'夫人亦无怒词,反以笑言相慰。时夫妇俱逾五十,尚无子。未几,夫人竟有娠,生辛伯司马兆元。是年为嘉庆丙子科,公领乡荐。丁丑,联捷成进士,观政礼部,擢郎中,在官有政声。生平不苟取予,不轻然诺,乡人以贤者称之。

后,投缳男子贸易小阜,欲报囊德,苦不知姓名,遍访乡党,群悬揣非公不能。姑备仪诣谢,公峻拒之曰:'若误矣,我无是也。'公年登大耋,告归林下。易箦时,辛伯叩问是事,曰:'此盛德事,吾何能为?大抵乡人以我平日迂方,或拟议及之耳。'予与辛伯交最昵,问之果然。嗟夫!观余公已事,叹造物试验贤者,可谓至巧、至酷。彼索逋者,必须钱三千,若暗中计,短褕之值恰以相抵;少一钱不可,多一钱亦不可。在凡人处此,岂能一钱不留,竟如公慨然持赠,空拳而归,直行所无事乎?而夫人闻之,绝无怨言,反以笑语相慰,亦可以谓难矣!世谓行阴德事,不使人知,余公有焉。

后,吾友汉军徐公可司马同善言,其尊人铁孙观察为孝廉时,岁末,存馆金三十两,归家途中,值索逋鬻妻事,价恰符馆金之数,亦慨然以相赠。徐公平生乐善不倦,笔难尽述,以此与余公相似,故连类及之,而不特书也。徐公讳荣,丙申进士。由县令起家,洊晋福建汀漳龙道。抑予闻之,我朝黟县进士,自余公始;广东驻防汉军举人,自嘉庆丙子科徐公始。余公五十后始得子,且多孙焉。考终,祀乡贤、名宦等祠。徐公居官,善政不可枚举。其最著者:守绍兴时,创修壖堤,活数十百万生灵,万世利赖。公尝曰:'吾所在有功德于民,子孙必昌!'信然。公督兵新安,殉难黟县之渔亭,赐恤甚厚,凡建专祠尸祝者数十处。今长子伯安虑善,权浙江金华府知府;次公可同善,即选通判,并加同知衔;次春漪传善,现官四川会理州知州。孙十人,皆能以诗书世其家。"

按:该篇末,作者发出议论:"里乘子曰:予尝谓,天下至善之事,非有厚德、厚福者不能遇。二公福德过人,故所遇若合符节。当其初时,造物之所以试验之者,不可谓非至巧至酷,而其所以报之者,不可谓不厚,若我辈庸碌无奇,造物不甚留意,遂亦不必试验。予自知德凉福薄,断不能几及而公之万一,然不敢不勉也。"文中余公为黟县人,生平不详。徐公却为歙县人,《中国人名大词典》《歙县志》皆有传。《中国人名大词典》载:徐荣,清汉军正黄旗人,原名鉴,字铁孙,道光进士,官至杭嘉湖道,洪杨军自江西扰浙,荣战没于阵,荣工诗,精隶书,善画梅,有《大戴礼补注》《日新要录》《怀古田舍诗集》。《歙县志》载其历任浙江遂昌、嘉兴知县,绍兴、杭州知府,太平军入黟时战死,余与人名词典同。《歙县志》还载其次子徐同善,字子取,一字公可,号季铁,柘林人,精佛家经典,避乱于浙、赣、鄂、蜀十余年,著有《小南海诗抄》。本文记叙余、徐二公乐善不倦,救人急难之举,当为后人楷模。

潘氏祖

卷二载:"苏州吴县潘氏,其先世巨富。虔奉大士,乐善不倦,凡求资助者,皆能曲如其愿。日设米谷于门,使纪纲司之。以饷丐者,如是者有年矣。一日,晨兴,忽有老妪携筐来乞米。予之升,请益者再,而意犹未足。纪纲以其无厌,诃之,声闻于内。主人出询,知其故,问妪所欲。曰:'欲得谷一石。'诺之,令呼人来担,妪大喜称谢,置筐而去。待至日暮,不见人来,视所留之筐内给谷三升,已粒粒变珍珠矣。始悟妪为大士化身,试其诚心为善否也。厥后科第蝉联,至文恭公世恩,以大魁为首辅,子孙至今显贵,予南游,闻吴人言之甚详。"

按：吴县潘氏，其先世徽歙大阜人也，潘世恩、潘祖荫，祖孙状元、探花，入阁两军机，歙志有载。

夙冤

卷三载："休宁黄某，贸易越东。蓄一番犬，驯而且黠，能解人意，黄极珍爱，每食即饲以其余。眠则令卧床下；出入行止，须臾不离。会岁暮归家，路过睦州，以失路投止兰若。一老僧出，与客问讯，忽见犬，问黄曰：'居士哪得此犬？'黄告之。僧叹曰：'居士奈何豢此冤畜！'黄闻之错愕。以其言异，叩之曰：'鄙人庸俗，不知夙世因果，愿求指示。'僧初不肯言，再三研求，乃谓：'此犬与君前世冤结甚深，不久必当相报。'黄益骇惧，遂膜拜顶礼，求示解脱之法。僧喟然曰：'老衲不合向居士饶舌，然佛法慈悲，又不忍坐视。君须谨识吾言：到家三日后，夜就寝时，伺犬睡熟，君潜遁去，但取素所著衷衣多件，结束如人形，悄置衾中，听其作为。计此，犬求君不得，必愤极自毙。君将其尸悬深山树上，待其销化，如此，庶可解脱。须谨识之勿忘！'黄合十受教。归，如僧言部署，犬果以求人不得，遍将衾枕衷衣抓啮狼藉，狂猎跳跃而毙，黄大称异，知僧言不诬，遵将死犬挂深山树上。逾月往视，其皮肉已销化怠尽，仅存毛骨一具而已。

既而又作越游，特往谢僧，僧曰：'君不悖老衲言，部署甚善。但此犬怨气未散，今又变为蛇，知君来此，翌晨必踪迹而至，甘心于君，奈何？'黄闻失色股栗，哀求拯救。僧曰：'君幸遇老衲，缘分不浅，合终始成全之。'乃出大瓮，令黄蹜卧其中，又取一瓮覆其上，合口处敕勒书符镇之。至时，果来一蛇，身粗如盏，长数丈，绕瓮数匝，瓮振振作响，竟不得开，蛇愤，自裂其身寸断。僧启瓮出黄，黄再拜称谢。僧贺之曰：'君大冤已解，然其鬼知老衲饶舌，将来必与老衲作难。'黄曰：'奈何？'曰：'老衲自有处分，居士可请无虑。'黄大喜，酬以重金，不受。后亦不知所终。此新安吴子琴言者。"

按：作者于篇末又作评论，"里乘子曰：怨毒之于人，甚矣哉！夙世之冤犹固结而不可解如此。黄某非遇老僧，则此生休矣！君子观此，亦可藉以自警。"此篇所载为休宁轶事，亦徽地掌故也，一并录之。怨毒之于人,确甚! 化为他形报之,当系小说家言。存世莫结冤,乃至理耳。

《新齐谐——子不语》十五则

披麻煞

《新齐谐——子不语》卷三载:"新安曹媪有孙登官,定婚某氏,将娶有日,先期扫除楼房,待新娘居。房与媪卧阁相去十步许。日向西,媪独坐楼下,闻楼上履声橐橐,意是丫鬟,不之诘也。久而声渐厉,稍觉不类,疑是偷儿,疾趋而掩执之。起推楼门,门开,举首见一人,麻冠麻鞋,手扶桐杖,立梯上层。见媪至,返身退走。媪素有胆,不计其为人为鬼,奋前相捉。其人狂奔新房,有窸窣之声,如烟一缕而没,始悟为鬼。急下楼欲以语人,念明日婚期已届,舍此无从觅他室,隐不言。次夕,新妇入门,张灯设乐。散后,媪以前事在心,不能成寐。且觇新妇,则已靓妆坐床,琴瑟之好甚笃。媪意大安,易宅之念渐差。然终以前事,故常不欲新妇独登楼。一日者,如欲登楼,问其故,以如厕对。劝其秉烛,以熟径辞。少顷不下,媪唤之不应。遣丫鬟持灯上楼,亦不见妇,媪大惊。婢曰:'是或往厨下乎!'媪谓:'我坐梯次,未见她下来。'无可奈何,乃召婿,告以失妇状,举家大骇。婢忽在楼上呼曰:'娘在是!'众亟视之,则新妇团状一小漆椅下,四肢如有捆絷之状。扶出,白沫满口,气息奄然。以水灌之,逾时方醒。问之,云:'遇一披麻人为祟。'媪乃哭曰:'咎在我!'因备述前事,且告以不言之故。是夜漏将残,不能移宅,拥妇偃息在床。婿秉烛坐,双环立左右。至五更,侍者睡去,婿亦劳倦。稍一交睫,觉灯前有披麻人破户入,直奔床前,以指掐妇颈三五下,婿奔前救护,披麻人耸身从窗棂中去,疾如飞鸟。呼妇不应,持火视之,气已绝矣。或曰,此选日家不良于术,婚期犯披麻煞故也。"

按:清袁枚《新齐谐》,24卷,著于清代乾隆末年,初名《子不语》,因元说部中有同名作品,遂改名《新齐谐》,或二名联用。袁枚,字子才,号简斋,又号随园老人,乾隆四年(1739)中进士,清著名文学家。《新齐谐》

虽是其游戏之作，所叙"怪力乱神"故事，不过聊以自娱，兼以娱人，却也并非妄言妄听，其中亦真实反映清代的社会现实，表现作者反对理学，追求个性解放的思想，且充盈文学才气，描写不乏精彩，并常在严肃的叙述中，杂以诙谐和幽默，语言质朴，给人以清新简练之感。"披麻煞"的故事旧在徽州常有所传，吾年少时曾听老人们闲中说起过，且云此乃木匠所为，因东家待之不佳，故暗中以中指血洒于柱上，久后于黑夜中作祟，或压于人身，让人透不过气来，又称之"皮榻物"。如今看来乃奇哉怪哉！

鬼多变苍蝇

卷四载："徽州状元戴有祺，与友夜醉玩月。出城，步回龙桥上。有蓝衣人持伞从西乡来，见戴公欲前不前，疑为窃贼，直前擒问。曰：'我差役也，奉本官拘人。'戴曰：'汝太说谎，世上只有城里差人向城外拘人者，断无城外差人向城里拘人之理。'蓝衣者不得已，跪曰：'我非人，乃鬼也。奉阴官命，就城里拘人是实。'问：'有牌票乎？'曰：'有。'取而视之，其第三名即戴之表兄某也。戴欲救表兄，心疑所言不实，乃放之行，而坚坐桥上。待至四鼓，蓝衣者果至。戴问：'人可拘齐乎？'曰：'齐矣。'问：'何在？'曰：'在我所持伞上。'戴视之，有线缚五苍蝇在焉，嘶嘶有声。戴大笑，取而放之。其人惶急，踉跄走去。天色渐明，戴入城，至表兄处探问。其家人云：'家主病久，三更已死，四更复活，天明又死矣。'"

按：戴状元有祺，休宁县人，其机智有谋，不仅不畏鬼，且与鬼智斗，并胜之，可谓奇矣！该篇后一节乃叙江宁刘某事，不属徽闻，故舍去。

捉鬼

卷五载："婺源汪启明，迁居上河之进士第，其族汪进士波故宅也。乾隆甲午四月，一日，夜梦魇良久，寤，见一鬼逼帏立，高与屋齐。汪素勇，突起搏之。鬼急夺门走，而误触墙，状甚狼狈。汪追及之，抱其腰。忽阴风起，残烛灭，不见鬼面目，但觉手甚冷，腰粗如瓮。欲喊集家人，而声禁不能出。久之，极力大叫，家人齐应，鬼形缩小如婴儿。各持炬来照，则所握者，坏丝棉一团也。窗外瓦砾乱掷如雨，家人咸怖，劝释之。汪笑曰：'鬼党虚吓人耳，奚能为？倘释之，将助为祟，不如杀一鬼以惩百鬼。'因左手握鬼，右手取家人火炬烧之，膈膊有声，鲜血迸射，臭气不可闻。迨晓，四邻惊集，闻其臭，无不掩鼻者。地上血厚寸许，腥腻如胶，竟不知何鬼也。王葑亭舍人为作《捉鬼行》，纪其事。"

按：世上本无鬼，鬼乃心中生。敢捉鬼者，心无畏也。本条主人公婺源汪智勇可嘉。王葑亭乃乾隆进士王友亮也，亦婺源人。

通判妾

卷十一载："徽州府署之东，前半为司马署，后半为通判署，中间有土地祠，乃通判署之衙神也。乾隆四十年春，司马署后墙倒，遂与祠通。其夕，署中老妪忽倒地，若中风状。救之苏，呼饥。与之饭，啖量倍如常。左足微跛，语作北音，云：'我给什氏也，为前通判某妾，颇有宠，为大妻所苦，自缢桃树下。缢时，希图为厉鬼报仇，不料死后，方知命当缢死。即生前受苦，亦皆数定，无可为报。阴司例，凡死官署者，为衙神所拘，非墙屋倾颓，魂不得出。我向栖后楼中。昨日，袁通判到任，来驱我入祠，此后，饥馁尤甚。今又墙倾，伤我左腿，困顿不可耐，特凭汝身求食，不害汝也。'自是妪昼眠夜食，亦无所苦，往往言人已往事颇验。先是司马有爱女卒于家，赴任时，置女灵位某寺中，岁时遣祭，皆妪所不知。司马见其能言冥事，问：'尔知我女何在？'答曰：'尔女不在此，应俟我访明再告。'翌日，语司马云：'尔女在某寺中甚乐，所得钱钞，大有赢余，不愿更生人间。惟今春所得衣裳太窄小，不堪穿着。'司马大骇，推问衣窄之故，因遣家人在祭时，所制衣途中为雨毁，家人潜买市上纸衣代之故也。未几，新通判莅任，方修衙署，动板筑。妪曰：'墙成，我当复归原处，但一人，又不知何年得出。敢向诸公多求冥钱，夜焚墙角下，我得之赂衙神，便可逍遥宇内。'司马如其言，焚之。次日，妪有喜色，曰：'主人甚贤，无以为别。我善琵琶，且能歌能饮酒，当歌一曲谢主人。'司马为设醴，置琵琶，妪弹且歌云：'三更风雨五更鸦，落尽夭桃一树花。月下望乡台上立，断魂何处不天涯。'音

调凄惋。歌毕，掷琵琶，瞑目坐。众再叩之，蹶然起，语言笑貌，依然蠢老妪，足亦不跛矣。内幕崔先生常与问答其言饥时，崔云：'此与府厨近，何不赴厨求食？'答云：'府署神尤严，不敢入。'其言袁通判驱时，崔云：'袁通判上任大病，尔何必避？'答云：'他虽病，未至死，将来还要升官，我敢不避？'袁通判者，余弟香亭也。"

按：本篇叙徽州府通判妾魂灵附体之奇事，活灵活现。真假与否，亦难考究。

血见愁

卷十一载："吴文学耀廷，少游京师，寓徽州会馆。馆中前厅三楹最宏敞，旁有东西厢，亦颇洁静。最后数椽，多栽树木。有李守备者，先占前厅。吴因所带人少，住东厢中。守备悬刀柱间，刃突然出鞘，吴惊起视刀。守备曰：'我曾挂此刀出征西藏，血人甚多，颇有神灵。每出鞘，必有事，今宜祭之。'呼其仆，杀鸡取血，买烧酒洒刀而祭。日正午，吴望见后屋有蓝衣者逾墙入，心疑白撞贼。往搜无人，吴惭眼花，笑曰：'我年未四十，而视茫茫耶？'须臾，有乡试客范某，携行李及其奴从大门入，曰：'我亦徽州人，到此觅栖息所。'吴引至后房，曰：'此处甚佳。但墙低，外即市街，虑有贼匪，夜宜慎之。'范视守备刀，笑曰：'借公刀防贼。'守备解与之，秉烛而寝。未二鼓，范见墙外一蓝衣人开窗入。范呼奴起，奴所见同，遂拔刀砍之。似有格斗者，奴尽力挥刀。良久，觉背后有抱其腰而摇手者曰：'是我也，勿砍勿砍。'声似主人，奴急放刀回顾，烛光中范已浑身血流，奄然仆地矣。吴与守备闻呼号声，往视之，大骇曰：'奴杀主人，律应凌迟。范奴以救主之故，而为鬼所弄，奈何？盍趁其主人之未死，取亲笔为信，以宽奴罪。'急取纸笔与范。范忍痛书'奴误伤'三字，未毕而血流不止。吴之苍头某喑曰：'墙下有草，名血见愁，何不采敷之？'如其言，范血渐止，竟得不死。吴与守备念同乡之情，共捐费助其还乡。未半月，吴苍头溲于墙下，有大掌批其颊曰：'我自报冤，与汝何干，而卖弄血见愁耶？'视之，即蓝衣人也。"

按:本篇记北京徽州会馆内发生的怪事也。蓝衣人报冤范某,莫非前有仇隙? 文中未云,然,厉鬼之抱冤,竟为一草所解,奇也。此草当是医伤之神草,但不知何状?

两汪士铉

卷十三载:"顺治间,徽州汪日衡先生,元旦梦行天榜会元汪士铉,先生乃改名应之,竟终身不第。直至康熙某科,汪退谷先生中会元,榜名士铉。相隔四十余年,日衡先生死久矣,孙某记乃祖之言,相与叹造化弄人,亦觉无谓。"

按:中第夺魁与否,主要在于才学深浅及临场发挥耳,岂在于名讳乎? 足见旧时迷信之多。

江秀才寄话

卷十三载:"婺源江秀才,号慎修,名永,能制奇器。取猪尿脬,置黄豆,以气吹满而缚其口,豆浮正中,益信地如鸡子黄之说。有愿为弟子者,便令先对此脬坐视七日,不厌不倦,方可教也。家中耕田,悉用木牛。行城外,骑一木驴,不食不鸣,人以为妖。笑曰:'此武侯成法,不过中用机关耳,非妖也。'置一竹筒,中用玻璃为盖,有钥开之。开则向筒说数千言,言毕即闭。传千里内,人开筒侧耳,其音宛在,如面谈也。过千里,则音渐渐散不全矣。忽一日,自投于水。乡人惊救之,半溺而起。大恨曰:'吾今而知数之难逃也。吾二子外游于楚,今日未时三刻,理应同溺洞庭,吾欲以老身代之。今诸公救我,必无人救二子矣!'不半月,凶问果至。此其弟子戴震为余言。"

按:江永乃徽州著名学者,如此轶事奇闻却少见记载。既为戴震对袁枚言之,当属实。然亦奇矣! 不过其制奇器之才能可赞也。

蓝顶妖人

卷十四载："扬州商人汪春山，家畜梨园。有苏人朱二官者，色技俱佳，汪使居徐宁门外花园。一日，邻人失火，火及园，朱逃出巷。巷西有二美人倚门立，以手招之，朱遂入。二美自称亦姓汪，春山族妹也。语方浓，一豹裘而蓝顶者来，云是二美之父，年五十许，强朱为婿。朱虽心贪女美，而自诉家贫，无以为聘。蓝顶者云：'无妨，一切费用，我尽任之。'朱欲回苏告父母，蓝顶者云：'汝归苏可也，但吾女贪汝貌而为婚，自知非偶，切勿通知吾侄春山为嘱。'朱买舟同抵阊门，语其父。父故木匠，亦以娶媳无力为辞。蓝顶者助钱二十千为婚费，钱皆康熙通宝，朱丝穿。二官携归，路遇数捕役尾之曰：'此朱绳穿钱，乃某绅宦家压箱钱，汝为盗验矣。'将擒送官，二官告以故。一市之人聚观，以为怪，且曰：'必见蓝顶者才释汝。'二官云：'吾岳翁以钱与我，原约今日为婚，少顷新人花轿至矣，君等伺之。'众以为然。果远远闻鼓乐声，四人皆红半臂，花轿至，众人哄而往。揭帘，一青面獠牙者坐焉，众大骇，并役亦奔散。二官得脱于祸，急归家。则蓝顶者高坐堂中，骂曰：'吾戒汝勿泄，而汝竟告众人，且聚而捕我，何昧良心若是？'呼杖杖之，二女为哀求免。成婚匝月，偕还扬州。又岁余，二女置酒谓二官曰：'缘尽矣，请郎还乡。'二官不肯，泣，二女亦泣，如是者数日。蓝顶者忽来驱逼其女，二官攀衣不放。蓝顶者怒，以手撮二官向空中掷之，冥入坠地。及醒，已在后山。"

按：扬州商人汪姓，本源自徽州，遂录之。虽与妖人为婚，然男女双方却甚情深，但还是被硬性拆散。悲哉！

状元不能拔贡

卷十四载："状元黄轩，自言作秀才时，屡试高等。乙酉年，上江学使梁瑶峰爱其才，以拔贡许之。临试之日，头晕目眩，握笔一字不能下，梁不得已，以休宁县生员吴鹤龄代之。及榜出后，病乃霍然。从此灰心于功名，自望得一县佐州判官心足矣。后三年竟连捷，以至廷试第一。而吴鹤龄远馆溧水，以伤寒病终，终于贡生。"

按：试拔贡而头晕，后竟连捷中状元，且先代之者却因此病终，此宿命论也，以为世有定数。可真乎？

孙烈妇

卷十五载："歙县绍村张长寿妻孙氏，父某，工武艺，孙自幼从父学。年及笄，归长寿。长寿家贫，娶妇弥月，即客浙西。有贼数人，窥妇年少，夜往撬其门，将行不良。妇左手执烛，右手执梃，与贼斗，贼被创仆地而逃。又一年，长寿病死。妇从容执丧事，既葬，闭户自缢。邻人以妇强死，惧其为祟，集僧作佛事超度之。夜将半，僧方诵经，见妇坐堂上叱曰：'我死于正命，并非不当死而死者，何须汝辈秃奴来此多事？'僧皆惊散。后村有妇某，与人有私，将谋弑夫者，忽病狂呼曰：'孙烈妇在此责我，不敢，不敢！'嗣后，合村奉孙如神。"

按：孙氏乃一商妇，夫故，惧遭人污，故自尽，反映徽商凄苦之一面也。其英烈之举在乡村被奉为神，可见得到许多人之赞许。

小芙

卷十五载："黟北王氏妇，梦美女子认己为男子，而与之合，曰：'我番禺陈家婢小芙也。子前身为仆，与我有约而事露，我忧郁死，爱缘未尽，故来续欢。'妇醒即病颠，屏夫独居，时自言笑，皆男子亵语，忘己之为女身也。久之，小芙白昼现形，家人百计驱之，莫能遣。会邻舍不戒于火，小芙呼告王氏，得免于难。王家德之，听其安居年余。一夕，谓妇曰：'我缘已尽，且得转生矣。'抱妇大哭，称与哥哥永诀。妇颠病即已，后竟无他。"

按：远在千山万水之外之女，竟与徽州黟北之妇来续前世姻缘，亦是奇事一桩。

猢狲酒

卷二十载："曹学士洛褿为余言，康熙甲申春，与友人潘锡畴游黄山，至文殊院，与僧雪庄对食。忽不见席中人，仅各露一顶。僧曰：'此云过也。'次日入云峰洞，有一老人，身长九尺，美须髯，衲衣草履，坐石床。曹向之索茶。老人笑曰：'此间安得茶？'曹带炒米献老人。老人曰：'六十余年未尝此味矣。'曹扣其姓氏，曰：'余姓周，名执，官总兵。明末隐此，百三十年。此猿洞也，为虎所据，诸猿患之，招余杀虎殪其类，因得居此。'床置二剑，光如沃雪；台上供河洛二图，六十四卦；地堆虎皮数十张。笑谓曹曰：'明日，诸猿来寿我，颇可观。'言未已，有数小猿至洞前，见有人，惊跳去。老人曰：'自虎害除，猿感我恩，每日轮班来供使令。'因呼曰：'我将请客，可拾薪煨芋！'猿跃去。少顷，捧薪至，煮芋与曹共啖。曹私忆此间得酒更佳，老人已知。引至一崖，有石履小凹，澄碧而香，曰：'此猢狲酒也。'酌而共饮。老人醉，取双剑舞，走电飞沙，天风皆起。舞毕还洞，枕虎皮卧，语曹云：'汝饥可随手取松子橡栗食之。'食后，体觉轻健。先是曹常病寒，至是病减八九。最后引至一崖，有长髯白猿，以松枝结屋而坐；手素书一卷，诵之琅琅，不解作何语，其下千猿拜舞。曹大喜，急走，归告雪庄。拉之同往，洞中止存石床，不见老人。"

按：此发生在黄山上之奇事也，山猿也知报恩，人不能不及之，曹学士所遇老人与猿，皆成仙矣。

忠恕二字一笔写

卷二十载："黄燡照，歙县人，原任福山同知。罢官后，主讲韶州书院。尝书'忠恕'二大字，勒石讲堂，款落'新安后学某敬书'。忽一日，梦黑衣者二人执灯至曰：'奉命召汝。'黄即随往。至一处，历阶而升，闻呼曰：'止！'黄即立定。黑衣人分左右立，中隔一层白云。闻有人曰：'汝为大清官员，何以生今反古？书"忠恕"二字，落款"新安"，宜速改正。'黄惊醒，急将前所刻'新安'二字，改写'歙县'。越数日，又梦前黑衣人引至原处，仍闻云中人语曰：'汝改书勒石固善，但亦知"忠恕"二字之义，是一气读否？汝可于古帖中求之。'黄醒，检阅十七帖，见'忠恕'二字行书，乃'中心如一'四字。恍然大悟，复将壁间石刻毁去，仿帖中行书，另写勒石，今存韶州书院。"

> 按：题书勒石亦不可乱来，今人当亦戒之。黄燡照为歙之潭渡人，字默谷，官广东佛山同知，书中写"福山"，误，黄还是工山水的画家。

汉江冤狱

卷二十四载："曹震亭知汉江县，晚衙夜坐，见无头人手提一头，啾啾有声，语不甚了。曹大骇，遂病，病三日死矣。家人欲殓，胸前尚温，过夜而苏，曰：'被隶人引至阴府，见峨冠南面者，衣本朝服色，辕外人传呼："汉江县知县曹学诗进！"曹行阳间属吏礼，向上三揖。神赐坐，问："有人诉公，公知否？"曰："不知。"神取几上牒词示曹。曹阅之，本县案卷也，起立曰："此案本属有冤，为前令所定，已经达部。"我申详三次，请再加审讯，为院所驳，驳牌现存。神曰："然则公固无罪也。"传呼冤鬼某进，阴风飒飒然，不见面目手足，但见血块一团，叫跳呼号，滚风而至。神告以曹为申救之故，且曰："汝冤终当昭雪，须另觅仇人。"鬼伏地不肯去。神拱手向曹作送状，手挥隶人云："速送速送！"曹猛然惊醒，不觉汗之沾衣也。'自此辞官归家，长斋奉佛终其身。"

> 按：曹震亭为歙县雄村人曹学诗，震亭是其号，字以南，乾隆进士，曾官内阁中书，有《香雪文钞》。此篇云其于汉江县任上冤释辞官归家之事，颇为奇也。

花魄

卷二十四载："婺源士人谢某，读书张公山。早起，闻树林鸟声啁啾，有似鹦哥。因近视之，乃一美女，长五寸许，赤身无毛，通体洁白如玉，眉目间有愁苦之状。遂携以归，女无惧色。乃畜笼中，以饭喂之，向人絮语，了不可辨。畜数日，为太阳所照，竟成枯腊而死。洪孝廉宇麟闻之，曰：

'此名花魄，凡树经三次人缢死者，其冤苦之气，结成此物。沃以水，犹可活也。'试之果然。里人聚观之，如云而至。谢恐招摇，乃送之树上。须臾间，一大怪鸟衔之飞去。"

　　按：冤苦之气竟能凝成花魄，而花魄竟可化形为人，奇哉！奇闻怪事，闲而阅之谈之可也，不可全信。

卷　四

《五石脂》十三则

　　按：《五石脂》作者陈去病(1874—1933)，字佩忍，号巢南，别号垂虹亭长。原名庆林，因慕汉代霍去病“匈奴未灭，何以家为”的为人，遂改名去病。江苏吴江人。早年要求变法维新，后参加孙中山先生的同盟会，曾任广州护法军政府大本营宣传主任，后任江苏革命博物馆馆长、东南大学教授等职。著名诗人，南社创始人之一，著有《浩歌堂诗钞》，又曾创办《二十世纪大舞台》杂志，提倡戏剧改革。《五石脂》作于清末，曾于宣统元年(1909)分段连载《国粹学报》。此书折射了清末的时代实际。“五石脂”是一种药物，《神农本草经》说它“久服补髓益气，肥健，不饥，轻松延年。五石脂各随五色补五脏，生山谷中。”书中记载徽州遗事颇多，现分则录之，并新加标题以提识。诸则文中括注乃原书所注。

金氏

　　《五石脂》为近代陈去病所撰著，书中载云：“此外后起之族，则有金氏，顾亦有二支，截然不同。一曰曹村之金，著于明末，其先湖南人，宋季有任长兴典使者，遂家焉。厥后蕃衍分析，多居南浔、震泽间。而文通公之后，独以佐命元勋，荷时隆宠。一曰顾家桥之金，近颇蕃殖。其先为宋相国安节之后，安节故家休宁之汪金桥，而葬于于嘉兴，故子孙多居吴越间。

　　汪金桥金氏，今犹数百家，多经商。其他有居瓯山及苕镇者，乾嘉间

金状元榜以经术名世,即莒镇人也。居瓯山者,以文毅公声为特者,然公先世实汉口程氏也,以赘于金,遂冒其姓。至公父爱山商于楚,公因占籍嘉鱼,补博士弟子员,而得与熊鱼山相善。"

　　按:本则叙嘉兴顾家桥之金氏源于休宁汪金桥之金,状元金榜寄籍莒镇,瓯山金为汉口程赘于金氏而改姓。然《歙县志》诸种则载金榜为歙之岩寺人。

江天一与江村

　　《五石脂》载明末歙人江天一随其师金声抗清殉难事,文曰:"文毅守徽,门人江止庵先生天一,佐之尤力。当公被捕时,先生名故不与,独追及之曰:'我金某参军也。'遂相随至芜湖鸠江,乡人见公如见父母,临别金曰:'公旋,某等当俟道在。'公笑曰:'再来不值半文钱矣!'因题《过山溪》诗于石壁,云:'祖宗功德沁肝肠,忍见(此处原阙文)土疆。九烈靡他悲烈庙,一师未济负南阳(原著思文旧封)。山势嵯峨难再见,泉声呜咽若为伤。相从患难唯金石,厉鬼驱车诉帝乡。'止庵和之曰:'乾坤倾覆激刚肠,欲熸天骄复故疆。日月胸中怀北阙,旌旗海上望南阳。书生力竭犹甘死,冠佩迎降子未伤。共矢文山终令节,自应长啸别家乡。'竟赴南都死。监刑,洪承畴犹遣人与公耳语,止庵见之大呼曰:'先生之千秋,在此一刻也!'呜呼烈已。

　　止庵家江村,在歙北七里飞布山麓,墓在双枝坞。相传自公殉国后,江氏子孙无人入仕途者。尝有一人就试,得列于黉,迨归祭,入庙门即仆地死。故至今后裔,咸惮公英烈,相戒不得仕宦云。其所著诗名《惊天集》,予尝求之,卒未获也。门人告予云,其遗像尚存,状貌甚威武。疑出后人追慕者。"

　　按:本条记述歙县江村人江天一随其师金声抗清壮烈牺牲之事,且江天一之壮烈竟波及后人,可谓影响之大。

金文毅与凌御史

文曰："金文毅葬西兖（一作充）山，遗像尚存，系一横卷，题咏者甚夥。当浙西村人袁爽秋备兵芜湖时，尝遣人踪迹其后嗣，送之中江书院读书，又函请学使者考取入庠，所以抚恤之者甚挚。

凌御史驷墓在下狮山（府志作山歧山，误）。予尝躬而往谒之。其墓不封不树，状甚荒凉。且无门阙碑碣表识，非得其裔引导，不易获也，惟离其家只里许，隔溪可望。遗像曾毁于火，后六世孙顺贵，获公生前小影重模偶之，迄今尚存，颇奕奕有精彩。其居在沙溪，一名双溪，在江村西五里。族姓二百余家，自公殉国后，亦以力耕为务，无一仕宦者，惟顺贵诸生。"

按：《五石脂》将金声（休宁人）与凌驷（歙县沙溪人）二人殉国事并写，不仅因二者皆徽人，且在明末抗清殉国壮烈之状相近也。

汪芒入歙

按：《五石脂》叙汪芒入歙事，且将汪华与之相连，然众多汪氏家谱皆云汪氏源自周时鲁成公次子颖川侯汪。现录之以存。

文曰："徽州多大姓，莫不聚族而居，而以汪、程为最著，支祠以数千计。汪氏原出汪芒之后，昔禹会诸侯于会稽，防风氏后至，戮之。其骨去车，盖汪芒也，其国在今湖州山中。楚来于越，遗黎四窜，汪芒氏入歙，当在斯时，故时号歙曰山越。及秦立郡郡，（故城在今湖州郡山）彼土日辟。汪芒益有所逼迫，而不得不四窜于歙，居今绩溪境内。因其时，吴越皆开辟，惟歙县初立，或匿迹。递嬗至孙吴，山越殆灭。孙权使贺齐讨黟歙，（五）分为新都郡。而汪芒之裔，遂列于编氓，然其时当群聚绩溪也。及越国公华，起自登源，保障六州，卒归命唐室，受国殊封。子孙济济，咸在朝列，由是而汪芒氏苗裔，日益繁衍遍歙郡矣。且其俗重商，四出行贾，多留不返。故东南郡国巨族，往往推本于歙，固不特汪、程二氏也。"

程氏与朱氏

《五石脂》叙程氏与朱氏之源,文曰:"程氏,源出新安太守元谭,卒葬任所,子孙家焉。至陈时,镇西将军灵洗,以功封遂安侯。(今属严州,本歙县南乡安定里。汉建安十三年,始分其地为新定县。晋太康元年改遂安。)守本郡,族姓始大。(去病闻之歙人,汪程二族蕃衍之故,盖当陈隋间,遂安越国崛起乡间,声势甚盛,在他族亦有冒姓而托庇宇下者。)其后灵洗之裔,有由黄陂转判开封者,乐嵩阳风土不返。而明道兄弟,遂以儒术姚声伊川之上。考亭朱子承其学统,复廓而大之。由是洛、闽之传,相合为一。然予过程朱阙里,知两家先世,本同出篁墩,宜乎冥符默契,而为两宋道学之宗也。

考亭先生,本吾吴旧族之裔也。至唐广明之乱,始自苏州之洗马桥,迁居歙之篁墩,即新安第一世祖,名师古者也。(见储郁文《朱子始迁祖师古公墓碑记》)故朱子自序《婺源茶院谱》后,亦云'望出吴郡'。秋祭率用鱼鳖,则其祖之为吴人无疑也。师古第四子革(前加"王"部首),官宣歙观察使,封亭英侯,位望甚赫。故师古卒后,遂葬于此,(今称其地曰朱家巷。及天祐间,歙州刺史陶雅克婺源,以革弟瑰领兵三千戍之,卒葬连同,府志作桐。)其后遂婺源人。瑰号古寮公,传子廷隽,孙昭元,曾孙甫,玄孙振,振生绚,绚生森,森生松,即考亭父也。以官政何尉,而其父卒,复因世变,遂葬父于建而家焉。故考亭之后,复为闽人,其居连同及休宁之琳溪、月潭等处者,则皆其同源异派者也,今犹繁盛。(见考亭原序及《婺源志》。)

考亭祖父故居,在婺源县南,俗称朱文公阙里。其家庙中,有韦斋井。(按:韦斋即松之别号。)相传公生时,井腾紫气,故亦名虹井,诬饰殊觉可笑。篁墩程朱阙里,今其废址犹存。然所谓阙里者,故孔子乡名,乃以称程、朱,谬矣。

朱韦斋尝读书歙城南紫阳山,厥后即营为书院。数百年来,朱学风靡天下,而紫阳书院之名,亦几遍郡国,呜呼盛矣!予过渔梁,访书院遗址,已圮毁不存。惟山北临练溪之上,石梁中亘,流溇潺潺,如飞花滚雪,见辄令人神怡久之。"

按:作者将程、朱二氏并叙,有其特别意义,乃程朱为新安理学之祖也。明道兄弟为程颐、程灏，考亭先生为朱熹，韦斋为朱熹之父朱松。

问政山紫阳书院

《五石脂》载问政山紫阳书院曰："歙县治后问政山上，亦构有书院已久。乾隆朝扬州盐商复大集资财修之，斋舍略备。有程瑶田碑记嵌壁中，书法颇圆润。原有宋理宗书'紫阳书院'四大字，石已碎灭。今门外两巨碑，则清初摹泐本也。院有文公泉，歙人甚宝之，实则潢污而已。山民僬野，于此可见一斑。

问政山阳有培嵝，土人名曰文笔峰。（以适当文庙，建有浮屠故。）峰左有丘曰太函，方广仅百弓，有明豪宦汪道昆之第也。今宅虽倾圮，而门阙依然如昨。阙上横嵌白石，纹理细致若云雷状，刻有'太函'二大字，方径尺许，云间莫是龙笔也。"

> 按：紫阳书院至本世纪初仍存，在歙县中学后，有清代歙人曹文埴题书"古紫阳书院"坊立于书院甬道之口。然至2012年10月余偕友人去游览时，已见被拆去，仅存门坊孤立一隅，惨也!

汪道昆文

《五石脂》载汪道昆之文曰："汪氏尝居黄山，地名祺中，颇招致山人墨客，与相为豪奢。如善制墨者方于鲁，即其一也。一时士之欲求标榜通声气者，不东谒弇州，即西走祺中，希冀一得顾盼为荣。故汪氏六下客常满，而为之延誉者亦几遍天下。汪又自矜能文章，以为高古法汉魏，由是四方求文者，日替金走祺中，踵相接也。汪对客挥毫，须臾立就，得其文者，人人自以为光宠。余见其集，盖百卷云。然多芜秽空廓，不合义法。明季文章之坏，实由于此。归熙甫谓庸妄巨子，殆汪氏其人欤?"

> 按：《五石脂》叙明代歙人汪道昆擅文，求者众多，竟成一时之盛事。然作者陈去病却不以为然，称汪文"多芜秽空廓，不合义法"，甚至将"明季文章之坏"归罪于汪，实乃太过。"弇州"，王世贞也，乃当时文坛

卷
四

领袖，汪道昆有与其并称之誉。归熙甫，即归有光，昆山人，亦当时文坛名家。

黄山之景物

按：《五石脂》记有黄山之景物，峰、云、花木、香茶皆备。

文曰："黄山三十六峰，以天都、莲花二峰为最高。天都磅礴魁玮，气势特雄，状如天官垂绅冕旒，负扆而朝百灵。莲花孤峭秀削，亭亭远上，状如其名。而文殊院适位其中，不特尽挹两峰之胜，且迎面开旷，万山悉来眼底，可得觇云铺海之奇。云铺海者，当天日晴霁，四无风声，忽有白云滃然乱起山中，绵绵不绝。顷刻即布满天空，变诸幻状，如奔涛触浪，排空而来，能一时间使万山都杳。或微露峰顶，若螺黛之浮涌。盖云物之奇观，而黄山之所由夸耀也。明人山史潘之恒作《黄山志》，又标其胜曰"黄海"云。予登黄山，值梅雨，虽未尽铺海之奇。然白云飘忽去来，万变不测。始焉填坑溢谷，继则灭迹销踪，几不解孰主宰是，而竟能来去自由者。此又寻常铺海所罕有也，而予顾得之，非山灵之赐欤？

山有木莲花树两本：一在紫云庵前，一在慈光寺后。皆高逾数十丈，绿叶坚厚而长。夏间开白花，五瓣如莲。惟圆径寸许，花蕊类杵形耳。《山经》言'花不岁岁开'，而予适觏之，幸已。其花结果，能治心气痛，山僧甚宝之。石门坎旁，有树着花，甚大而茂，妖艳如木芙蓉，而花瓣尤娜娜可爱。询之从者，皆不能识。或云即优昙花也，竟不知是否？天都峰顶有茶树一株，甚久远，特高不可上，必待其叶自落而取之，大逾二、三寸。山僧甚矜贵，名之云雾茶，非檀越布施不得也。

黄山土产皆茶也。其他则黄精、白术，并号良药。而温泉与松，亦颇有称道之者。予之浴温泉，识其性与硫磺差别，殆骊山之流亚也。而古松离奇谲诡，殊不可名状。大抵皆千余年物，惟多生绝壁，不能取。黄山茶以初采新芽为最贵。其足与匹敌者，则婺源茶耳。然尚不若休宁松萝山产为尤佳。山在城北十三里，产茶甚微，而甘香腴润，颇与洞庭碧螺春相敌。徽商咸重视之。碧螺春茶 初名嚇杀人香。乾隆帝下江南，以其名恶，

赐以今名。"

徽商四大宗

《五石脂》叙徽商之经营行业有四大宗，曰："徽郡商业，盐、茶、木、质铺四者为大宗。茶叶六县皆产，木则婺源为盛，质铺几遍郡国，而盐商咸萃于淮、浙。自陶澍改盐纲，而盐商一败涂地。左宗棠增质铺岁月，而当商几败。及今茶市，既不改良，而连岁之亏耗者，不可胜数。然徽人谓曾国藩驻师祁门，纵兵大掠，而全郡窖藏一空，故至今谈湖湘者，尤为切齿。"

按：本条叙述徽商经营四大行业，然太简略，仅可作参考。

徽人在扬州

按：《五石脂》所记徽人在扬州，道出徽商对扬州城市发展的作用，为许多研究徽商的后人所重视。

文曰："徽人在扬州最早，考其时代，当在明中叶。故扬州之盛，实徽商开之。扬，盖徽商殖民地也。故徽郡大姓，如汪、程、江、洪、潘、郑、黄、许诸氏，扬州莫不有之，大略皆因流寓而著籍者也。而徽扬学派，亦因以大通。扬州当明季时，史道邻（按：即史可法）守之甚固，观世所传《答睿亲王书》可见矣。然予闻之徐遁叟，名嘉，山阳人，今昆山校管。谓公别有代皇帝《遗摄政王玺书》一通。及公殉难，有山阳人张伯玉者，名玙若，曾以布衣参公军，特为文祭公。自称参军门人，谓公居无如何之时，值不可为之地，而极不得已之心。当夫天崩地坼、日月摧冥，不死于城头，而死于乱军。无骨可葬，无墓可封，天也人也？亦公自审于天人之际而为之也！凡一千八十余言，其卒章云：'愧玙不才，曾辱异视。何为其宜，高尚余志。书词俱在，旦旦信誓。山薇可采，田芜可耰。聊以卒岁，用报公义。长跽陈词，不禁涕泪'云云。可谓极慷慨悲凉之致矣！"

《霜猿集序》

汪有典史外,载公可则妻某氏,号八夫人者,行事甚烈,余既据以入彤史矣。顾尝闻公有妾,姓李氏,名傃,号空云者,金陵人也。公既殉节,傃为女道士,入王屋山,不知所终。尝有《霜猿集序》一篇,流传于世,缠绵悱恻,词极工丽。序云:"殷之亡也,朝宗兴麦秀之歌。周之衰也,行役起黍离之叹。乃若王臣不返,沉湘之悼何深;公子无归,虞夏之怀弥笃。诗吟而甲子成编,采菊完柴桑之节;啸罢而广陵作操,鼓琴寄中散之思。此数君子者,皆值宗国之沦亡,遇故都之倾覆,衔哀结怨,郁为诗歌也。属当明季,丧乱滋多。乃圣乃神,四海抱沈渊之痛;吾君吾后,千秋余殉国之香。此开辟未有之奇闻,诚书契所无之创事。天产哲人,赋才独异。文章轶驾于南华,疑庄生之再见;风雅追纵于西楚,信屈子之复来。爰读《霜猿》之二卷,如听月峡之三声。其志切,其音哀。其志切,故字字发乎深情;其音哀,故言言可以长恸。方之少陵诗史,彼略而此详;比之尼父麟书,贬多而褒少。傃名闺弱质,相府小星。际此天倾天陷,赤伏无再验之符;遽尔家破人离,素镜绝重圆之照。楼名燕子,与燕俱栖;院锁梨花,比花更碎。爰及黄绂入道,素简朝真。初上蒲团,即悟三生之果;不登法座,焉知众妙之元。倚碧窗而吹笙鼓瑟,青鸟来庭;入丹山而艺草寻芝,白猿引路。固将长往红尘,安神云岫;何幸亲承紫气,获睹瑶编。本以忘身忘世之心,又生悲国悲君之念微吟檐下,凄凄风雨之忽临;高咏灯前,冥冥鬼神之交泣。呜呼!先帝后之陟降匪遥,应鉴孤臣之至意;家相国之精灵如在,岂憎贱妾之多言。岁属丙申,时维八月,广陵女冠李傃,缑孙道院空云,主静轩中,用裁斯构"。去病案:集凡二卷,计诗百二首,绝类崇祯宫词,而有明衰亡之状,历历如绘。题云"华阳道隐具草",疑明末孤臣,而隐遁以终者也。

按:陈在录《霜猿集序》全文外,且记作序者为徽人汪典史之妾,后入王屋山为道,以见其人之品格。观《霜猿集序》,确是一篇"缠绵悱恻,词极工丽"之作也,出自一女士之手,乃女才子也。

扬州名士之歙人

按：《五石脂》记扬州名士中之歙人，甚多。既然"扬州之盛，实徽商开之"，那么，扬州名士歙人之多，乃自然也。

文曰："明季时，扬州有先史公起撄危难，以子身保障一方民，而卒惨构奇祸者，则为郑超宗。超宗名元勋，本歙人，而家于扬。生平尚侠，好任事。当四镇之设，扬州独以繁富为众目所集。而高杰尤枭雄，逞捷足先至，扬人以其凶悍拒之。杰怒甚，纵兵抄掠，扬州民大困。超宗独出救免之，而扬人谓其通贼，竟杀郑。久之始知其冤，然已无及矣。乾嘉间，扬州名士，若汪容甫、江郑堂，其先皆徽州人。然汪著《广陵对》及《广陵通典》，于扬州事实，详征博引，赅核无遗。而于徽州典故，一不之叙，是居然以扬州人自命矣。然余谓非若甫之恝置故里也。盖汪虽歙人，而起家甚微，故生平最恶富人。观于梅花书院，踞坐石狻猊，手批盐商之项而面斥之，俾其谢过不遑而去。则其鄙薄徽商之心，类可睹矣。切以当时徽商，染承平之余习，其骄奢淫逸，实有不忍道者。得容甫一摧荡，亦大快事。独郑堂作《国朝汉学师承记》于徽扬学派，沟而通之，是颇能尊崇徽学者。

二百年来，徽州学派，江慎修开之于先，汪双溪继之于后，皆于故乡先贤朱学之外，别开生面者，不可谓非一时之杰。然自戴东原氏出，而各家皆为摧荡，斯诚黝歙之圣。顾去今祗百稔，而风微响绝，坠绪茫茫，黝（黟）山不为之减色哉。江慎修微时，家亦甚贫。尝上郡应试，而窘于赀，不得已，乃为人担荷行李而前，因得相随入试。然江家婺源，去郡三百里，而先生独不惮劳勤，从事于此，则其志行之卓立可见矣。昔晦庵临终，以（坚苦）二字励六人。若慎修者，可谓能实践其诫矣。诗有之曰'虽无老成人，尚有典型'。余于先生亦云。

吴薗次、曹秋岳、查伊璜、汪苕文、洪稚存皆徽州人，而家于扬、于苏、于杭、于禾、于常。有数东南文献者，大抵咸以是为吴越之隽矣，而岂知不然。吴、曹、查辈，本声色名利中人，甚不足道。惟尧峰颇能文章，蠲洁明净，在顺、康朝，自是一家。以格律论，则叔子、雪苑不逮焉。盖叔子好凭空横议，雪苑亦粗豪不甚修饰。且其时当阳九百六之秋，二公躬值世变，

故文气恒惨激而不舒。尧峰则行辈稍后，又踞有湖山之胜，友朋之乐，故得优游文史，以造纯粹之境。然其人格，又逊于侯、魏，固知彼苍之多缺憾也。洪稚存在嘉庆朝，小有气节，且稍稍通世务矣。然观其所著，则散体不如骈文，骈文不如考据，而考据亦不甚精核。如论大别山为大江南岸之山，常州府属之江为《禹贡》北江，大抵皆承袭经生余习，故逞词锋以自雄者，无足称也。惟《乾隆府厅州县（图）志》较《天下郡国利病书》等，似乎过之。"

按：本篇记述了扬州名士中有众多歙人，如明末郑元勋、清代汪中、江永、吴绮、洪亮吉等。此处之"歙"不单指歙县，乃指歙州，即徽州也。

洪氏自叙世系

《五石脂》载洪氏世系，以自叙称之，曰："洪氏自叙世系，必曰其先有某官家徽州，厥后以姓流衍，遂成巨族。余谓此第据其近者言之耳，若溯厥姓源，当以古代共工氏，为得姓受氏始祖。考共工本上古治水官名，而守其职者，则惟苗族。苗为九黎之后，其酋长为蚩尤，最桀骜，能决水为害，故黄帝讨戮之，而官守如故。至尧时其君康回，又决水为害，得禹之征讨，而水土以平。于是共工氏用失厥职，窜迹湘赣之间，左彭蠡而右洞庭，负险临深，以保其族。及周公惩荆舒，召穆公平荆蛮，楚启山林，而苗族之势衰，根据地亦日削。不得已，其大群皆逾岭南窜，入闽、粤、黔溪峒以去。而其支裔，则或居南昌山谷，或泛鄱阳，溯番水，东入黝山深处。久与汉族化合，乃就共旁加水，改氏为洪，以示不忘共工治水之本。世徒以其匿迹深岭，若桃源之避秦，遂目为神怪。如江西所传洪州，（《元和郡县志》，洪州因洪崖井为名）。洪崖仙人及洪崖井、洪崖宅，与乐平之岩，（《乐平县志》谓洪岩以洪皓得名，非也。）徽州之大洪岭，一曰大功山等，纷纷不一。要之皆洪氏之先，共工氏余裔之遗迹也。别有鸿氏、危氏（今江西危氏甚多，亦其一证。）、元氏，俱见《路史》，兹不赘。共工氏之洪，起自长江南岸，既如上所述矣。故望出宣城、豫章。至唐德宗朝，又有洪经纶者，建中元年，命为河北黜陟使。其父与官起居舍人，祖察，本弘氏。家常州，改姓洪，是为别一洪氏，与共工之族异，且居常州最早，而与北江之后又别。"

按：本篇叙洪氏得姓之祖为远古共工氏，本为苗族，久与汉族化合后，"乃就共旁加水，改氏为洪"。

《虞初新志》六则

汪十四传

按：歙人张潮所编之《虞初新志》其载徐士俊（野君）之《汪十四传》，记叙了新安一侠士，令人崇敬。

文曰："汪十四者，新安人也，不详其名字。性慷慨激烈，善骑射，有燕赵之风。时游西蜀，蜀中山川险阻，多相聚为盗。凡经商往来于兹者，辄被劫掠。闻汪十四名，咸罗拜马前，愿作"护身符"。汪许之，遂与数百人俱，拥骑而行。闻山上嚆矢声，汪即弯弓相向，与剑锋相触，空中堕折。以故绿林甚畏之，秋毫不敢犯，商贾尽得数倍利。而白梃之徒日益贫困，心忮之，而莫可谁何也。无几时，汪慨然曰：'吾老矣！不思归计，徒挟一弓一矢之勇，跋履山川，向猿猱豺虎之地以博名高，非丈夫之所贵也！'因决计归。归则以田园自娱，绝不问户外事。而曩时往来川中者，尽被剽掠，山经不通，乃踉跄走新安，罗拜于门外：'愿乞壮士重过西川，使我辈弱者可强，贫者可富，俾啸聚之徒大不得志于我旅人也。壮士其许之乎？'是时，汪十四雄心不死，遂许之曰：'诺！'大笑出门，挟弓矢连骑而去。于是重山叠岭之间，复有汪之马迹焉。

绿林闻之咸惊悸，谋所以胜汪者，告诸山川雷雨之神，当以汪十四之头陈鼎列俎。乃以骁骑数人，如商客装，杂于诸商之队而行。近贼巢，箭声飒沓来。汪正弯弓发矢，而后有一人，持利刃向弦际一挥，弦断矢落。汪忙迫无计，遂就擒。擒入山中，见贼党咸持金称贺，然犹意在往劫汪之护行者。暂置汪于空室，絷其手足，不得动，俟日晡，取汪十四头，陈之鼎俎，酬山川雷雨之神。汪忽瞠目，见一美人向汪笑曰：'汝诚豪杰，何就缚至此？'汪且愤且怜曰：'毋多言！汝能救我，则救之，娘子军不足为也！'美

人曰：'我意如斯。但恐救汝之后，汝则如饥鹰怒龙，夭矫天外，而我凄然一身，徒婉转娇啼，作帐下鬼，为之奈何？'汪曰：'不然。救其一，失其一，亦无策甚矣。吾行百万军中，空空如下天状，况区区贼奴，何足当吾前锋哉！'因相对慷慨激烈。美人即以佩刀断其缚而出之。汪不遑起谢，见舍旁有刀剑弓矢，悉挟以行。左携美人，右持器械，间行数百步，遇一骑甚骏，遂并坐其上。贼人闻之，疾驱而前。汪厉声曰：'来，来！吾射汝！'应弦倒。连发数十矢，应弦倒者凡数十人。贼人终已无可奈何，纵之去。

汪从马上问美人姓名。美人泣曰：'吾官女也。父为兰省给事中，现居京国。今年携眷属至京，被劫，妾之老母及诸婢子尽杀，独留妾一人，凌逼蹂践，不堪言状。妾之所以不死者，必欲一见严君，可以无恨；又私念世间或有大豪杰能拔入虎穴者，故踌躇至今。今遇明公，得一拜严君，妾乃知死所矣！'汪曰：'某之重生，皆卿所赐，京华虽辽远，当担簦杖策卫汝以行。'于是陆行从车，水行从舟，奔走数千里，同起居饮食者非一日，略无相狎之意，竟以女归其尊人，即从京国返新安终老焉。老且死，里人壮其生平奇节，立庙以祀，称为'汪十四相公庙'。有祷辄应，春秋歌舞以乐之，血食至今不衰。"

按：张潮在编毕此文时，不禁发出感慨："张山来曰：吾乡有此异人，大足为新安生色。而文之夭矫奇恣，尤堪与汪十四相副也。"吾亦不禁感慨，汪十四以己之智勇捍卫商旅，又千里护送弱女至京，行为确为慷慨之士也，值得里人立庙以祀，还值得今人习之也。《虞初新志》编辑者张潮，字山来，该书校点者在出版说明中云"字三来"，号心斋，安徽歙县人，校点者出版说明中云"江西新安人"，显然谬误。云其父"尝担任过明朝的地方大吏"，亦误。其父张习孔为清顺治六年进士，仅任过清山东提学道学政。张潮以岁贡任翰林院孔目，传世撰著有《心斋诗集》《幽梦影》《花影词》《花鸟春秋》《酒律》《贫卦》等，编过《昭代丛书》《檀几丛书》，影响较大的要数这部《虞初新志》。虞初，本汉武帝时一方士，曾以《周书》为本，著《虞初周说》943篇，为班固列为"小说家"。东汉张衡于《西京赋》中云"小说九百，本自虞初"，后人即以虞初为小说家始祖，且成"小说"的代名词。遂有无名氏编唐人小说集《虞初志》，明戏剧家汤是祖编评之《续虞初志》，清初文学家张潮编选之《虞初新志》，所收多为明末清初文言小说。《汪十四传》作者徐士俊，明末仁和人，字三有，号野君，工乐府，有《洛水丝》等剧存于世。

换心记

《虞初新志》载徐芳（仲充）之文《换心记》，曰："万历中，徽州进士某太翁，性卞急，家故饶赀，而不谐于族。其足两腓瘦削无肉。或笑之曰：'此相当乞。'翁心恨之。生一子，即进士公，教之读书，性奇僿，咿唔十数载，寻常书卷，都不能辨句读。或益嘲笑之曰：'是儿富贵，行当逼人。'翁闻益恚。有远族侄某，负文名，翁厚币延至，使师之，曰：'此子可教则教，必不可，当质语予，无为久羁。'侄受命，训牖百方，而懵如故。岁末辞去，曰：'某力竭矣。且叔产固丰，而弟即鲁，不失田舍翁，奈何以此相强！'翁曰：'然！'退而嗔妇曰：'生不肖子，乃翁真乞矣！'趣治具饯师，而私觅大梃，靠壁间，若有所待。盖公恨进士辱己，意且扑杀之，而以产施僧寺，作终老计。母知翁方怒，未可返，呼进士窃语，使他避。

进士甫新娶，是夜阖户筹议，欲留，恐祸不测，欲去，无所之；则夫妇相持大哭，不觉夜半。倦极假寐，见有金甲神拥巨斧，排闼入，捽其胸，劈之，扶其心出，又别取一心纳之，大惊而寤。次日，翁延侄饮为别。翁先返，进士前送至数里，最后牵衣流涕曰：'恻隐之心，人皆有之。师何忍某之归而就死？'师蘧然曰：'安得此达者言？'进士曰：'此自某意。且某此时，颇觉胸次开朗，愿更从师卒业。'因述夜来梦。师叩以所授书，辄能记诵，乃大骇，亟与俱返。

翁闻剥啄声，挈梃门俟。已闻师返，则延入。师具以途中所闻告。翁以为谬误，试之良然，乃大喜。自是敏颖大著，不数岁，补邑诸生。又数岁，联捷成进士。报至之日，翁坐胡床，大笑曰：'乃公自是免于乞矣！'因张口哑哑而逝。族子某为郡从事，庚辰与予遇山左道中，缕述之，古今未闻有换心者，有之自此始。精诚所激，人穷而神应之。进士之奇颖，进士之奇愚逼而出也，所谓德慧存乎疢疾者也。或曰：'今天下之心，可换者多矣，安得一一悴其胸剖之，易其残者而使仁，易其污者而使廉，易其奸回邪

佞者而使忠厚正直?'愚山子曰:'若是,神之斧目不暇给矣!且今天下之心皆是矣,又安所得仁者廉者忠者直者而纳之,而因易之哉!'"

　　按:张潮在编后又大发感慨,"张山来曰:有形之心不能换,无形之心未尝不可换。人果肯换起无形者,安知不又有神焉并其有形者而换之耶?则谓进士公自换其心也可。"本篇所谓换心,并非换有形之心,乃是换无形之心神耳。按现今之言,乃换思想精神耳。换了心神,愚钝者中进士矣。

王翠翘传

　　按:《虞初新志》载余怀(澹心)之《王翠翘传》,甚为翔实,将胡宗宪通过王翠翘诱降徽州海商徐海之事尽行写出。

　　文曰:"余读《吴越春秋》,观西施沼吴,而又从范蠡以归于湖,窃谓妇人受人之托,以艳色亡人之国,而不以死殉之,虽不负心,亦负恩矣。若王翠翘之于徐海,则公私兼尽,亦异于西施者哉。嗟夫!翠翘故娼家,辱人贱行,而所为耿耿若此。须眉男子,愧之多矣!余故悲其志,缀次其行事,以为之传。传曰:

　　王翠翘,临淄人,幼鬻于倡,冒姓马,假母呼为翘儿。美姿首,性聪慧,携来江南。教之吴歈歌,则善吴歈歌;教之弹胡琵琶,则善弹胡琵琶。吹箫度曲,音吐清越,执板扬声,往往倾其座客。平康里中,翘儿名藉甚。然翘儿雅淡,顾沾沾自喜,颇不工涂抹倚门术。遇大腹贾及伧父之多金者,则目笑之,不予一盼睐温语。以是假母日忿而笞骂。会有少年私翘儿金者,以计托假母,而自徙居嘉兴更名王翠翘云。

　　当是时,歙人罗龙文,饶于财,侠游结宾客,与翠翘交欢最久,兼昵小妓绿珠。而越人徐海者,狡佻,贫无赖,方为博徒所窘,独身跳翠翘家,伏匿不敢昼见人。龙文习其壮士,倾身结友,接臂痛饮,推所昵绿珠与之荐寝。海亦不辞,酒酣耳热,攘袂持杯,附龙文耳语曰:'此一片土非吾辈得意场,丈夫安能久居人下乎?公宜努力,吾亦从此逝矣!他日富贵,毋相忘!'因慷慨悲歌,居数日别去。徐海者,杭之虎跑寺僧,所谓'明山和尚'者是也。居无何,海入倭,为舶主,拥雄兵海上,数侵江南。嘉靖三十五年,围巡抚阮鄂于桐乡,翠翘、绿珠皆被掳。海一见惊喜,命翠翘弹胡琵琶以佐酒,日益宠幸,号为夫人,斥诸姬罗拜。翠翘既已骄爱无比,凡军机密画,唯翠翘与闻。乃翠翘阳为亲昵,阴实幸其覆败,冀归国以老,泪渍渍常承接洗面也。

会总督胡宗宪开府浙江,善用兵,多计策,欲招致徐海,自戕麻叶、陈东,而离散王直之党,乃遣华老人入赍檄招降。海怒,缚华老人,将斩之。翠翘语海曰:'今日之事,生杀在君,降与不降何与来使?'海乃释其缚,畀金而遣之。老人归,告宗宪曰:'贼气方锐,未可图也。然臣睨海所幸王夫人者,左右视,有外心,或可借以歼贼耳。'而罗龙文者微闻是语,自喜与翠翘旧好,乃因幕府上客山阴徐渭以见于宗宪。宗宪以乡曲故,降阶迎揖曰:'生亦有意功名富贵乎?吾今用君矣!'与语大悦。遂受指诣海营,摄旧日任侠衣冠,投刺谒海。海亟延入,坐上座,置酒握龙文手曰:'足下远涉江湖,为胡公作说客耶?'龙文笑曰:'非为胡公作说客,乃为故人作忠臣耳。王直已遣之纳款,故人不乘此时解甲释兵,他日必且为虏。'海愕然曰:'姑置之,且与故人饮酒。'锦绣音乐,备极豪侈,严然自以为大丈夫得志于时之所为也。酒半,出王夫人及绿珠者见龙文。龙文改客礼之,极宴语不及私。翠翘素习龙文豪侠,则劝海遣人同诣督府输款,解桐乡围。

宗宪喜,从龙文计,益市金珠宝玉,阴贿翠翘。翠翘益心动,日夜说海降矣。海信之,于是定计,缚麻叶,缚陈东,约降于宗宪。至桐乡城,甲胄而入。是时赵文华、阮鹗与宗宪列坐堂皇。海叩首谢罪,又谢宗宪。宗宪下堂摩其顶曰:'朝廷今赦汝,汝勿复反。'厚劳而出。海既出,见官兵大集,颇自疑。宗宪犹怜海,不欲杀降,而文华迫之。宗宪乃下令,命总兵俞大猷整师而进。会大风,纵火,诸军鼓噪乘之,贼大溃,歼焉。海仓皇投水,引出,斩其首,而生致翠翘于军门。宗宪大犒参佐,命翠翘歌吴歈歌,遍行酒。诸参佐或膝席,或起舞捧觞,为宗宪寿。宗宪被酒大醉,瞀乱,亦横槊障袖,与翠翘儿戏。席乱,罢酒。次日,宗宪颇愧悔醉时事,而以翠翘赐所调永顺酋长。翠翘既随永顺酋长,去之钱塘江中,恒悒悒捶床叹曰:'明山遇我厚,我以国事诱杀之。毙一酋又属一酋,吾何面目生乎?'向江

潮长号大恸,投水死。

外史氏曰:嗟乎！翠翘以一死报徐海,其志亦可哀也！罗龙文者,世称小华道人,善制烟墨者也。始以游说阴赂翠翘,诱致徐海休兵,可谓智士。然其后依附权势,与严世蕃同斩西市,则视翠翘之死,犹鸿毛之于泰山也。人当自重其死,被倡且知之,况士大夫乎？乃倡且知之,而士大夫反不知者,何也？悲夫！”

按:张潮在编此稿后,感概曰:“胡公之于翠翘,不以赐小华,而以赐茜长,诚何心乎？观翠翘生致之后,不能即死,居然行酒于诸参佐前,则其意有所属,从可知已。其投江潮以死,当非报明山也。”此文虽为王翠翘作传,却反映了徽州人王直、徐海等海商被徽州人胡宗宪镇压之事,亦属难得之资料。本文作者余怀,清莆田人,字澹心,一字无怀,号曼翁,又号鬘持老人,撰《板桥杂记》,记狭邪事,哀感顽艳。

程弱文传

按:《虞初新志》卷十二载罗坤(宏载)《程弱文传》,记叙徽州一才女事。

文曰:“弱文程氏,名璋,歙人程某之女也,其母梦吞花叶而生。幼极颖慧,九岁即好弄翰墨,工诗文,日摹《曹娥》《麻姑》诸帖,书法尤称精楷。性复喜植花,更爱花叶,能于如钱莲叶,熨制为笺,书《心经》一卷。及笄,适里人方元白,伉俪甚欢。元白偕友人吴某,作客广陵。弱文忧形颜色,不能自已。尝作诗文,缄寄元白。元白开缄,辄闭户唏嘘,怅惋累日。一日,平头复持缄至。友人伺其出,私启视之。乃制新柳叶二片,翠碧如生,各书绝句一首。其一曰:‘杨柳叶青青,上有相思纹。如君隔千里,因风犹见君。’其二曰:‘柳叶青复黄,君子重颜色。一朝风露寒,弃捐安可测?’又有《染说》一编,《原愁》一则寄元白,文情绵恻,媚楚动人。年二十一卒。著有文集数卷,歙人有传之者。元白伤悼过情,终不复娶,亦不复作客,遂入天台山为名僧焉。”

柳轩丛谈

《虞初新志》卷十九载《柳轩丛谈》一文，曰："婺源江君辅，幼工弈，称国手，年十七，忽一人扣户，称江北某家，延请角技。君辅袯被随之往，月余，抵中州某宦宅。其人先入内，见某宦，诈云：'吾途穷，鬻吾子为归賮。'既得金，立契，复涕泗曰：'父子情，不忍面别，请从后门去，免吾子牵衣惨状也。'宦信之。君辅方久坐堂上，讶无出肃客者，忽一髯头婢肩水桶，目江大声曰：'尔新来仆，速出汲！'江惊异，厉声争之。宦从内出，持券示曰：'尔父卖尔去，复何云？'江曰：'异哉！君数千里遣使迎我手谈，乃为此不经语乎？谁为吾父？'出所著奕谱呈宦证之。宦大惊曰：'汝果能胜我，言即不谬。'甫对着，君辅连胜数局。宦爽然，深相礼貌。其地有国手，从无出其右，宦忽请对局，辅又连胜。宦大喜，待为上客。盘桓数月，作书叠荐好弈巨公处，获金数百归。"

啸虹笔记

《虞初新志》卷十九载《啸虹笔记》一文，曰："篆学图书，多出于新安，为他郡所不及。如汪梦龙，休宁西门人，名涛，字山来，多膂力，人呼之'梦龙将军'。真草隶篆，以及诸家书法，无所不精。每写一家，从不致杂一笔。大则一字方丈，小则径寸千言，铁笔之妙，包罗百家，前无古人。少时至楚中贩米，逆旅暇日，偶至一寺，见衣冠者十余辈，在佛殿以沙聚地，成字径丈，曰'岳阳楼'。山来笑谓曰：'是可以墨书也，何艰于八法乃尔耶？'

众惊愕，因白之郡守。延入署，煮墨一缸，山来以碎布蘸墨，书于扁上，顷刻成。守叹赏久之，因嘱山来落款于后，曰'海阳汪涛书'。至今楼虽屡修，而此扁不能易也。其徒王言，字纶紫，北门人。纶紫书出宦光之上，隶书直追中郎，至于行楷，各尽其妙。

按：张潮编后曰："仆与汪君同字山来，彼于书法精妙乃尔，仆则十指如悬槌，深以为憾。岂灵秀之气，为彼所独得耶？犹忆为童子时，得一图章，形扁而空其中，一面刻'月色江声共一楼'七字，一面刻'雪夜书千卷，花时酒一瓢'二句，俱朱文。其旁一刻'辛酉秋日篆'五字，又刻'汪涛'二字；一刻'山来'二字。今此石尚存篋中。向亦不知山来为谁，由今观之，真足发一笑也。"此篇又载新安一才人。新安两"山来"皆人才，歙之张山来具文才，休之汪山来具书才，真乃双璧也。海水湧涨乃为潮，江水成大波而为涛，潮与涛，皆源于山，故张潮、汪涛二人皆字山来也。

卷　五

《万历野获编》七则

　　按:《万历野获编》为明代重要的史料笔记,作者沈德符(1578—1642),字虎臣,又字景伯、景清,浙江秀水(今嘉兴)人。沈自幼随同祖、父居京师,常闻京官闲聊朝廷军国大事和官吏轶事逸闻,遂将见闻笔之于簿,整理成册,于万历三十四年(1606)撰成《万历野获编》,后中举,又撰成续编,涉及48类事实,具有很高的史料价值。

陈增之死

　　文曰:"矿税流毒,宇内已无尺寸净地,而淮徐之陈增为甚。增名下参随程守训者,徽人也,首建矿税之议。自京师从增以出,增唯所提掇,认为侄婿。又不屑与参随为伍,自纳银助大工,特授中书舍人,直武英殿。自是愈益骄恣,署其衔曰:'钦差总理山东直隶矿税事务兼查工饷',以示不复服属内监。旋于徽州起大第,建牌坊,揭黄旗于黄竿曰'帝心简在',又扁其堂为'咸有一德'。是时山东益都知县吴宗尧,疏劾陈增贪横,当撤回。守训乃讦宗尧多赃巨万,潜寄徽商吴朝俸家。上如所奏严追。宗尧徽人,与朝俸同宗也。自是徽商皆指为宗尧寄赃之家,必重赂始释。又徽州大商吴养晦者,家本素封荡尽,诡称有财百万,在兄叔处,愿助大工,上是之,行抚按查核。守训与吴姻连,遂伪称勘究江淮不法大户,及私藏珍宝之家,出巡太平、安庆等府,许人不时告密问理。凡衣食稍温厚者,无不严刑拷诈,祸及妇孺矣。

又署棍徒同治者为中军官,晨夕鼓吹举炮。时巡南畿者,为御史刘曰梧,遇之于途,见其导从旗帜弓戟,较督抚加盛,令呵止之。程以彼此奉使为答,刘竟无以难之。唯稍畏淮抚李三才,不敢至李所。住泰州,李亦密为之备,佯以好语陈增曰:'公大内贵臣,廉干冠诸敕使。今微有议者,仅一守训为祟耳。他日坏乃公事,祸且及公。盍自缚而献之?'增初闻犹峻拒,既又歆之曰:'守训暴敛,所入什百于公。公以半献之朝,以半归私帑,其富可甲京师也。'增见守训跋扈渐彰,不复遵其约束,心愠已久,因微露首肯意。李中丞觉之,潜令其家奴之曾受守训酷刑者,出首于增,云:'守训有金四十余万,他珍宝瑰异无算,并畜龙凤僭逆之衣,将谋不轨。'李又怵增:'急以上闻,公不第积谤可雪,上喜公勤,即司礼印可得也。'增以为诚言,果以疏闻,上即命李三才捕送京师治罪,及追所首多赃。

增既失上佐,迹已危疑,其部曲亦有戒心,所腋取不能如岁额。上疑增屡岁所剥夺且不赍,又苛责之。李中丞又使人胁之谓:'阁臣密揭入奏,上又允矣。'又曰:'某日缇骑出都门矣。'增不胜愧悔,一夕雉经死。名下狐鼠惧罪,即时鸟兽散去。其署中所蓄,中丞簿录以献。江淮老幼,歌舞相庆。说者云:'淮抚匿增钱巨万,所进不过十之一二耳。'此固唯足信,即有之,诛翦长鲸,其功不细,以此酬庸,矣何不可?"(以上卷六)

按:此篇反映徽商与官宦勾结贪占矿税事,乃不法之一面也。

奏讦考官

文曰:"自来子弟不第,父兄无奏讦考官者,惟景泰丙子顺天乡试,内阁陈循、王文有之。循言子瑛,文言子伦,文字俱优,不为试官刘俨、王谏所识拔,欲罪之,赖大学士高穀穀力为救解,俨等宥罪,瑛、伦俱许会试。次年丁丑正月,睿皇复辟,而王文就诛,陈循遭戍矣。此事古今创见,宜其不旋踵而败。后人亦无敢效之者。惟嘉靖甲午顺天乡试,吏部尚书兼兵部尚书汪鈜,以子不与中式,乃指摘场弊,劾考官廖道南、张衮,且以太祖诛刘三吾为言。道南等即引陈、王及刘俨故事以答。上两不问。次年鈜亦劾罢,旋死。鈜之横恶,此特其一端,且狠暗无识,至此更为可笑。

此后二科,为庚子顺天乡试,掌詹事礼部尚书霍韬,亦以子畿试不录,恚甚，欲纠主事童承叙、杨惟杰。其门生李开先力劝之曰：'公有子九人，安知无入縠者？姑听之。'韬次子与瑕，果中广东乡试第九名，霍乃止疏不上，未几卒于位。自制科以来，大臣仅有此三次举动。至霍渭厓则正当主上眷知，其疏果上，必有非常处分，赖李中麓巽言而止。总之，舐犊情深，裂四维而罔顾，或诛、或窜、或自毙，俱近在岁月间，则其心死久矣。"

> 按：本篇文中汪鋐（？—1536），徽州婺源人，字宜之，弘治进士，嘉靖间以首进甘露媚帝，擢右都御史，进吏部尚书，又兼兵部尚书，权倾一时，后因事失宠，致仕归，卒于家。事即本篇所叙也。

纳粟民生高第

文云："景泰以后，胄监始有纳马之例，既改为纳粟。初不过青衿援例耳，既而白身亦许加倍输纳，名曰'俊秀子弟'。于是辟雍遂被铜臭之目。且其人所冀，不过一命为荣，无有留意帖括者。于是士子呲为异类，居家则官长凌忽之，与齐民不甚别矣。惟成化丙午，罗文肃（圭峰）累试，有司不录，遂以俊秀入赀，举顺天解元，次年登进士，为庶常，显重于词林，其年且逾不惑久矣。于是士人有刮目此辈者。以余所知，近年则同邑项元池，名德贞，亦厄于里试，入北畿，试乙酉第三名，丙戌进士高第，经艺为时所式，今为参议。己丑科吴彻如，名正志，以乃翁赴任不及试，命入南监，即联捷为郎，建言今年以光禄丞召入矣。是年又有徽州人汪以时者，年五十余，尚为儒童而酷贫，其亲友哀之，为纳银游北监，亦连举乡、会为御史，今已升冏卿。其他不及者，必尚多矣。"（以上卷十）

> 按：本篇反映纳物买考之事，先是纳马，后纳粟亦可。文中汪以时年过半百，尚为儒童，在亲友资助下纳监赴试得中为官，后竟步步高升至冏卿，即太仆寺卿。其为徽州人，然不知何县？

佞人涕泣

文云："士人无耻莫甚于成、正间，至弘治而诮风稍衰，惟嘉靖以来又

见之。当张永嘉之执政也,正人弃绝之,目为异类,固为不情,其始终附丽之者,则惟汪鋐一人。汪先任广东最久,因得交议礼方、霍二大臣,引进永嘉之门,更成刎颈。其长西台位统均,又以吏书兼兵书,皆永嘉力也。其后偶以小故失欢,命阍者拒却不许见。汪无计,乃赁其邻空室,穴以入其庭。伺其将出,扶服叩首,泣于阶下。永嘉骇笑,虽待遇如初,而心薄之,寻亦见逐矣。

又二十年而严分宜柄政,有赵文华者,先为监生,值分宜为祭酒,赏其文,成相知。后赵为刑部主事,被察谪外,分宜疏留之,升京堂,以至大用。遂拜分宜为义父,爱逾所生。乃子世蕃时时姗侮之。又自以私进百花仙酒于上,为分宜所责詈,绝其温情,乃潜求于欧阳夫人。一日家宴甚乐,夫人举觞曰:'今合家欢聚,奈少文华耳。'严述其负心状,夫人解之曰:'儿曹小忤,何忍遽弃之?'赵先伏隐处,出而百拜泣请,始得侍觞席末。因滥三孤,而世蕃终厌之。旋以触上怒,分宜不为救,斥为民,旋死。

又二十年而张江陵柄政,给事陈三谟者,本高新郑入室弟子,以郎署改至吏科都,比丁艰归,出补,则高已败,又为张所爱,复补吏垣。而夺情事起,群议保留,十三道已有公疏矣,惟吏垣当为首,而同寅有谓不可者,迟一二日未上,江陵召去,跪而詈之。陈亦絮泣,谓非出己意,退而奋笔为首上之。次年推太常寺卿,至辛巳大计,亦以论列调南,则张犹以前疏之迟,授指劾之也。至江陵败而陈亦斥矣。

是三人者,濡足权门不足责,既而蒙谴,智者必远引,自庆脱网矣。乃以数行清泪,再荷收录,终以爱弛,不免先冰山而泮,何其愚也。古人云:'妇人以泣市爱,小人以泣售奸。'诚然哉!"(以上卷二十一)

> 按:本篇文中叙汪鋐、赵文华、陈三谟三位趋炎附势,以泣售奸,终亦败落之丑事。因汪为徽人而录之,虽耻于笔,但为存一段徽州故实而为也。张永嘉,即张璁;严分宜,即严嵩;张江陵,即张居正,以上三人先后为明宰相,这里作者以他们籍贯地称之,乃当时著文之习也。

张幼予

文云:"吴中张幼予(献翼)奇士也。嘉靖甲子,与兄伯起(凤翼)、弟浮鹄（燕翼），同举南畿试，主者以三人同列稍引嫌，为裁其一，则幼予也。归家愤愤，因而好怪诞以消不平，晚年弥甚。慕新安人之富而妒之，命所狎群小呼为太朝奉，至衣冠亦改易，身披彩绘荷菊之衣，首戴绯巾，每出则儿童聚观以为乐。且改其名曰'籹'。予偶过伯起，因微讽之曰：'次公异言异服，谅非公所能谏止，独红帽乃俘囚所顶，一献阙下，即就市曹，大非吉征，奈何？'伯起曰：'奚止是？其新改之名亦似'杀'字，吾方深虑之。'未几而有蒋高私妓一事，幼予罹非命，同死者六七人。伯起浑泪对予叹狂言之验。

　　先是，幼予堂庑间挂数牌，署曰'张幼予卖诗'，或'卖文'，以及'卖浆''卖痴''卖呆'之属。余甚怪之，以问伯起曰：'此何意也？'伯起曰：'吾更虞其再出一牌，云"幼予卖兄"，则吾危矣。'余曰：'果儿，再出一牌"卖友"，则吾辈将奈何？'相与抚掌大咍。同时吴中有刘子威（凤），文苑耆宿也，衣大红深衣，遍绣群鹤及獬豸，服之以谒守土者。盖刘曾为御史，迁外台以归，故不忘绣斧。诸使君以其老名士，亦任之而已。此皆可谓一时服妖'。

　　幼予被难为辛丑年，时虎丘僧省吾者嗜酒，忽一日醉死。孝廉与姻家比邻，偶大失赀重，或疑孝廉与盗通，因捕治死狱中。时税市再兴，市人葛成倡议，遍拆毁诸富家，有殴毙者，当事置之死法。适幼予又以妓致殒，俱一两月内事，吴人遂以凑酒色财气四字云。"

　　　　按：本文虽未直接写徽人徽事，然所写吴中狂士张幼予之狂，除未能得中心不平外，又因"慕新安之富而妒之"，故侧面写了当时新安人之富，亦可为资料也。

山人愚妄

　　文云："近来山人遍天下，其寒乞者无论，稍知名者如余所识陆伯生名应阳，云间斥生也，不礼于其乡，少时受知于申文定相公，申当国时，藉其势攫金不少。吾乡则黄葵阳学士，及其长公中丞称莫逆，代笔札，然其才庸腐，无一致语。时同里陈眉公方以盛名倾东南，陆羡且妒之，詈为咿哑小儿，闻者无不匿笑。乃高自矜重，一日忽写所作诗一卷饷余，且曰：'公其珍之，持出门即有徽人手十金购去矣。'余曰：'诚然，但我获金无用。'顾

旁立一童曰：'汝衣敝，可挈往市中博金制新袍，便可拜谢陆先生。'语未毕，大怒而去。

又一闽人黄白仲名之璧，惯游秣陵，以诗自负，僦大第以居，好衣盛服，蹑华靴，乘大轿，往来显者之门。一日拜客归，囊中窘甚，舆者索雇钱，则曰：'汝日扛黄先生，其肩背且千古矣，尚敢索钱耶？'舆夫曰：'公贵人也，无论舁五体以出，即空舁此两靴，亦宜酬我值。'彼此争言不已，观者群聚。有友过其门，闻而解之曰：'一荣其肩，一尊其足，两说皆有理，各不受赏可也。'舆夫掩口而去。此钟伯敬客白下亲见者。此辈之愚妄，大抵如此。

先达如李本宁、冯开之两先生，俱喜与山人交，其仕之屡踬，颇亦由此。余尝私问两公曰：'先生之才高出此曹万万倍，何赖于彼而惑昵之？'则曰：'此辈以墨糊口四方，非奖借游扬，则立槁而死矣。稍与周旋，俾得自振，亦菩萨度法也。'两公语大都皆如此，余心知其非诚言，然不敢深诘。近日与马仲良交最狎，其座中山人每盈席，余始细叩之，且述李、冯二公语果确否，仲良曰：'亦有之，但其爱怜亦有因，此辈率多儇巧，善迎意旨，其曲体善承，有倚门断袖所不逮者，宜仕绅溺之不悔也。'然则弇州讥甚骂座，反为所欺矣。"

按：山人，本篇指旧时在富贵人家帮闲凑趣的文人清客，他们于琴棋书画略有所知，却又不专，无大作为，只作陪衬混世而已。本篇仍未直接写徽人徽事，只写附势文人之愚妄，却亦侧面写徽人之富。申文定，即申时行，万历朝曾任首辅，歙人许国曾与其共事。

时玩

文云："玩好之物，以古为贵，惟本朝则不然。永乐之剔红，宣德之铜，成化之窑，其价遂与古敌。盖北宋以雕漆擅名，今已不可多得；而三代尊彝法物，又日少一日；五代迄宋所谓柴、汝、官、哥、定诸窑，尤脆薄易损；故以近出者当之。始于一二雅人赏识摩挲，滥觞于江南好事缙绅，波靡于新安耳食，诸大估曰千曰百，动辄倾囊相酬，真赝不可复辨。以至沈、唐之画，上等荆、关；文祝之书，进参苏、米。其敝不知何极。"

按:本篇写明朝时不仅炒作古玩,而且炒作时玩,风气炽靡,新安(徽州)人亦波靡其中,且以财大气粗,不辨真赝,而推波助澜更厉。又侧面写徽人之富也。

《清秘述闻三种》五则

按:清法式善等撰之《清秘述闻》十六卷,记载了清代科举的乡、会考官,同考官,试题及省、会、殿元的姓氏籍贯出身等,为研究清代科举制度和人物生平提供了有用的资料。其中有不少歙人,现予以蒐集。

清代乡试考官之歙人

清代乡试考官之歙人为:康熙二年癸卯科乡试,广东考官,行人洪琮字谷一,江南歙县人,壬辰进士。康熙八年己酉科乡试,陕西考官,修撰徐元文字公肃,江南昆山(祖籍歙县)人,己亥进士。康熙十一年壬子科乡试,顺天考官,编修徐乾学字原一,江南昆山(祖籍歙县)人,庚戌进士。乾隆十八年癸酉科乡试,福建考官,侍讲汪廷玙字持斋,江南镇洋(祖籍歙县)人,戊辰进士。乾隆二十七年壬午科乡试,陕西考官,御史吴绶诏字青纡,江南歙县人,戊辰进士。乾隆三十年乙酉科乡试,江西考官,侍读汪永锡字孝传,江南歙县人,甲戌进士。湖北考官,少詹事汪廷玙字衡玉,江南镇洋(祖籍歙县)人,戊辰进士。乾隆三十五年庚寅恩科乡试,山东考官,编修徐光文字亭预,江南歙县人,乙丑进士。乾隆三十六年辛卯科乡试,广东考官,庶子曹文埴字觐薇,江南歙县人,庚辰进士。乾隆三十九年甲午科乡试,湖南考官,刑部主事洪朴字素人,江南歙县人,辛卯进士。乾隆四十二年丁酉科乡试,江西考官,内阁学士汪廷玙字衡玉,江南镇洋(祖籍歙县)人,戊辰进士。陕西考官,户部主事程世淳字端立,江南歙县人,辛卯进士。乾隆四十四年己亥恩科乡试,福建考官,户部员外郎程世淳字端立,江南歙县人,辛卯进士。乾隆五十四年己酉科乡试,浙江考官,编修程昌期字阶平,江南歙县人,庚子进士。乾隆五十七年壬子科乡试,浙江考官,侍讲曹振镛字怿嘉,江南歙县人,辛丑进士。广西考官,赞善程昌期字阶平,江南歙县人,庚子进士。乾隆五十九年甲寅恩科乡试,福建考官,赞善程昌期字阶平,江南歙县人,庚子进士。乾隆六十年乙卯科乡试,浙江考官,编修洪梧字桐生,江南歙县人,庚戌进士。陕西考官,刑部主事朱文翰字屏兹,江南歙县人,庚戌进士。嘉庆三年戊午科乡试,湖北考官,少詹事曹振镛字怿嘉,江南歙县人,辛丑进士。河南考官,刑部员外郎朱文翰字屏兹,江南歙县人,庚戌进士。嘉庆五年庚申恩科乡试,浙江考官,兵部侍郎曹城字仲宣,江南歙县人,辛卯进士。嘉庆九年甲子科乡试,河南考官,中允鲍桂星字双五,安徽歙县人,己未进士。嘉庆十三年戊辰恩科乡试,顺天考官,工部尚书曹振镛字怿嘉,安徽歙县人,辛丑进士。山西考官,侍讲鲍桂星字双五,安徽歙县人,己未进士。嘉庆十五年庚午科乡试,湖南考官,刑部员外郎程祖洛字梓庭,安徽歙县人,己未进士。嘉庆二十一年丙子科乡试,广西考官,刑部郎中程祖洛字梓庭,安徽歙县人,己未进士。道光元年辛巳恩科乡试,四川考官,编修程恩泽字云芬,安徽歙县人,辛未进士。道光十二年壬辰科乡试,江西考官,吏部员外郎许球字玉叔,安徽歙县人,癸未进士。广东考官,祭酒程恩泽字春海,安徽歙县人,辛未进士。道光十四年甲午科乡试,浙江考官,户部侍郎吴椿字退旃,安徽歙县人,壬戌进士。编修徐宝善字廉峰,安徽歙县人,庚辰进士。河南考官,御史许球字玉叔,安徽歙县人,癸未进士。广东考官,工部郎中徐瑝字蕴斋,安徽歙县人,丁丑进士。道光十五年乙未恩科乡试,湖北考官,御史许球字玉叔,安徽歙县人,癸未进士。道光十九年己亥科乡试,顺天考官,内阁大学士潘世恩字芝轩,江苏吴县(祖籍歙县)人,癸丑进士。咸丰八年戊午科乡试,陕西考官,侍讲学士潘祖荫字伯寅,江苏吴县(祖籍歙县)人,壬子进士。同治十二年癸酉科乡试,顺天考官,户部侍郎潘祖荫字伯寅,江苏吴县(祖籍歙县)人,壬子进士。光绪二年丙子科乡试,陕西考官,修撰洪钧字文卿,江苏吴县(祖籍歙县),戊辰进士。光绪五年己卯科乡试,山东考官,修撰洪钧字文卿,江苏吴县(祖籍歙县)人,戊辰进士。光绪十一年乙酉科乡试,顺天考官,署兵部尚书潘祖荫字伯寅,江苏吴县(祖籍歙县)人,壬子进士。

按:《清秘述闻》十六卷,为蒙古乌尔济氏法式善撰。法式善,字开文,又字梧门,号时帆,生于清乾隆十八年(1753),卒于嘉庆十八年(1813),乾隆四十五年进士,历任左庶子、国子监祭酒、侍讲学士等官,本名运昌,清高宗把他改名为法式善,乃满语勤勉之意,曾参与《皇朝文颖》和《全唐文》的编纂,另著有《槐厅载笔》《陶庐杂录》《存素堂诗集》,汇辑时人《湖海诗》六十卷。有《清秘述闻续》十六卷,为王家相、魏茂林、钱维福等相继而撰。王家相字宗旦,号艺斋,江苏常熟人,嘉庆十四年进士,历任监察御史、河南南汝光道,著有《茗香堂诗文集》行世。魏茂林,字笛生,又字宾门,福建龙岩人,嘉庆十四年进士,历官内阁中书、宗人府主事、刑部郎中。钱维福,字涤香,浙江嘉善人,官至同知。校订者为陆润庠,字凤石,江苏苏州人,同治十三年状元,历官工部侍郎、吏部尚书、大学士等。有《清秘述闻再续》,为徐沅、祁颂葳、张肇菜撰。徐沅,江苏吴县人,光绪二十九年经济特科进士。祁颂葳,山西寿阳人。张肇菜,武昌人。中华书局1982年以清代史料笔记丛刊将三书一并出版,名为《清秘述闻三种》。文中籍贯,完全按原著辑录,故先后有江南歙县与安徽歙县之别。

清代会试考官之歙人

《清秘述闻三种》载清代会试考官之歙人为:康熙二十七年戊辰科会试,考官,左都御史徐乾学字原一,江苏昆山(祖籍歙县)人,庚戌科进士(探花)。嘉庆十六年辛未科会试,考官,户部尚书曹振镛字怿嘉,安徽歙县人,辛丑进士。嘉庆二十二年丁丑科会试,考官,内阁大学士曹振镛字怿嘉,安徽歙县人,辛丑进士。道光三年癸未科会试,考官,内阁大学士曹振镛字俪笙,安徽歙县人,辛丑进士。道光九年己丑科会试,考官,内阁大学士曹振镛字俪笙,安徽歙县人,辛丑进士。光禄寺卿吴椿字退旃,安徽歙县人,壬戌进士。道光十二年壬辰恩科会试,考官,吏部尚书潘世恩字芝轩,江苏吴县(祖籍歙县)人,癸丑进士。道光十三年癸巳科会试,考官,内阁大学士曹振镛字俪笙,安徽歙县人,辛丑进士。道光十六年丙申恩科会试,考官,内阁大学士潘世恩字芝轩,江苏吴县(祖籍歙县)人,癸丑进

士。道光二十年庚子科会试,考官,内阁大学士潘世恩字芝轩,进士吴县(祖籍歙县)人,癸丑进士。道光二十七年丁未科会试,考官,内阁大学士潘世恩字芝轩,江苏吴县(祖籍歙县)人,癸丑进士。光绪十五年己丑科会试,考官,工部尚书潘祖荫字伯寅,江苏吴县(祖籍歙县)人,壬子进士。

按:本篇录自《清秘述闻三种》之"会试考官类",考官有主考、副主考之分,但书中并未明示,只是排序有先后,位居首者为主考官。此外,会试和乡试还有同考官。

清代会试同考官之歙人

《清秘述闻》三种载清代会试同考官之歙人为:康熙二十七年戊辰科会试同考官,检讨吴苑字楞香,江南歙县人,壬戌进士。康熙三十年辛未科会试同考官,编修许承家字师六,江南歙县人,乙丑进士。康熙四十八年己丑科会试同考官,户部郎中吴蔚起字篁村,江南歙县人,庚戌进士。乾隆二年丁巳科会试同考官,编修吴华孙字冠山,江南歙县人,庚戌进士。乾隆十三年戊辰科会试同考官,编修程景伊字聘山,江南武进(祖籍歙县)人,己未进士。乾隆十七年壬申恩科会试同考官,侍讲学士汪廷玙字衡玉,江南镇洋(祖籍歙县)人,戊辰进士。乾隆二十五年庚辰科会试同考官,编修汪永锡字孝传,浙江钱塘(祖籍歙县)人,甲戌进士。乾隆二十六年辛巳恩科会试同考官,兵部主事江权字越门,江南歙县人,乙丑进士。乾隆三十一年丙戌科会试同考官,侍读汪永锡字孝传,江南歙县人,甲戌进士。乾隆三十四年己丑科会试同考官,御史金云槐字莳庭,江南歙县人,辛巳进士。乾隆四十三年戊戌科会试同考官,修撰金榜字辅之,江南歙县人,壬辰进士。乾隆四十五年庚子恩科会试同考官,编修程晋芳字鱼门,江南歙县人,辛卯进士。乾隆五十四年己酉预行正科会试同考官,编修程昌期字佳评,江南歙县人,庚子进士。乾隆六十年乙卯恩科会试同考官,侍讲程昌期字佳评,江南歙县人,庚子进士。嘉庆元年丙辰恩科会试同考官,编修洪梧字桐生,江南歙县人,庚戌进士。嘉庆四年己未科会试同考官,侍讲学士潘世恩字槐堂,江南吴县(祖籍歙县)人,癸丑进士。嘉庆十九年甲戌科会试同考官,刑部郎中程祖洛字梓庭,安徽歙县人,己未进士。道光九年己丑科会试同考官,编修鲍文淳字馨山,安徽歙县人,癸未进士。道光十二年壬辰恩科会试同考官,吏部员外郎许球字玉叔,安徽歙县人,癸未进士。道光十八年戊戌科会试同考官,编修徐宝善字廉峰,安徽歙县人,庚辰进士。道光二十年庚子科会试同考官,兵部员外郎徐上镛字幼笙,安徽歙县人,丙戌进士。咸丰六年丙辰科会试同考官,侍读潘祖荫字伯寅,江南吴县(祖籍歙县)人,壬子进士。御史谢增字梦渔,江苏仪征(祖籍歙县)人,庚戌进士。同治七年戊辰科会试同考官,礼部郎中徐景轼字肖坡,安徽歙县人,丙辰进士。

按:本篇录自《清秘述闻三种》之"同考官类"。会乡试考官除正副主考外,还有同考官,同考官有10多人至20多人不等。他们为分房阅卷人员,又称房官。担任考官、同考官者,皆必须是进士出身,且在京中各部门任职。

清代顺天府乡试同考官之歙人

《清秘述闻》三种载清代顺天府乡试同考官之歙人为:乾隆元年丙辰恩科顺天乡试同考官,编修吴华孙,字冠山,江南歙县人,庚戌进士。乾隆九年甲子科顺天乡试同考官,编修程景伊字聘三,江南武进(祖籍歙县)人,己未进士。乾隆二十四年己卯科顺天乡试同考官,编修吴绶诏,字淡人,江南歙县人,戊辰进士。乾隆二十五年庚辰恩科顺天乡试同考官,兵部主事江权字越门,江南歙县人,乙丑进士。乾隆三十三年戊子科顺天乡试同考官,编修蒋雍植字秦树,江南歙县人,辛巳进士。乾隆三十五年庚寅恩科顺天乡试同考官,编修胡珊字佩绅,江南歙县人,丙戌进士。乾隆三十六年辛卯科顺天乡试同考官,中允徐光文字亭瀳,江南歙县人,乙丑进士。乾隆三十九年甲午科顺天乡试同考官,光禄寺卿吴绶诏字澹人,江南歙县人,戊辰进士。乾隆四十二年丁酉科顺天乡试同考官,侍读徐光文字亭瀳,江南歙县人,乙丑进士。乾隆四十四年己亥恩科顺天乡试同考官,编修曹城字仲宣,江南歙县人,辛卯进士。乾隆四十五年庚子科顺天乡试同考官,助教汪锡魁字履曾,江南歙县人,戊戌进士。乾隆五十一年丙午科顺天乡试同考官,编修曹城字仲宣,江南歙县人,辛卯进士;编修江

德量字秋史,江苏仪征(祖籍歙县)人,庚子进士;编修程昌期字佳评,江南歙县人,庚子进士。乾隆五十七年壬子科顺天乡试同考官,编修洪亮吉字君直,江南阳湖(祖籍歙县)人,庚戌进士。嘉庆十二年丁卯科顺天乡试同考官,编修吴椿字荫华,安徽歙县人,壬戌进士。嘉庆十八年癸酉科顺天乡试同考官,修撰洪莹字宾华,安徽歙县人,己巳进士。道光十二年壬辰科顺天乡试同考官,工部员外郎徐基字蕴斋,安徽歙县人,丁丑进士。道光十五年乙未科顺天乡试同考官,工部郎中徐瑝字蕴斋,安徽歙县人,丁丑进士。道光十九年己亥顺天乡试同考官,编修胡正仁字心莲,安徽歙县人,癸巳进士。道光二十年庚子恩科顺天乡试同考官,编修胡正仁字心莲,安徽歙县人,癸巳进士。咸丰元年辛亥恩科顺天乡试同考官,编修谢增字梦渔,江苏仪征(祖籍歙县)人,庚戌进士。咸丰八年戊午科顺天乡试同考官,编修宋梦兰字滋九,安徽歙县人,癸丑进士。同治三年甲子科顺天乡试同考官,礼部主事徐景轼字肖坡,安徽歙县人,丙辰进士。光绪元年乙亥科顺天乡试同考官,修撰洪钧字文卿,江苏吴县(祖籍歙县)人,戊辰进士。光绪八年壬午科顺天乡试同考官,编修程夔字午坡,安徽歙县人,丁丑进士。

　　按:本篇录自《清秘述闻三种》之"同考官类",原书乡试同考官仅记载京都直隶之顺天考区。

清代诸省学政之歙人

　　《清秘述闻》三种还记载了清代诸省学政名录,其中歙人为江西省提督学院学政:曹文埴,字近薇,江南歙县人,乾隆庚辰进士,三十六年以庶子任。汪永锡字孝传,浙江钱塘(祖籍歙县)人,乾隆甲戌进士,四十二年以内阁学士任。汪廷玙字衡玉,江南镇洋(祖籍歙县)人,乾隆戊辰进士,三十三年以内阁学士任。

　　直隶省提督学政翰林院:汪廷玙字衡玉,江南镇洋(祖籍歙县)人,乾隆戊辰进士,四十三年以内阁学士任。直隶省学政:曹城,字顾崖,安徽歙县人,乾隆辛卯进士,嘉庆六年以吏部侍郎任。

　　福建省提学道:汪薇,字棣园,江南歙县人,康熙乙丑进士,三十六年任。福建省提督学院：吴华孙，字冠山，江南歙县人，雍正庚戌进士，乾隆七年以编修任。汪廷玙，字衡玉，江南镇洋（祖籍歙县）人，乾隆戊辰进士，十八年以侍讲学士任；二十四年又以侍读学士任。福建省学政：吴椿，字荫华，安徽歙县人，嘉庆壬戌进士，二十一年以光禄寺少卿任。

湖广通省提学道：洪朴，字素人，江南歙县人，乾隆辛卯进士，四十二年以刑部员外郎任。

山东省提学道：张习孔，字黄岳，江南歙县人，顺治己丑进士，九年任。山东省提督学院：程世淳，字端立，江南歙县人，乾隆辛卯进士，四十五年以户部郎中任。程昌期，字佳评，江南歙县人，乾隆庚子进士，六十年以侍读学士任。

河南省提学道：朱廷瑞，字增城，江南歙县人，顺治丁亥进士，十四年任。河南省学院学政：徐光文，字亭溆，乾隆己丑进士，三十七年以侍读任。曹振镛，字怿嘉，江南歙县人，乾隆辛丑进士，五十七年以侍讲任。河南省学政：鲍桂星，字觉生，安徽歙县人，嘉庆己未进士，十年以中允任。

陕甘省提学道：洪琮，字谷一，江南歙县人，顺治壬辰进士，康熙十二年任。陕甘省学道兼差：吴绶诏，字青纤，江南歙县人，乾隆戊辰进士，三十年以工科给事中任。

广东省併院学政：曹振镛，字怿嘉，江南歙县人，乾隆辛丑进士，嘉庆三年以少詹事任。广东省学政：程国仁，字济棠，河南商城（原籍歙县槐塘）人，嘉庆己未进士，十五年以御史任。

贵州省学院学政：洪亮吉，字君宜，江南阳湖（祖籍歙县）人，乾隆庚戌进士，五十七年以编修任。贵州省学政：程恩泽，字春海，安徽歙县人，嘉庆辛未进士，道光三年以中允任。

江西省学政：曹振镛，字怿嘉，安徽歙县人，乾隆辛丑进士，嘉庆九年以工部侍郎任。潘世恩，字槐堂，江苏吴县（祖籍歙县）人，乾隆癸丑进士，嘉庆十五年以吏部侍郎任。洪钧，字文卿，江苏吴县（祖籍歙县）人，同治戊辰进士，光绪五年以侍讲任。

浙江省学政：潘世恩，字槐堂，江苏吴县（祖籍歙县）人，乾隆癸丑进士，嘉庆九年以户部侍郎任。吴椿，字退旃，安徽歙县人，嘉庆壬戌进士，道光十一年以工部侍郎任。

湖北省学政：鲍桂星，字觉生，安徽歙县人，嘉庆己未进士，十五年以侍讲学士任。洪钧字，文卿，江苏吴县（祖籍歙县）人，同治戊辰进士，九年以修撰任。

云南省学政：潘世恩，字芝轩，江苏吴县（祖籍歙县大阜）人，乾隆癸丑进士，嘉庆四年以詹事任。

江苏省学政：吴椿，字退旃，安徽歙县人，嘉庆壬戌进士，道光十年以副都御史简放（回避原籍未到任）。

湖南省学政：程恩泽，字春海，安徽歙县人，嘉庆辛未进士，道光六年以侍讲学士任。

　　按：本篇录自《清秘述闻三种》之"学政类"。清代学道、学政、分院、併院、学院，各省旧制不同，今则悉称提督学政。原书仅从各省通志抄录，证以诸家题名记序，罣漏难免。本篇依原书次序录之，不免有时间颠倒之状，且同省同职者并录一目。从上所录，可见歙人在清代科举场和教育界的活动状况及地位。

卷　六

《寄园寄所寄》五十九则

孝子汪存

《续耳谈》中有孝子汪存之事。文曰："汪存，歙东关人。事父极孝，常随父商舟归，宿邑之汝滩。天未明，父舍舟先归，人言前路多虎，存不待饭，冒雨雪，追四十里始及。父果遇虎山陬，存立告天曰：'愿虎伤己，毋伤吾父。'虎遂去。"

　　按：如此极孝，著文流传，当也。《寄园寄所寄》辑撰者赵吉士，字天羽，又字恒夫，号渐岸，又号寄园，休宁人，生于明末天启、崇祯之交，卒于清康熙四十五年（1706），出身官宦世家，曾祖父赵廷贤仕为光禄寺丞，祖父赵完璧赠昭武将军，父赵时脄封文林郎、晋阶奉直大夫、赠朝议大夫。吉士自幼寄籍杭州，入杭州府学，顺治八年（1651）举人，康熙七年（1668）谒选山西交城县知县，后累官至户科给事中，补国子监学正，卒于官。《清史稿·循吏》有传。性嗜古，好著述，所著有《续表忠寄》《寄园寄所寄》《录音韵正伪》，编纂有《徽州府志》《交城县志》，诗稿尤多，俱镂版行世。又，《四库存目》著录其著作四种：《林卧遥集》（三卷）、《万青阁全集》（自订，八卷）、《续表忠记》（八卷）、《寄园寄所寄》（十二卷）。《寄园寄所寄》是赵氏广搜博采、经年积累的一部笔记。寄园为其仕隐京师宣武门西之园，随手编辑则曰"寄所寄"，故名。所录各则之题皆《歙故丛谭》辑录者所拟。

尹童四孝

《亘史》中有尹童四孝之事。文曰："'尹童四孝'，歙上丰尹氏子也。长梦炎，次梦昌，次梦吕，最少者曰梦友，俱为童子。母病瘵，四子哀号累日夜。炎、昌乃谋藏小刀，私语弟缚臂，令代之割，皆曰：'均母也，有一不割，是可忍也。惟友少，可掩而图之。'友不可，谓兄必先我割，我乃无号，遂伸臂交割，夜寂无声。凌晨炊一糜，投臂肉其中，母饮而甘之。父旋觉，加赏焉，路人皆为流涕。"

按：前篇一孝子，此篇四孝童，徽歙之人，孝道厚矣！然割臂伤身之行为亦太狠了，令人目不忍睹。《亘史》为歙人潘之恒所著。

唐文凤诗文

《列朝诗集》载："唐子仪，名文凤，以字行，歙人，山长仲实次子。生而颖悟过人，以文见重当世知名之士。得从诸故老游，经史百氏，无不精究。善真、草、篆、隶书，辟教紫阳书院，以文学征于朝，授知兴国县，擢赵王府纪善，以礼义道翼，数有谏诤。卒年八十六岁。子仪与祖元、父仲实，俱以文学擅名，时号小三苏。为诗文丰缛闳深，有《梧冈集》。"

按：时号"小三苏"者，乃歙县"槐塘三唐"唐元、唐仲实、唐子仪也，文誉当时，留芳后世。《列朝诗集》，明诗选本，清初钱谦益编选。

郑宜述为诗敏绝

《列朝诗集》载："郑宜述，名作，歙人，读书方山上，自号方山子。已弃去为商，往来宋梁间，时时从侠，少年轻弓骏马，射猎大梁薮中。获雉兔，则敲石火，炙腥肥，悲歌痛饮，垂鞭而去。为诗敏绝，一挥数十篇。李空同流寓汴中，招致门下，论诗较射，过从无虚日。其他虽王公大人，不置眼底。周王闻其名，召见，长揖不拜，王礼而遣之。嘉靖初，年四十余，病痰，别空同南归，没于丰沛舟中。方山初见空同，空同规其诗率易，乃沉思苦吟，不复放笔。涂抹诗数千百篇，空同选得二百余，序而传之。然方山诗如'寒灯坐愈亲,寒夜动秋声'之类,《空同集》中,正未易有此佳句也。"

按:空同为明文学家李梦阳,号空同子,有《空同集》。为诗敏绝,自然是郑宜述之长也,然数千百篇诗中,仅选得二百余首,诗多好的少,又有何益? 不若少作而精为佳。

程烈博学苦吟

《列朝诗集》载:"歙程主事烈,字惟光,博学苦吟,若'朔风如有锷,寒日欲无光。山形关塞北,日影树林西。孤舟不同载,行路有深悲。'"

按:功深有佳果,苦吟出好诗,程烈之为可证,信然。

徽府进虎

《先曾祖日记》云:"万历三十六年二月十九日,徽府治内,有虎自东城坏缺入。行至府城边,闻更夫鸣锣,惊跳入通判衙园内。次早夫人同小仆取菜,遇见,喊叫,衙役杀死。当时被伤七人,幸未死。太守同知通判皆告疾乞休,以虎入城,非吉兆也。祁门县是月亦一虎入城,人不敢近,数日后方杀死。"

按:猛虎进城且进府衙,此乃少有之事,足见其时虎多也。多则不为宝,故杀之;稀则物为贵,故护之。

新都古冢

《耳谈》载:"新都殷司徒家,掘池得古冢,冢砖长五寸许,皆有字云:'歙东萧司马碧葬。'而不知碧葬之义,以问汪伯玉司马。伯玉考之,凡死忠不得尸者,得血以葬,曰碧葬,岂碧化苌弘之血义耶?"

按:新都即徽州,殷司徒,当殷正茂也;汪伯玉司马乃汪道昆也,皆系歙人在明朝之名宦。《耳谈》是明代中期王同轨的笔记小说集。

朱洪武议修《玉牒》

《稗史》载:"洪武始与诸儒臣议修《玉牒》,祖朱文公,一日见徽州有姓朱者为典史,问果文公后乎?其人对:'非也。'于是顿悟,竟却众议。"

> 按:朱文公者,朱熹也。朱洪武帝疑己为文公之后也。

许文穆典试

《涌幢小品》载:"许文穆公典己丑试,聚登榜者于射所,戒厉之。既至,拜谒,文穆大言曰:'中后索赏,赐者必多,分毫皆不可与。即如我长班轿上、门上,一切拒之。从我言者,为好门生,不从者反是。我密行体访,定人品高下。'"

> 按:许文穆公即歙人许国也。本篇写其典试严规登榜者拒赏拒赐事,可见其人格一斑。《涌幢小品》,明人笔记,朱国桢撰。朱国桢,字文宁,浙江乌程(今湖州)人,万历进士。

岩寺街民变

《先曾祖日记》载:"天启七年三月,歙县岩寺街民变。因工部吕下问要吴百昌家属扳报各亲,代完钦赃,激变市民万余,奔郡城,将察院内下问新造楼屋拆烧。下问撞破后墙,带家眷走入军厅衙内,府县官出示安民。后许志吉代任,更酷于下问。志吉,文穆孙,至今有余愧云。"

> 按:此乃官逼民反的故实,贪官之贪,真是代代皆有也。文穆,许国之谥号。

明清状元入阁

《玉堂丛语》载:"明状元入阁办事者十二人:胡广、曹鼐、马愉、陈循、商辂、彭时、谢迁、费宏、顾鼎臣、李春芳、申时行、周延儒。国朝傅以渐、吕宫、徐元文。”

按：本文内徐元文祖籍歙人，故录之。国朝，清朝也。《玉堂丛语》，明焦竑撰。

唐皋郑佐同榜

《尧山堂外记》云："唐皋，字守之，徽州歙县人，尝梦与郑佐同榜。时皋年已三十余，而佐方生。后佐年十九，与皋两榜皆同捷。"

按：49岁的唐皋与19岁的郑佐同榜考中，不为奇怪，怪的是19年前为唐所梦也。可作谈资耳。《尧山堂外记》，明蒋一葵撰，蒋一葵，字仲舒，号石原，江苏武进（今常州）人，万历进士。

唐皋发愤中状元

《尧山堂外记》云："唐皋在歙庠日，每以魁元自拟，虽累蹶场屋，而志不息。乡人诮之曰：'徽州好个唐皋哥，一气秋闱走十科。经魁解元荷包裹，争奈京城剪绺多？'唐闻之，志益励，因题书室壁曰：'愈读愈不中，唐皋其如命何？愈不中愈读，命其如唐皋何？'又尝见人所持扇面，画一渔翁网鱼，题曰：'一网复一网，终有一网得，笑煞无网人，临渊空叹息。'洎正德癸酉甲戌，果连捷经魁，状元及第。"

按：唐皋不惧讥诮，且以之自励，发愤读书，精神可佳，可为后人楷模。从本条可知科举之途颇不易也。

三相各占一元

《说郛》载："万历十三年，诏起侍郎王锡爵为文渊阁大学士。时首相申时行，吴县人；次相许国，歙县人。三相同出南省，二相同出一府。时行壬戌状元，锡爵同科会元，国辛酉解元，三相各占一元。"

· 89 ·

卷
六

按：虽纯属巧合，却也值得一道。《说郛》，元末明初学者陶宗仪编纂之丛书。

许国发解

《啸虹笔记》云："许相国，金陵乡试与王、申二公偶同坐，有相士过，指之曰：'元、元、元，首许终申。'果不爽。许贫时岁除，袖修金归，悯投水妇，赠之。方患无以终岁，徘徊河西桥，休宁程爵遇之，高其义，厚赠且结姻焉。次年，许即发解。"

按：《啸虹笔记》，旧小说集。本则先叙许国乡试得相士吉言而中解元，后记许国贫时助人又得人助之事。义他人，又得他人义，此巧乎？非也，乃好人必得好报也，故行善乃人之所必为也。

古今名爵

《梅窗小史》载："古今名爵之盛，王、谢尚矣。唐如张说，三世宰相；明如灵宝许氏，一门皆贵，希遇也。我朝建兴，人物之盛，亦有足述者。父子尚书，王崇简、王熙，宛平人。兄弟总宪，徐元文、徐乾学，昆山人。父子同时总督，白色纯、白秉贞，辽东人。一榜三鼎甲，马世俊，状元；鲍亦祥，榜眼；叶方蔼，探花，俱江南丁酉科方月江犹所取也。一门三鼎甲，徐元文，状元；徐秉义、徐乾学，俱探花，同榜。一县两宰辅，山东益都孙廷铨、冯溥，俱己卯科。洪承畴以内阁经略五省，吴兴祚由知县三年，升总督，皆异数。"

按：文中徐元文、徐乾学、徐秉义，虽为昆山人，然祖籍歙县，故录之。而言三徐同榜，误也，徐元文为顺治十六年己亥科（1659）状元，徐乾学为康熙九年庚戌科（1670）探花，徐秉义为康熙十二年癸丑科（1673）探花。

新安郡丞女

《列朝诗集》载："徐氏居莆之北关，父庞乡为新安郡丞，以女许配俞郎。俞纨绮儿也，合卺之夕，傅母嘱属对句而就寝。徐指二砚出句曰：'点点杨花入砚池，近朱者赤，近墨者黑。'俞缩瑟不能成句。徐笑曰：'何不云"双双燕子飞帘幕，同声相应，同气相求"？'后徐氏卒，俞郎取其著作，焚弃之，仅存批点二十一史，又《悼志赋》一首，梁鸿王凝妻诸赞及读《离骚》、六朝隋唐史论数十篇。友人郑邦衡梓之以传。"

> 按：本篇因有"父庞乡为新安郡丞"之谓，遂录之。此女真才女也。歙县人杰地灵，但不知徐氏是否歙人？可笑其夫俞郎，胸无点墨，竟将亡妻遗著焚弃之。

金陵名妓与新安侠士

《列朝诗集》载："瑶华，字灵光，金陵曲中名妓，归于新安汪景纯。景纯负侠气，忧时慷慨，期毁家以纾国难，灵光多所佽助，景纯以畏友目之。卜居白门城南，筑楼六朝古松下，读书赋诗，屏却丹华。景纯好畜古书画、鼎彝之属，经其鉴别，不失毫黍。王伯毂亟称之，以为今之李清照也。景纯在里门有《寄衣诗》云：'闭妾深闺惟有梦，怜君故国岂无衣？'手字清劲婉约。景纯没后，遂不作诗，所著《远山楼稿》亦不存。吴费熊尤岸然自负，灵光诗一出，皆阁笔敛衽。"

> 按：名妓中不乏才女，新安人中亦不乏侠士，才女侠士，可谓珠联璧合也，亦是一段佳话。

新安谢生改《三国志》

《涌幢小品》云："新安谢生，改《三国志》为《季汉书》，尊昭烈以继东西汉之后。然先年吴中有德园吴先生者，挺庵宪副之父，以岁贡受子封，不仕。孝友，饶文学，亦甯定《三国志》，订正统，名《续后汉书》。可见，好事都有人先做去。其曰：'季不若续为妥。'"

按：改《三国志》是否好事，且不妄评，但谢生之才不可没。

许客黄犬

《先曾祖日记》云："歙有许客在徐州经纪，仓收小麦，养一黄犬，每日至经纪家食，临晚住仓房守麦不离。客归，至次年遇事，恐麦为虫蛀，寄钥与经纪代晒。经纪带钥至其仓所，其犬跑号衔经纪衣，有禁拒之象。及见多人开仓挑麦，其犬将头触仓，众脚赶打，犬竟跳入河死。客至，设祭哭之。宁藩叛，逆兵抵安庆，城外居民奔走无踪，房屋灰烬，尸积遍野。有一姓姜者，举家避走乡间，惟失其祖。及兵退，回家，竟莫寻其踪迹。一日往南庄跟寻，忽见本家犬坐在一尸旁，见人至跳跃掉尾伏地，方知守者乃其祖骸云。"

按：先叙歙人许客之犬忠义护仓，后叙安庆姜姓之犬守祖骸，足见犬性忠义，事例多矣。

方无违畜老马

《讱庵偶笔》云："歙方无违，携家居维扬，常畜一马，齿老矣。无违卒，其子卖马于镇江营中。一日马忽浮水渡江至瓜州，径奔扬城，闯入无违旧居，见停棺在堂，悲鸣踯躅。举家骇视，浑身犹湿，营兵亦踪迹至其家，乃退回原价，而养此马于天宁禅寺。"

按：动物之灵性、之忠贞，可钦也。讱庵，歙县绵潭人汪启淑之号，《讱庵偶笔》为其所作笔记。

方禹成畜犬

《讱庵偶笔》云："歙方禹成，贾于宣城，常畜一犬。徽猎师嘉其骏快，买以四金，携之猎，获果倍他犬。两月之后，犬忽不见，猎人疑其逃回，寻访至禹成家，犬果在焉。见猎人至，急走内室伏床下，呼之不出。禹成恻然,乃给还原价,此犬仍畜于家。自徽至宣三百余里,能忆其故道,益信黄犬传书事。”

按:此犬之灵与前篇之马异曲同工,亦可钦也。

徽高怀中鳝面

《讱庵偶笔》云:“徽高怀中业鳝面,于扬州小东门,日杀鳝数千。一婢悯之,每夜窃缸中鳝从后窗抛入河,如是积年。一日面店被焚,婢踉跄逃出,为火所伤,困卧河滨,夜深睡去。比醒而痛减,火疮尽愈,视之有河中污泥堆于疮处,而地有鳝行迹,始知向者所放之生来救也。(按:《医书》载,河底泥能涂汤火伤。)高感其异,遂为罢业,及拆锅,下有洞穴,生鳝数石盘其中,尽举而纵之河。”

按:本篇与前三篇皆记动物异事,足见生者有灵,是为生灵,非独人也。故人须善待生灵,毋乱涂炭之,保护动物即人自保也。

新安三俊

《焚尘寄》之“类聚数考”云“新安三俊”为:“唐元、洪炎祖、俞赵老。”

按:唐元为元代歙之槐塘人,泰定间为南轩山长,寻以徽州路学教授致仕,著有《易传义大意》《见闻录》《筠轩集》。洪炎祖,元代歙人,天历中官遂昌主簿,以休宁县尹致仕,著有《尔雅翼音释》《杏亭摘稿》。俞赵老,不详。

徽商过九江

《座右编》云:“有徽商过九江,见江干有舟被劫,商泊而救焉。内有孝廉七人,各给以衣食,且赠资而去,初不问七人为谁。明岁癸未登第六人,其一为莆田方万策。久之,万策分巡嘉湖,屠宪副冲阳宴之,其时商以资尽,自鬻屠为奴矣。方道见其侍宴,骇之,呼至几前,细审来历,因曰:‘尔

曾记八年前活数人否?'商云:'某已忘之。'良久乃云:'曾在九江救失盗者。'方道出席长跪曰:'我恩兄也,七人之中,我与焉。'即告屠,赎至公廨,款月余,赠千金,又柬同难者赠之。商携资重营,犹不失为富翁。"

按:本篇载徽商救他人之难,他人亦救其之难,又善有善报之例也。徽商精神可赞,被救之七孝廉亦可赞也。

姑苏潘姓

《座右编》云:"姑苏有潘姓者,掘地开机,金二十万,以分其子。潘奎、潘璧,两母出也。璧年尚稚,奎乘其病,投毒饵中杀璧。奎生子名城,性聪颖,然淫恣无度。入资为国子生,司成姜凤阿览牒曰:'何名潘城?'为增一'璧'字。父奎闻之,甚不乐,盖所杀弟名璧也。已而璧城自破其家,百计索金于父,不得,遂诱刘氏奴,激怒其父而殴之死,盖璧再生为璧城云。"

按:姑苏潘姓疑为祖籍歙之大阜潘也,遂录之,待考。然事为恶有恶报之例也。不过潘璧"再生"为潘璧城之事,却很奇异,难以置信。

有僧异貌

《耳谈》载:"有僧异貌,能绝粒,瓢衲之外,丝粟俱无。坐徽商木筏上,旬日不食不饥;商试之,放其筏中流,又旬日亦如此。乃相率礼拜,称为活佛,竞相供养。曰:'无用供养,我某山寺头陀,以大殿毁,欲从檀越乞布施,作无量功德。'因出疏令各占甲乙毕,仍期某月日入寺相见。及期众往询寺,绝无此僧,殿即毁,亦无乞施者。方与僧骇之,忽见伽蓝貌酷似僧,怀中有簿,即前疏,众诧神异,喜施千金,恐泄语有损功德,戒勿相传。后乃知始塑像,因僧异貌,遂肖之,作此伎俩,而不食乃以干牛肉挛大珠数十颗暗噉,皆奸僧所为。"

按:全文写僧之奸骗,受骗者中有徽商,遂录之。

朱升徙歙之石门

《寄园寄所寄》卷十一《泛叶寄》辑《休宁志》载："朱升,字允升,生休宁,后徙居歙之石门,幼师陈栎。至正癸未,闻资中黄楚望讲道溢浦,偕赵汸往从学,归登乡贡进士榜,授池州路学正,以身示法,江南北学者云集。会淮甸兵起,壬辰春秩满归,而蕲黄兵至徽矣。所居僻在穷山,虽避兵奔窜,著述不辍,每耻俗学,务究极天人之蕴。丁酉秋,明兵下徽,即被召见顾问,升对曰:'高筑墙,广积粮,缓称王。'上大悦,遂预帷幄密议。冬辞归,后连岁被征,比至,上有所访问,后亦不强留也。大抵礼乐征伐之议,升所赞画居多。吴元年丁未,授翰林侍讲学士,中顺大夫,知制诰,同修国史。诰词曰:'眷我同姓之老,实为耆旧之英。'其见亲礼如此。寻以年高致政归,家有'梅花初月楼',上亲洒宸瀚以赐,年七十二,号'枫林',学者称'枫林先生',所著书载《书籍志》。子同,字大同,以升恩陞礼部侍郎,后坐事废。"

按:此为朱升小传也。朱升徙居歙之石门,"梅花初月楼"亦在石门。

郑玉小传

《歙志》载:"郑玉,字子美,幼好学,气宇高岸,识见出人意表,不乐仕进,勤于教授门人,受业者众,乃构师山书院。至正十四年,朝廷以翰林待制奉议大夫,遣使赐御酒名币,浮海征之。玉不起,家居著书,有《春秋阙疑》《周易大全附注》《程朱易契余力稿》。十七年金陵兵至徽,守将欲要致之,玉曰:'吾既不能慷慨杀身,以励风俗,犹当从容就死以全义。'缢死。"

按:郑玉是元末学者,然为一没落王朝尽忠,值否? 供后人评也。

张天禄入徽州

《切庵偶笔》载:"国朝督兵张天禄入徽州,至新岭,方造饭,张假寐,梦旌旄拥一赤面多髯者,有两白面者,戒张曰:'汝此行慎勿杀人,若杀人者,

令汝不得善归。'张悚然窹,疑是关夫子也。比到岭脚,有越国汪公庙,张入庙少憩,见上神像,即梦中所见者,益大惊惧,敕军士不得焚杀,有犯令者,立斩以徇。繇是一军肃然,民用安集。张问土人曰:'汪公何神也?'曰:'唐时保障六州者也。'张曰:'今犹见梦,可谓灵爽矣。'面白者,一为程忠壮公,一为某神也。"

　　按:汪王、程忠壮二徽州神灵果然灵也,然神灵之意乃百姓之意也。

汪华幼颖慧

　　《郡志》载:"赵(此处误矣,当越字也)国公华,九岁为舅牧牛,每出,常踞坐磐石,气使群儿,令群儿刈草营屋,曰:'室成,吾且椎牛以犒若等。'卒取舅牛分食之,牛尾插地。既归,舅问牛所在,对以入地矣。舅素异之,不深诘。"

　　按:汪华分食舅父之牛,此乃耍小把戏耳,仅可称为小聪明,算不得大颖慧。

程灵洗射黑蜃

　　《休宁志》载:"相公湖一名黄墩湖,湖有蜃,常与吕湖蜃斗。程灵洗善射,梦人告曰:'吾为吕湖蜃厄,君若助吾,必将厚报,束白练者我也。'明日灵洗射中黑蜃,后一道士指墓地葬其母,灵洗仕梁,将军,封忠壮公。"

　　按:黄墩久属于歙,灵洗应入《歙志》,而《歙志》中亦确有,且以其为歙人。

许宣平轶闻二则

　　《云谷卧余》载:"许宣平隐歙南阳城山,善吟诗。李太白访之不遇,题诗庵壁而去,所谓'我吟传舍诗,来访仙人居'是也。宣平诗,传者仅《隐居三十载》一首耳。近阅焦氏《类林》,载宣平《归见壁诗》,又吟曰:'一池荷叶衣无尽，半亩黄精食有余。又被人来寻讨着，移庵不免更深居。'"

同页又辑《唐类诗苑》载："许宣平常挂一花瓠及曲竹枝，醉则歌曰：'负薪朝出卖，沽酒日西归，路人莫问归何地，穿白云行入翠薇。'"

> 按：本篇比常见之关于许宣平轶事又有不同，可作参照也。《云谷卧余》，歙人张习孔著，张习孔，清顺治进士，张潮之父。

吴少微

《徽州府志》载："吴少微，歙人，徙居休宁县西石舌山，第进士，为留阳尉，与武功富嘉谟同官友善。先是天下文章，以徐庾为宗，气调益弱，独少微、嘉谟属词本经学，雄迈高雅，时人慕之，文体一变，称为'吴富体'。魏郡谷倚为太原主簿，亦以文词著名，时号'北京三杰'。"

> 按：吴少微为新安文学之宗祖也，亦是新安吴氏之宗祖。

汪若海

《郡志》载："汪若海，字东叟，歙人。年十八，游太学。靖康初，诏求知兵者，若海应诏，未三刻而文成，擢居高等。京城失守，若海述麟为书以献，袖书抗粘罕，乞存赵氏。高宗即位，迁江南经制使，朝廷以张浚宣抚川陕，议未决。若海曰：'天下者，常山蛇势也，秦蜀为首，东南为尾，中原为脊。今以东南为首，安能起天下之脊哉？将图恢复，必在川陕。'乃往见浚，极谈终日。"

> 按：汪若海在北宋、南宋交替之际是有功者。

朱升轶事

《稗史》载："允升生休宁，徙居歙石门，馆临河程氏，教其子大，大为继母所苦，自缢。后允升梦大突入其室，适报生儿，因名之曰同，且曰：'此儿必遭女祸。'寻于所居山前创草屋数十间，乡人怪之。允升曰：'车驾异日

幸临,当休军于是。'丁酉秋,明兵下徽,高皇提兵过之,果休其下。临去,允升踽请曰:'臣有子同,后得全躯死,即臣幸大矣。'后同官至礼部侍郎,善诗翰,命题诗赐宫人。忽御沟中有流尸,上疑同挑之,将赐死,因念允升请,使自缢。盖允升所谓女祸也。其六壬精妙若此。"

按:本篇记朱升轶事,朱教程氏子程大,程大禁不住继母虐待而自缢,竟托生为朱升之子朱同,而且朱升预料朱同后必遭女祸,求情于明太祖,事亦奇矣。其所以料事如神,乃智者分析客观情况而作出推测耳。

徽高士齐易岩

《稗史》载:"齐易岩者,徽高士,术数尤精于枫林。明太祖初起兵,闻而往问之,答曰:'不嗜杀人。'上曰:'经生谈。'遂去。及即位,或有荐岩之才者,诏征诣京师。岩乃逃避大姓汪氏,汪不敢容。岩曰:'毋害也,岁久常泰。'乃为汪教其少子为文,常与其子游于山,指一处曰:'此汝发身处也,但不知谁为地主?'问之,其姻家也。子年十三四,亦不以其谁为意。及易岩死,其子卜地葬其父,竟得此山。偶检其少日所读,中有记云:'汪生某葬父某郡某都某图某山,子孙绵远且贵。'其子叹服。今汪氏果盛。岩卒年七十余,无子,故其事失传。"

按:齐易岩比朱升更神也,然却自己竟无子所传,悲乎?

唐仲实

《列朝诗集》载:"歙唐仲实当明太祖驻跸徽州,延访儒硕,召对称旨,赐尊酒束帛,事载《五伦书》。命之任,以瞀废辞,摄紫阳书院山长,学者称'白云先生'。"

按:唐仲实亦明太祖到徽州应召者之一,其家乡歙县槐塘故居遗迹前,今仍存记录此事的"龙兴独对"牌坊可证之。

明太祖御书赐汪同

《湧幢小品》载："明太祖赐臣下御剳甚多,如中山王宋学士者勿论。驻跸徽州时,御书一剳,赐汪同云:'庚子六月初三日,茶源阙歇马,偶遇万宣使至,动问说称星原翼,田野辟,黎民乐。折开赍到公文内云:"修城事理,军民人等,甚是极得其当,重务出积粮储,从其与便,勿使我多忧。"途间亲书不备。寄书人朱某,枢密院判汪同阁下。'同子孙宝藏于家。学士程敏政题绝句云:'午夜虹光烛斗寒,民间惊得御书看。当时未定君臣礼,想见高皇创业难。'成化甲辰毁于火。"

按:本篇记明太祖朱元璋驻跸徽州府时,曾御书一剳赐汪同一事。剳,札的异体字。

汪道昆才名

《云谷卧余》载:"歙左司马汪伯玉道昆与李于鳞辈七才子齐名,李本宁尝诵曰:'李北地梦阳之才,能小而不能大,能短而不能长;李历下于鳞之才,能高而不能下,能奇而不能正。王弇州世贞以才骋法,而法不胜才,人生几何? 其书充栋,微伤率耳。汪新安文,小大长短,高下奇正,随所结撰,积句成篇,积字成句,无不精丽,其才能经纬错综之也。'当时之评骘如此。"

按:本篇载汪道昆在当时之才名,以见其在文坛之地位。李于鳞,即明文学家李攀龙,与王世贞同为明代文坛"后七子"之首领;李梦阳为明代文坛"前七子"之首领;汪道昆之才与他们不相上下,各有千秋;且与王世贞有"南北两司马"之誉。

方弘静结诗社

《列朝诗集》载:"歙方侍郎弘静初冠,即与乡人结诗社。迨入仕,汪伯玉方擅时名,倡祗中社,再三招致,匿谢不肯往。其句有'流水不知处,幽禽相与飞。''不知春色减,忽见林花飞。''永日空山寂,幽蝉时自吟。''春

色惊人早,云山与世违。''旧业微蝉翼,穷途信马蹄。'宛然王孟遗响也。"

按:方弘静,明嘉靖二十九年进士,与汪道昆同时代人,与乡人结诗社。本条所录方之诗句果然佳作也。

王寅《新都秀运集》

《列朝诗集》载:"歙王寅仲房撰《新都秀运集》,采弘治、正德、嘉靖三朝之诗,人满百,入诗逾三百,汪本以正居首。仲房曰:'以正童稚,性解为诗,弱冠挺兴,遂传高唱,若"愁边草木歇,梦里关山多。有怀成远咏,无伴趁幽行。野草不媚世,沙鸥宁近名",然皆潜思取境,不落常情。新都自程学士克勤名家,而人争相师法,君独尚友古人,天不爱才,壮即夭折,惜哉!'"

按:本篇又记徽州一位少年才俊王寅为今王村人,可惜命短。程学士克勤,乃程敏政,字克勤,休宁人。

许国

《歙县志》载:"许文穆公国,字维桢,号颖阳,为检讨时使朝鲜,适国王新薨,河城君昖公摄郊迎礼,国以昖公未嗣位,不许。因为酌定礼仪,令昖公称权署国事,用世子冠服,奉先王灵帛行礼,礼成而还,馈遗一无所受,朝鲜勒碑以颂。进讲托事,献规。上每悚意听之,手书'责难成善'大字赐焉。拜大宗伯,入东阁,以三事进规,其一皇太子册立事,上不悦,遂上书乞休者五,予告给传归。"

按:由此可见许国之忠之廉洁也。

许国从侄许毂

《湧幢小品》载:"许文穆之从侄毂,豪健善击剑,挽彊命中。尝被酒卧岭北,有虎枕其颈,醒而视之鼻息甚酣。盖虎先食犬,口吐沫,一如醉人状。许熟视曰：'彼无忮心，乘醉杀之，不武。'遂舍之。先在嘉靖中上三策，请立县城，不果。后倭突至，太守陶公承学召与议事，令守东门，饬武备。倭不敢入，绕出宛陵。遂议城，以毅为督，授冠带行事，却之，徐为措置立办。后辞去，商于嘉禾之皂林，以酒暴卒，祀为神。陶太守深伤，为文以祭。太守时已为显官，即四桥先生也。"

　　按：许毅，智谋双全之人也，不惧猛虎，又不乘危杀之；守城能退敌，献策立城不居功，德亦佳也；憾亡于酒，惜哉。被祀为神，足见民心也。

黄梁小僮

　　《亘史》载："明隆庆间司琴，为歙人黄梁小僮，事主勤慎，梁爱之，许配以小婢庆云。梁夜饮堕桥，司琴救主淹死，梁归，庆云誓以身殉。梁谕之曰：'许配戏耳，更觅佳偶。'庆云忿恸数日而绝，年仅十六。"

　　按：本篇所记之僮、婢皆忠贞也，僮忠于主，婢贞于所配之僮，可谓绝配耳。

歙人汪宗孝

　　《涌幢小品》载："汪宗孝，歙人，好拳捷之戏，缘壁行如平地，跃而骑屋瓦无声，已更自簷下屹立，不加于色。偃二丈竹水上，驱童子过之，皆股战，则身先往数十过，已复驱童子从之。跳丸飞剑之属，见之，赧然自废也。万历丁未，入京师，至芜城店作梦，文皇遣缇骑召使治水，引见殿上。文皇貌甚伟，长髯垂膝，左右以奏牍进。文皇推案震怒曰：'复坏我东南百万民命，奈何？'宗孝顿首言：'臣书生不任官守，且父老不忍离子舍。'文皇色不怿，有皂衣人长跪固请，乃已。其年淫雨，三楚三吴，沉竈产蛙，人相噉食，恻然心伤之，病革不可为矣。"

　　按：本篇所记汪宗孝乃又一奇人，所梦亦奇也。

万历徽州大水

《先曾祖日记》云："万历三十五年六月，徽州大水，自初三日大雨，至初五止，三昼夜不住，漂流人畜万万。府河西桥上，有七尺水头，惟歙县最苦，休宁次之，二日方退，历世未遭此灾异。三十六年五月，徽复大水，自十三至十九日，水方退，较于三十五年更大。"又载"今康熙三十三年十二月十八大雨，至正月二十日方止，严冬大雨一月余，亦罕见事。"

按：本篇所载乃水文之重要资料也。

松圆诗老程嘉燧

《列朝诗集》载："松圆诗老程嘉燧，字孟阳，休宁人，侨居嘉定。少学制科不成，去学击剑，又不成，乃折节读书，刻意为歌诗。三十而诗大就，谙晓音律，分寸合度，老师歌叟，一曲动人，灯残月落，必传其点拍而已。善画山水，兼工写生，酒阑歌罢，兴酣落笔，尺蹏便面，笔墨飞动。或诒书致币，郑重请乞，摩娑缩瑟，经岁不能就一纸。嗜古书画器物，一当意，辄解衣倾囊，或以赝售，有相欺者，则持之益坚。有子骄穉，不事生产，经营拮据，以供其求，左绂右壶，缘手散去。孟阳顾益喜，以为好事好客，称其家儿。坐是益重困，然而介持益甚，语及嬉竿腋学干谒，头面发赤，掉臂而去。太仓王同伯常谓孟阳'世无严武，谁识少陵？'当今能客孟阳者，海阳顾益卿耳。为治装遣行，渡江寓古寺，与一二酒人，酣饮三日夜，赋《咏古》五章，不见益卿而返。在里中兄事唐叔达、娄子柔，肩随后行，不失跬步，与人交婉变曲折，临分执手，口语刺刺。至其责备行谊，引经据古，死生患难，慷慨敦笃，古节士无以过也。万历戊午，故人方方叔令长治，要之入潞，居三年，从方叔入燕，诸公争物色孟阳，皆避不与见。祥符王损仲博雅名士，时时过余邸舍，就孟阳谈，孟阳未尝一往也。崇祯中，余罢官里居，构耦耕堂于拂水，要与偕隐，晨夕游处，修鹿门南村之乐，后先十年。辛巳春，孟阳将归新安，余先游黄山，访松圆故居，题诗屋壁，归舟敌桐江，推篷夜语，泫然而别。又明年癸未十二月，孟阳卒于新安，年七十有九。卒之前一月，为余序《初学集》，盖绝笔也。逾年而有甲申三月之事，铭旌大书曰:'明处士某。'岂不幸哉?孟阳合辙古人,迥别于近代之俗学,于是乎王李之云雾尽扫,后生之心眼一开,其功于斯道甚大,而世或未之知也。遗山题《中州集》后云:"爱杀溪南辛老子,相从何止十年迟?"世无裕之,又谁知余之论孟阳,非阿私所好者哉?余故援《中州》之例,谥之曰'松圆诗老',庶几千百世而下,有知吾孟阳如裕之者。"(《列朝诗集》)

赵吉士编撰后注曰:'孟阳实歙之长翰山人,余尝至其家,松圆犹在,孟阳与牧斋最厚,而《列朝诗集》乃注休人,误矣!'

按:此程嘉燧传也,惟其籍误注。其工诗文,擅山水,才情蔚茂,风致俊逸,与娄坚、唐时升、李流芳并称"嘉定四子",李亦歙人。

歙诗人一束

《列朝诗集》载歙诗人一束。其一为:"歙郑布政旦有诗才,若'花明沛上宴,香起洺中尘','河影城头堕,秋声塞上生','爨道黄云上,蛮村白草傍',又'箐道千盘临戍堡,山城百雉入边州',皆浑沦不落轻靡。"

其二为:"歙方廷玺为县令,《题白水寺诗》:'石径逢僧一话间,白云深处不知还。松阴日午茶烟起,不有客来僧更闲。'"

其三为:"新安诗派,尸祝太函,曹能始见休宁吴非熊而击节,遂流传都下。其为人率真自放,好穷山林花鸟之致,捉鼻苦吟,贵游杂坐,竟日讽咏,不知有人。久之,别能始归新安,作《东归诗》。已而复出游,访故人于岭南,客死新会,从弟元以其丧归新安。闵景贤采辑《皇朝布衣诗》,推吴兆为中兴布衣之冠。钱牧斋谓'亲炙则孟阳,逖听则非熊'。庶无愧于此评,要当与千古共定之尔。"

其四为:"歙王山人野,儿时习为诗,稍长入吴,家鸿山下,与妻子饷糟不厌,游金陵,贵人慕其名,争访之。子僧劭亦能诗,早卒,有《臈明草》。其佳句如《陈匡左过饮》云:'峰冷秋云白,墙阴晚照残。'《永庆寺夜坐》云:'风轻松韵细,露滴月凉生。'《晚泊江上》云:'晚风生浦澨,秋月出江孤。'《月》云:'峰御形似缺,江动影难安。'人谓得乃翁衣钵。"

其五为:"歙郑作读书方山,自号方山子。为诗敏捷,一挥数十篇。李空峒流寓汴中,招至门下,论较射,过从无虚日。周王闻其贤,召见,长揖

不拜，王礼而遣之。《方山集》中如'寒灯坐愈亲，寒叶动秋声'之类，俱佳句。"

> 按：本篇表明歙之人才多也。

吴勉学之梦

《讱庵偶笔》载："歙吴勉学梦为冥司所录，叩头乞生。旁有判官禀曰：'吴生阳禄未终。'吴连叩头曰：'愿作好事。'冥司曰：'汝作何好事？'吴曰：'吾观医集，率多讹舛，当为订正而重梓之。'冥司曰：'刻几何书？'吴曰：'尽家私刻之。'冥司曰：'汝家私几何？'吴曰：'三万。'冥司可而释之。吴梦醒，广刻医书，因而获利，乃搜古今典籍，併为梓之，刻赀费及十万。"

> 按：吴勉学为明代徽州刻书家。本篇所载吴勉学刻书缘自一梦，却也怪哉。

徽州文房四宝

《云谷卧余》载："徽处万山中，绝无农桑利，莽茗之外惟墨，而旧志称徽产砚，今虽有，而佳者绝少矣。宋郡守谢公暨于理宗有椒房之亲，贡新安四宝：澄心堂纸、汪伯立（玄）笔、李廷珪墨、旧坑石之砚。今无论砚不可得，而旧坑之名亦湮矣。旧坑在婺源县羊阘岭之尽处，两水夹之。唐开元间，猎人叶氏得石于其地，因以为砚，自是歙砚闻天下。旧坑，古名罗纹坑，其一曰紧足坑，又次曰庄基坑，相去赢百步，而石品绝不相似。其旧坑之中，又自支为三：曰泥浆，曰枣心，曰丝石，去旧坑才数尺，石品亦异。自庄基北行二里，折溪微上，曰眉子坑，则东坡所歌者，坑今在水底，不可割，其陵谷变迁之验欤？旧坑丝石，为世所贵。砚材之在石中，如木根之在土中，大小曲折悉如之。割者先剥去顽石，次得石为砚材而极麤，工人名曰麤麻。石之心最紧处为浪，又出至漫处为丝。又外愈漫处为落纹。故吾郡双溪王公之记曰：'紧处为浪，漫处为丝。'至论也。丝之品不一：曰刷丝，曰内里丝，曰丛丝，曰马尾丝，皆因其形似以立名，不必悉数。以石理劲直，故纹如丝，而旁为墙壁，独吐丝甚奇。平视之，疏疏见黑点如洒墨，侧睨之，刷丝粲然。工人所谓砚宝，独旧坑枣心坑或有之，盖石之精，吐出光彩，以为丝也。元至元十四年辛巳，达官属婺源县尹汪月山求砚，发数都夫力，石尽山頹，压死人乃已。盖当时取之已如此其难且尽矣，今之不可复得宜也。"

按：四宝中"汪伯玄笔"，又云"玄"为"立"，不知妥否？

《婺源志》载："龙尾山，婺源县东百里，高二百仞，周三十里。山石莹洁，有罗纹，为砚，质比端溪，故又名罗纹山，又名砚山，邑人汪藻有记。"

《郡志》载："苏易简《文房四谱》云：'今歙州山有石，俗谓之龙尾石，亦亚于端溪。若得实心巧匠就而琢之，贮水处圆转如涡旋可爱。'"

《郡志》又载："南唐元宗精意翰墨，歙守献研，并荐工李少微。国主嘉之，擢为砚官，令石工周全师之，其后匠益多。"

《郡志》又载："《歙砚说》云：'凡取石，先具牲醪祝板，斋戒择日至山下，设神位十余于坛，祝讫发之。稍亵慢，必有蜂虿虫蟒毒物伤人。盖神物所惜，不欲广传人间，所得不过百十枚，即竭矣。又当再祝之，前后啮死者十余人，今皆预祀享也。唐侍读《砚谱》云：二十年前，颇见人用龙尾石砚，求之江南故老云："昔李后主留意翰墨，用澄心堂纸、李廷珪墨、龙尾砚，三者为天下冠，当时贵之，自李氏亡而石不出，亦有传至今者。"景佑中，校理钱仙芝守歙，始得李氏取石故处，其地本大溪也，常患水深，工不可入。仙芝改其流，使由别道行自是方能得之。其后，县人病其须索，复溪流如初，石乃中绝。后邑官复改溪流，遵钱公故道，而后所得尽佳石，遂与端石并行。'"

《春渚记闻》载："何选云：涵星研，龙尾溪石，风字样下有二足，琢之甚薄，先博士君得之外姓侄黄材成伯。成伯嗜砚，求主婺源簿，顾视一老研工甚至。秩满，研工送之百里，探怀出一研为赆，且言明府任三年，所收无此研也。黄责其不诚，工云：'凡临县者，孰不欲得佳研？使每研必珍石，则龙尾溪当泓为海不给也。此石岁采不过十数，幸善护之。然研只如常研，无甚佳者，但用之久，至垢埃积，经月不涤，而磨墨如新，此为胜绝。'"

《春渚记闻》又载："新安墨以黄山名，数十年来造者，乃在婺源黄冈山

戴彦衡、吴滋为最。彦衡，绍兴八年，以荐作复古殿等墨，其初降双角龙样，是米待制元晖所画，继作圭璧及戏虎样。时议欲就禁苑为窑，稍取九里松古松为之。彦衡以松生道旁平地不可用。其后衢池工者，载它山松往造，亦竟不成。彦衡未几死，尝出贡余一圭，示米元晖，米以为罕有其比。诗人吴可赠诗曰：'病来谩喜拆钗股，老去长怀双脊龙；他日扁舟会乘兴，摩挲圭璧小从容。'吴滋家有汪内相帖云：'吴滋作墨，新有能升，绍兴庚申于新安郡斋，授以对胶法，此墨是也，试之当见佳。'滋又求题品李参政汉老，李公云：'已经平子矣。'吕舍人居仁，亦尝遗以诗，今在东宫。以滋三造甚佳，例外支犒，设钱二万。"

《文苑四史》载："蔡君谟云：'李超，易水人，唐末与子廷珪亡至歙州，其地多松，因留居，以墨名家。其墨有剑脊、圆饼，面多为龙文，能削木，坠水底经月不坏。后至宣和间，其墨贵于黄金，盖黄金可得，而墨不可得也。'"

《列朝诗集》载："吴布衣拭，字去尘，居休宁之商山，宗族多富人，去尘独好读书鼓琴，布衣芒鞋，寥然自异。轻财结客，好游名山水，从曹能始自楚之黔，揽胜搜奇，归携一编，以夸示里人，里人争目笑之。仿易水法制墨，遇通人文士，倒囊相赠。富家翁厚价购之，辄大笑曰：'勿以孔方兄辱吾客卿也。'坐此益大困，耳聋头眩，为悍妇所逐，落魄游吴门，遇乱，死虞山舟中，毛子晋为收葬之。去尘有《不寐诗》云：'莫怪故人消息断，谁教金尽见床头。'"

《帝京景物略》载："明朝御用内墨，则宣德之龙凤大定、光素大定（青填金填大明宣德年制，字别有朱蓝紫绿等定），外则国处之查文通龙忠迪（碧天龙气、水晶宫二种）、方正（牛舌墨）、苏眉阳（卧蚕小墨）。嘉万之罗小华（小道士等），汪中山（太极十种、玄香太守四种、客卿四种、松滋侯四种），邵青丘（墨上自印小像），青丘子格之，方于鲁（青鳞髓等其子封曰义仓篆），程君房（玄元灵气等，方、程各有谱），汪仲嘉（梅花图），吴左于（玄渊、髻珠二种），丁南羽父子（一两可染三万笔）。今之潘嘉客（紫极龙光），潘方凯（开天容），吴名望（紫金霜），吴去尘（不可磨、未曾有等），而市品价尤重者，始方罗，中方程，今两吴也。罗尚珠宝，增墨之光，亦减墨之黑，罗不如方。宣墨亦太多香料。程尚胶轻，宜南不宜北，程不如方。两吴质轻烟细,易松以桐,佐桐以脂,烟百两,油三石,今五石矣。远烟独草,今茜染四剖矣。胶用鹿麖,熟而悬之经年矣。夫焰头蚀烟,则白;角以时解,胶则凝释。若遂能县之恻毂,使轮旋而受烟,法古干漆,取代胶泥,徐铉、李廷珪,何至殊异哉?"

《物理小识》载:"水南汪中翰德滋树,少时诣歙程君房市墨,必欲售最上者。程诋之曰:'君所需此已足,何用顶烟为?'汪怒归,穷工制务滋堂墨,遂驾程上。予偶拘得中翰旧烟制玉界尺墨,试之诸名墨,俱出其下,不自宝惜,尽散去,今不可得矣。"

又载:"石脑油烟作墨坚重,以松烟者疏而碧,今不必也。李廷珪上矣,近代程君房、方于鲁、祝彦辅、罗小华、丁南羽、邵青丘、吴去尘、吴百昌、象玄、方回、嘉客、环山、方伯暗、敷远,不惜万金,故得合诸家秘法。君房、于鲁以神宗见取,名彰耳。法以苏木煮草,去草性,燃烟所制,金紫照人,漆烟造墨,其色反白,独用猪脂,作墨不成。君房以脂入顶烟六分之人,其墨细润,书画尚焉。其入金泥、珠沙、水麝者,贵之也。水用魁山易泉,胶用鹿胶、阿胶,次广胶,天雨锥之不动,市上牛皮胶合者,软矣。胆用熊胆,次用鱼胆,吴去尘独用猪胆,为其易也。取其动而化胶,黑能增色也。然猪胆久之,适如其质而已,不能增也。古藏墨以豹囊,然至燕地,往往化粉。惟君房、伯暗两家墨入燕坚倍于南。昔君房、伯暗互相问而不言,各悟而后知,若合符节。良以北方风高,法以百日酎酿,斤用三铢,故不碎也。制以秋和之日,无风重房,万杵乃成,所忌者天阴,阴则墨偈矣。试法顶烟墨口,可以截纸投清水碗中,一昼夜如故,熊胆力也。君房'玄元灵气',于鲁'青龙髓',潘方凯'石连秘宝',方回'宜宜堂',嘉客'客道人',吴百昌'紫雪',程孟阳'松圆阁',方伯暗'写经墨',泽远'一笏金',敷远'碧水神珠','广居神随',皆累试累验之,其他亦不胜记矣。验墨之成色,与白金等,潘嘉客《试墨帖》言之甚详,其磨各墨而浸观其黑者,一端也。其以新而冒旧者,窖之石灰中,五昼夜而出者也。储泳《祛疑》曰:'墨枉制胶、煎胶,练杵铁石臼中而已,区区秦皮紫草,适足为累。'"

按:本篇题为文房四宝,实言墨砚二宝,乃以二宝为最也。资料详细,足可为今日研究作参考。

凌御史尽忠

《遣愁集》载:"弘光时,大兵至苑家寨,总兵王之纲邀巡按凌驹南避,不听。及睢州破,驹被执不屈,投印于水,与侄润生自缢。遗书豫王曰:'慎无渡江,若渡江,则扬子江头凌御史,即钱塘江上伍相国也。'王厚敛之,事闻,赠兵部。"

按:本篇所记凌御史,乃歙沙溪人凌駉,非"驹"也,有误。凌御史尽忠事,卷五《五石脂》"金文毅与凌御史"条亦有载,可互相参考。《遣愁集》,张贵胜编著,十四卷,采辑古今杂事之作也。

江天一小传

《魏叔子集》载:"江天一,字文石,世居歙寒江村,父宧楚,殉献贼(按:张献忠也)难,沉江。天一家贫好学,少闻金坛周钟名,往从之。归语其友闵遵古曰:'周君非佳士也。'天一文益磊落闳肆,困童子试三十年,后补邑弟子员,贫甚,裙布当穿空见尻。会姻戚投之金百二十,谋脱官事,天一愕然,挥去不顾。授徒淮安,有孝妇割肝活姑,天一义之,又感其事与祖母胡类,毅然请之郡守为旌表。守藐其隔郡诸生也,不之许。天一遂出脯修资,刻楔自题名,往悬孝妇门。适守他出相遇,鼓乐直冲其仪卫,守亦义之,不诘也。天一晚年益厌制举业,慨然有澄清志,推奉休宁金文毅公声,相讲学里中。甲申国变,明年南京陷,天一佐文毅公举兵,参其军,撄险固守,与北兵相持累月。有阴导北兵从间道入者,师遂溃,文毅被执,挥天一去曰:"老母在,毋从我死也,"天一遂走归,拜其祖母、母及祖庙曰:'吾首与金公举事,业不能使公独死矣。'追文毅及之,大呼曰:'我金翰林参军江天一也。'遂并执之,送南京同日斩,妻子并没入官,闵遵古、萧伦、僧海月为购尸殡之。同死者族孙孟卿,郡人陈继遇,休宁吴国祯、余元英。"

按:本条记载江天一虽贫困,却好学尚义,师从金声,后随师抗清,并于南京就义事,许多书皆有,此又一记,表古人忠义可嘉,天一尤甚。《魏叔子集》,清魏禧(字叔子)所作之别集,33卷。

程穆倩

《啸虹笔记》载："程穆倩邃，歙人，能为近体小诗，工四体书，笔法精劲，征君陈仲醇收之门墙。少与万年少诸君子游，锐意篆刻，每作一印，稍不得意辄刓去，更为之。如是者数次，必求得当，方以示人。其末年所篆印章，醇古苍雅，一时篆家不可及。晚遇汪子虎文，出所作相质，汪子曰：'君去其奇古，一归缪篆正派，斯得之矣。'穆倩志其言，故暮年所作，尤为海内宝重。年八十余卒，其次子万斯传其业。"

按：本篇所载程穆倩乃歙派篆刻代表人物也，其与巴慰祖、胡唐、汪肇龙合称"歙中四子"。

赠程穆倩

《笠翁一家言》载："《担灯行·赠程子穆倩》云：'程子多才嗜饮，往来同人之家，赋诗饮酒无虚日。其归必暮，暮必需灯，故每出必担灯自随；虽戴星而往，亦未尝稍辍。又恐酒后颠踬，常令幼子偕行，尝对人曰："此非儿也，杖也。"予景其高风，嘉其逸趣，作歌以赠，冀添词人一段佳话。'"

按：本则记载程邃的行为品格，颇有高风逸趣。《笠翁一家言》，为李渔（字笠鸿，又字滴凡，号笠翁）的诗文杂著总集，共16卷。

明时新安两相国

《歙志》载："明时新安两相国，许文穆公后为程公国祥。国祥号我旋，歙之古关人，万历甲辰进士。两为邑令，入南铨，一缊袍苤事，甘之如饴。以病告归，授徒讲艺，仅给饘粥。起北礼曹，转典北选以特立不阿，为中人所忌，竟落籍家居。欲诣所知，率自策一蹇，怀刺投之，人不知为显者。崇祯间，赐环洊历卿寺，至南京仓场总督，储峙倍增。陞北京户部尚书，左方右圆，殚其拮据。每五鼓入部，至乙夜始出，日惟自置干肺一窬，烧饼数枚，啖食而已。未几，进文渊阁大学士，多所匡正，偶以陈对失旨，遂允告归，卒。"

按：本则题两相国，实单言程国祥一相国也。

汪溥勋科举坎坷

《歙志》载："汪溥勋，字广渊，歙之章岐人。顺治丁酉举于乡，是科榜后，物论纷然。上震怒，临轩亲试，以诗赋序辨说制艺表判策论，甲仗森严，人皆股栗。溥勋即书以进，上得卷色喜，考上中，拔置举人第一。己亥又召于瀛台，再试如前，考置第六。是年会试不第，胪传之日，上令传呼江南举人汪溥勋者再，时论惜之。后康熙丁未，始成进士，授中书。"

按：科举坎坷何止汪溥勋一人。汪溥勋，歙县瞻淇人，旧称章祈，"歧"字误也，先以章姓人居之，后汪姓人亦居之，且超过章姓人甚多，故以《诗经》"瞻彼淇奥"句之"瞻淇"二字谐音代之。本条写瞻淇人汪溥勋科举中之曲折历程，然有真才实学者，终成正果。

许国谐对申时行

《世说补编》载："许公国与申时行相约诣一所公议，许曰：'此才午时，未及申时行乎？'申应曰：'既以身许国，不得不耳。'"

按：古代高官，却也幽默，官事之余，亦搞笑一回，无伤大雅。

许文穆颐语

《解颐赘语》载："一人盛谈轮回报应，甚无轻杀，凡一牛一豕，即作牛豕以偿，至蝼蚁亦罔不然。时许文穆曰：'莫如杀人！'众问其故，曰：'那一世责偿，犹得化人也。'"

按：颐语者，解人心怀之语也，冷隽幽默。身为高官的许国亦能幽默，难能可贵也。本卷全辑于赵吉士《寄园寄所寄》有关徽闻轶事之五十九则，至此结束。

卷　七

《洪川洪氏宗谱》八则

按：此《洪川洪氏宗谱》，为民国戊寅年（1938）正伦堂续修。其十七世祖元泰公最先编谱，明成化续编，廿二世祖孟芳公继编。洪川即今之歙县雄村乡洪岭村，因培植出售徽派盆景而名闻天下，遂美称"卖花渔村"。该谱记载了洪氏得姓及洪氏迁徙情况。辑录如下：

《洪川洪氏续修宗谱序》

先世自三世祖诚公肇迁以来，初单传十数代，有讳仁乙者举丈夫子四人应凤、应祥、应宗、应祖。应祖公二传而止，应宗公耳孙出迁荆州，族旺沙市，应祥公子二：积高、积征，应凤公孙三：宗仁、宗原、宗义。向称应凤、应祥、应宗为老三房，又称宗仁、宗原、宗义为新三房。代远年湮，沧桑更变，后所称者，以宗仁公为长房，以宗义公为三房，以积高、积征公为二房，新老合称仍成鼎立。

按：本条叙述了洪川洪氏始迁祖为诚公以及后世分为长、二、三房之事。

洪氏由共工氏避仇得姓

洪姓得姓之始皆出于共工氏，受封河内之共城，因避仇"子孙推本水德之绪，加水于共之左，更姓曰洪。"世望敦煌，其后繁衍，散居南北，市朝

迭变,迁徙无常,宗法不行,世系莫考,故后世各据其所出之祖为宗,原起所先,则海内有洪之姓,则共工氏之后。

按:本条叙述了洪氏得姓之由。

洪氏迁歙南洪川

元天历戊辰(1328)监察御史同郡海宁陈樗序云:唐礼部尚书郎辉公自宣之麻子乡迁居吴江,子延公知绩溪县事因家绩溪,其子谅、诚、诗,避巢乱于歙之黄墩,诚、诗继迁洪川,太和元年丁未(827),谅还绩故址。

按:本条叙述了洪氏迁歙南洪川之始。

洪氏自洪川迁德兴新营

宋祥符五年(1012)裔孙文举《洪氏世谱序》云:迁歙南之洪川,至名华者(唐)大顺辛亥(891)年,以明经授饶州判,秩满而家德兴新营,是为新营始祖,其后子子孙孙由新营而下,散处四方及郡邑邻境者,莫克枚举。

按:本条叙述了洪华于公元891年因官自歙县洪川迁往江西德兴新营衍派。

序世二十字

二樵公因支分派蕃编二十字以序世,非以命名也,曰:深、仁、昭、懿、德,元、善、之、文、功,茂、祚、崇、嘉、庆,祥、源、启、孝、忠。

按:本条叙述了洪川洪氏自21世起之排行字,目前已衍至36至40世,即祥、源、启、孝、忠最后5字。

一至三世祖迁徙情况

一世祖洪辉徙居吴江,洪辉,字万光,唐宪宗元和四年(809)拜礼部尚书郎(从六品),由宣州麻子乡徙居吴江。其像赞曰:自幼聪颖,日诵千言,官高位显,望重品坚,徙迁吴江,子孙繁昌,睹公之像,曷胜景仰。

二世祖洪延居绩溪洪村,洪延,字长春,唐文宗太和元年(827)授绩溪县令,莅任公廉,道民以德,甫七旬以老倦谢事。民攀卧不忍公去,公因感民爱戴之深,亦缱绻莫忍别,乃即绩治之南十里筑室买田为居,名曰洪村,年及八秩而终,娶张氏、郑氏,子三:谅、诚、诗。

三世祖洪谅还归绩溪,洪谅,字伯大,号云庵居士,延之长子,以文学名,临溪构楼,授徒数十人。黄巢掠新安,偕弟避兵于歙之黄墩,乱定,还归绩溪故址。生子二:器、宇。器,字得通,登进士第,授梅州判,转授泉州同知。宇生子二:庆之、回之。器生子成;成生子四:文一、文三、文四、文五;文五,字必信,号梅窗居士,嗜经史,善吟咏,尝于居右建小楼数楹,植梅于前,作梅花百韵以自适,寿终七十二,娶柳氏,生子一:厚;厚,字可安,娶江氏,子二,均居绩;文一、文三、文四子辈均居绩。

三世祖洪诚居歙南洪村,洪诚,字伯实,唐乾符六年(879)避巢乱于黄墩,继迁浦口之南十里许,顾山川环抱,土腴泉洁,遂定居,以姓配其地,名曰洪村,娶叶氏,子二:毕、旻。诚弟诗,字伯文,同迁洪村,娶叶氏,子一:华。

按:本条叙述了洪氏一至三世祖迁徙情况及最初繁衍。俗传"卖花渔村"之徽派盆景发端于洪必信,然而洪必信乃绩溪之洪村人,非歙之洪岭人,足见此传说有误,当正之。

洪川洪姓之宦儒者

八世祖洪庆宁,字良谧,博通经史,善属文,累试不利,辞贡举,遁林壑,号考盘居士。十三世贵二,字端义,重道重儒,训子读书,生宋淳熙四年(1177),卒端平三年(1236)。十四世祖福三,字国才,宋理宗朝以明经请举授知会稽县事。十七世元一,字元泰,延祐间仁和县令,以疾乞致仕,编修世谱,生至元廿一年(1284),卒元顺帝至元元年乙亥(1335)。二十世胡宝,字国宝,博文学,有重望,郡以才德举,授福建泉州德化县丞,佐政治民,以清谨称,洪武甲戌(1394)卒于官所,归葬。二十三世泰,字世昌,讳

初,又字天元,号庄峰,雅好文艺,精研易理,穷究医道,植善种德,挟资游两浙,遍交名士,生成化十八年(1482),卒嘉靖二十七年(1548)。子演,通医明易,得家学之传。二十三世福,尚子,字天赐,又字世良,号月泉,晚号苍山居士,淹贯经史,博极群书,有诗才,善吟咏,有《苍山诗集》藏于家,生成化十四年(1478),卒嘉靖二十五年(1546)。二十五世榜,字汝登,又名澄远,号鹤汀,商游江湖,尤力于诗,喜吟咏,随寓寄兴,著有《贻笑集》、《就正录》二稿藏于家,卒于汴邸,生嘉靖三十三年(1554),卒万历二十九年(1601)。二十五世济远,字仁可,号望云,万历乙亥(1575)升陕西延安府,生嘉靖十六年(1537),卒万历二十五年(1579)。三十五世庆焕,字耀廷,贸易北徐漕,阛阓余闲,时讲习军策,清光绪二十一年在天津得授五品军功,赏戴蓝翎,旋里家居。

按:本篇集中辑录宗谱中洪川洪姓人之为宦与习儒者,总计10人,其中为宦者和习儒者各为5人。

洪村洪姓之经商者

十三世:洪贵一,字端显,游商江湖,货殖蕃茂,资产益饶,生宋乾道七年(1171),卒端平元年(1234)。二十二世:洪德生,字英富,生宣德七年(1432),游商江湖,不知所终。洪尚,字孟宁,号庄山,尤善理财,殖盐两浙,阮资丰产,甲于一乡,构室于郡城,生景泰五年(1454),卒正德六年(1511)。洪惠生,字永正,挟资游两浙,以信义处人,生永乐二十一年(1423)。二十三世:洪广,字天覆,生成化十年(1474),游商江湖,不知所终。洪宽,字天裕,号爱菊,性节俭,善理财,商于吴下,交易以时,多得信利,尤孜孜汲汲,夙夜匪懈,遂致囊橐充盈,乃置产构室,焕然一新,生成化十五年(1479),卒嘉靖二十年(1541)。洪大,字天统,号云庵居士,商游江北,卒于徐州,生成化二十三年(1487),卒嘉靖三年(1524)。洪祁,字天泽,号梅溪,志任侠,好声利,商于浙,嗜钱塘风物,居杭城,生弘治四年(1491)。二十四世:洪社瓒,字时礼,务业商贾,刻志经营,游大梁,卒客邸,生明弘治四年(1491),卒嘉靖元年(1522)。洪恩,字惟泽,号仁山,生正德十三年(1518),商游南北,卒于南京。洪廷芳,字存贞,号怡山,壮商于浙,厚殖资产，纳妾于杭，双生二子，与妾出迁黄安县，生嘉靖十六年(1537)。洪钰，字国用，生弘治十八年(1505)，卒嘉靖三十五年(1556)，商于吴下，卒于旅邸。洪暹，字时辉，号锺峰，宽子，贸易江湖，生正德三年(1508)，卒万历八年(1580)。洪晟，字廷钦，号石潭，商于吴下，生弘治十五年(1502)，卒万历十年(1582)。洪淙，字惟建，号逸泉，贾业于徐丰，生正德十六年(1521)，卒万历二十九年(1601)。洪汉，字天章，号芝山，贸易江湖，贾涉淮泗，生正德十三年(1518)，卒万历十五年(1587)。二十五世：洪松，社瓒子，字盛夫，号竹墩，甫弱冠，奋斗经营，商于大梁，生正德七年(1512)，卒嘉靖三十九年(1560)。洪梆，松堂弟，字汝警，号竹庵，商游徐州丰县，生嘉靖八年(1529)。洪谷，字汝式，号怡素，商游南北，卒于汴，生嘉靖三十五年(1556)，卒万历二十八年(1600)。洪时新，号警吾，商游于北，卒于河南杞县圉镇，生隆庆二年(1568)，卒万历四十八年(1620)。洪楷，生嘉靖十一年(1532)，随母舅为商松江。洪可立，字国正，号建吾，贸易江湖，以信义交接，人咸重之，生嘉靖四十五年(1566)，卒万历四十六年(1618)。洪棋，字汝成，号少峰，暹子，少商南北，老安田里，业益丰盛，生嘉靖十七年(1538)，卒万历四十二年(1614)。洪梅，字汝兰，号会源，商游湖海，唯以信义服人，独立纂修宗谱，生嘉靖十五年(1536)，卒万历四十八年(1620)。洪杉，字汝良，生嘉靖八年(1529)，商于吴下。洪森，字汝茂，号少潭，生嘉靖十八年(1539)，卒万历十七年(1589)，商游吴浙，卒于余杭。洪权，字汝中，号筠冈，贸易江湖，以信义交接，人多推敬，生嘉靖八年(1529)，卒万历十五年(1587)。洪格，号筠谷，殖产业胜于先，商游华北，卒于丰邑，生嘉靖十五年(1536)，卒万历二十一年(1593)。洪策，字汝政，又名测远，号二樵，承先业服贾徐平，生嘉靖十七年(1538)，卒万历十八年(1590)。洪极，字紫宿，号斗垣，贾于淮徐，业遂大振，生万历七年(1579)，卒顺治十一年(1654)。洪业，字汝顺，号斗墟，举业不利于试，挟资贾徐，生嘉靖三十九年(1560)，卒天启七年(1627)。洪槊，字汝威，号鹤野，贸易于芜湖，生嘉靖三十九年(1560)，卒万历三十二年(1604)。洪岩凤，字时鸣，别号南泉，尝贾丰沛间，随时低昂，家业益裕，生正德庚午(1510)，卒嘉靖壬子(1552)。二十六世：洪元焜，字以运，生嘉靖四十三年(1564)，贸易丰县。洪元炜，字以光，号定于，货殖多中，生嘉靖四十二年(1563)，卒崇

祯十二年(1639)。洪元龙,字以潜,号云楼,商游江湖,卒于南畿,生万历十年(1582),卒万历四十一年(1613)。洪元煦,字和卿,号春台,万历二年(1574)生,商游江湖,不知所终。洪元点,同兄元煦商游,卒于宿松湖。洪元腾,生万历十三年(1585),商游姑苏。洪元初,字贞吉,生万历二十一年(1593),商游庐州府。洪元悯,字仁叔,生万历十六年(1588),游艺北京(按:此艺者,植花之艺也)。洪元庆,嘉靖丙辰年(1556)商游淮安。洪元美,字以近,号敬桥,生万历二年(1574),艺于北京,卒崇祯十四年(1641),娶在京徽州汪氏,侧室王氏,夫妻俱葬北京,妾葬汪家其,子国变,不详其事。二十七世:洪善益,字仲谦,殖盐于淮,盐业大振,开拓产宇,焕然一新,生万历三年(1575),卒顺治十年(1653)。洪若雷,字孟宣,号春寰,长从父命,服贾中州,以守为创,业益丰亨,生隆庆五年(1571),卒崇祯十四年(1641)。洪善义,商游襄樊,生万历三十年(1602)。洪善文,生万历二十一年(1593);洪善武,生万历二十六年(1598);洪善智,生万历三十二年(1604),兄弟三人,同艺北京,国变莫知。二十八世:洪之珍,字席美,号荆石,商游河北丰县,生万历二十二年(1594),卒顺治六年(1649)。二十九世:洪文运,服贾河南扶沟县,生天启三年(1623)。三十二世:洪祚樟,生乾隆五十八年(1793),商游砀山县。三十四世:洪嘉堡,字楚卿,商游苏徐,生道光二十八年(1848),卒民国六年(1917)。洪开润,民国初于砀山县创办晋隆南货号。

按:本篇集中辑录宗谱中洪川洪氏之经商者,自宋代起至民国,共有经商者54人,商游之地以浙吴为多,亦有河南、北京、华北、淮徐、丰沛、南畿、襄樊等地,其中万历间洪元悯、洪元美将植花之艺带至北京经营,表明此时洪川已有花艺为业了,以致后来成为"卖花渔村"。

《星源甲道张氏宗谱》六则

按:《星源甲道张氏宗谱》编于清光绪二十四年(1898)。修谱掌局者为张氏贵良、都泰、仁宝、翔麟、琴、英锋,总理者为张氏守和、都懂、荣基、煜、肇中。吾曾祖歙县瀹岭坞村之振麟公亦参与其中,吾之藏谱为其所传。星源,婺源之别称,甲道为婺源之一镇,今称甲路。星源甲道派张氏自唐末乾符年间张彻开派,至今已历有50世,衍脉遍及皖浙赣广大地域;歙县张姓大部为星源甲道派也,在歙称"满田张"。

《至元甲子张氏八派渊源序》

张氏之先,自周时有卿士仲;其后有名侯者,事晋,为大夫;侯生老,老生趯,趯生骼;三卿分晋,张氏仕韩,韩相开,开生平,凡相五君;平生良,字子房;良生不疑,其裔孙歆、歆弟协,为清河东武城张氏;不疑生典,典生默,默生大司马金,金生阳陵公乘千秋,字万雅,万雅生嵩。嵩生五子:壮、赞、彭、睦、述。睦,字远,公居吴郡,为吴郡张氏。壮生允,允生皓,字叔明,后汉司空,世居武阳犍为;皓生宇,少子刚曾孙翼,字伯恭,子孙自犍为徙下邳,为冯翼张氏。宇为北平范阳太守,避地居方城,宇孙肥如侯孟城;城生平,在魏为渔阳太守;平生华,字茂先,娶刘放女,仕晋惠帝,为司空,谥壮武公,二子:祎、韪;又裔孙叱子,为河东张氏。祎,字彦冲,散骑常侍;韪生舆,字公安,袭华爵,避难过江;舆生次惠,惠生穆之、安之,穆之留江右,安之徙居襄阳;韪为散骑常侍,亦随晋元帝南迁,其六世孙隆复居洛阳;又裔孙守礼,礼生君正,居韶州,为始兴张氏。张氏之派有八,布在天下,吾族清河派也。按唐宰相世系表,本出汉留侯良裔孙卫尉协,九传而至唐宰相文瓘,字稚圭,相唐高宗十二年,其裔孙名保望者,乾符间携诸子避巢乱,居歙之篁墩;其后三子名彻,自篁墩徙居甲道,是为甲道始迁祖云。

按:该序主要记张氏自张良留侯世家后所分八派,为冯翼派、吴郡派、洛阳派、河东派、襄阳派、始兴派、江东派、清河派。星源甲道张氏属清河派也。

《古歙满田诸派支谱旧序》

吾张姓首居新安者,则自彻祖始。四传有孙七十六人,复分迁各郡,

其著居而昌炽者,则为彼地之始祖。乃本支之裔,数传繁衍,遂渐有泛然而忘其为宗族者,于是有人焉。为之原其始,而合其涣,则谱之事归焉。如司法参军述,是德兴之谱之所集也。其余诸派,愈析愈繁。甲道、游汀,亦各有谱。至彻祖而下九世,曰十承事楫公者,卜居满田,实星源迁歙之始祖也。承事而下,世次服属,悉可考纪,其不能概推于他派者,势也。然则吾满田之谱,岂可恃他派以为存亡哉!嗣满田者,有安仁、山泉二公,实主谱事于前明,初有彦诚公者,亦有写本,然文理规制,有不可以行远者。追宗器公始修成化谱,其辞质而明,其制详而法,则满田之谱,舍是其奚归哉!自是而后,二百年未有续修之者。而祁门张氏之谱,旁收杂乱间,招吾派数支,以点缀其间,于是有非祖而祖,非族而族者。且祁门之于别派,亦如春秋之法,以外治治之,虽有参错,于彼无所损益,而吾派可堪此瞀乱哉!习孔生也晚,当谱牒寥阔之日,而上念祖宗之绪,每几望时贤,莫有起而承其事者,用是不揣固陋,黾勉力肩,增修谱牒,以续二百年未传之绪,而分居辽远,星散棋列,于是四方招请宗人于邑南,考名实,叙昭穆,定尊卑,然后前此之泛然相视者,皆有伦次名称画一,而不可紊其影响,假托者亦截然不可混焉。其余传述文翰,视昔有加焉。呜呼!我楫祖自北宋入歙,至今几七百年,派别之分,蔚兹繁衍,虽跨连三邑,布列百余里,何一非楫祖精气之所贯欤?奈何忘于久远,隔于云泥,至于比闾而不通,见面而不顾,吾祖之灵气亦有恫然而不忍者矣!仰藉先烈,勒有成书,以终赞承之责,岂得为厚幸乎哉!是役也,始于丁酉(1657)之夏,竣于己亥(1659)之秋,为卷三十,为文百有余万;征召协赞,则有绍村之韩、可宪、五珑,黄备良骙、世弼、世重;至于综核藻润,则有吾子士麟,尤殚厥心焉。

　　时大清顺治十有六载岁在屠维大渊献修阰之月赐进士出身奉政大夫奉敕提督山东通省学政按察司佥事兼参议前刑部云南福建四川清吏司郎中员外郎主事,彻祖三十一世裔孙柔川习孔谨题

　　　　按:该序为歙县柔川进士张习孔撰,记述星源甲道张氏幕山派传歙县满田、繁衍成派的情况,并指出祁门张氏与满田张氏非同派也,不可混紊。

《瀹岭续修宗谱序》

人之有祖，犹木之有本、水之有源也。推溯本源，始祖彻公自篁墩避乱，徙居星源甲道，元孙绵衍列延字行者，七十有六，惟延碬公六世孙汝舟公复居歙满田，支分派别，瓜瓞云礽，尤推歙邑之巨族。又五传友达公，由满田迁孙村；又五传荣三公，由孙村迁路口。吾族之支祖伏荫公，明季由路口见歙南之瀹岭，山环水绕，泉甘土肥，遂胥宇而居焉。又名瀹岭派，系出满田汝舟公裔，实彻祖三十世孙也。农安耕凿，户守桑麻，孝弟力田，风俗颇近浑朴。迨国朝嘉庆间，子孙渐盛，吾太高伯祖启运公，乃与族人会议，创建支祠，颜其堂曰叙伦。常陈俎豆，用展孝思。于道光丙申，又值祖里开局，缉修统谱，联族谊，以固宗祊。吾祖玉标公躬逢盛举，踵族同修，仍附路口，未立支派。盖以谱牒之作，所以序昭穆、明亲疏，不敢忘其所自出也。今我族宗谱，源源本本，有条不紊，更六十年而又修。宗人辱临会派，不以吾族僻处山村寒微见拒，振等闻之，不禁欣然向往，登始祖发源之地，诣墓奠拜，始知涓涓细流，汇万派于一源，犹幸兵燹后，生齿蕃昌。未始非祖先之灵所为默佑也。因序颠末，以告来者，庶不至数典忘祖也夫。

时光绪二十四年岁次戊戌秋月上浣谷旦，裔孙振麟顿首拜撰

　　按：瀹岭乃本书辑录者之故里也，全称瀹岭坞，今属歙县坑口乡；此序作者振麟公乃辑录者之曾祖也。该序记述张氏自彻公先避乱歙县篁墩，后居星源甲道，十世孙汝舟从甲道迁满田，然后由满田迁孙村，继迁路口，再迁瀹岭坞之过程，及瀹岭派繁衍、建祠、修谱之情况。

《黄岳先生传》

先生姓张氏，讳习孔，字念难，歙人也。黄岳，乃歙之名山，先生以自号，学者称黄岳先生，以德不以官。先儒明道，康节皆然，先生之志也。先生家世，自汉唐以来，焜耀图牒。父中书舍人，讳正茂。小学即知有大人之学，十龄而孤，不忍读父书；甫弱冠，通达强立屹然，以绍明绝绪、摧陷淫波为己任，于书无所不窥，于词章无所不能，而以为此特文末也。尝谓德性问学，本自一事，而后之儒者，分而为二，于是有朱陆鹅湖之辩，两家弟

子几同仇敌；为陆学者，浸淫变换，流为狂禅，而道统裂矣，愈传愈谬，未见其止，甚可忧也。必也以穷理尽性为本，躬行实践为效，乃所以云救乎。而其根极莫先《易》与《论语》，盖理莫奥于《易》，而其功反在日用，故为天下之至奥，举凡濂洛关闽之论著，皆出于此也。道莫平于《论语》，而其微不减精一，故为天下中至平，举凡群言众说之折衷，莫能外是也。读其所为《大易辩志》云：后天卦位，从先天之变而生也，乾坤以中气交而变，故乾变中爻为离，坤变为中爻为坎也。坎离以水火交而变，火炎上，故离变上爻而为震；水润下，故坎变下爻而为兑。震者，左旋阳卦；巽艮者，右旋阴卦也。阳者圆，故中爻皆不变，而变其上爻、下爻，象中枢之运也，故兑变上下二爻而为巽，震变上下二爻而为艮。阴者方，故上下各一爻不变，而一变其上二爻，一变其下二爻，象有常之幅也，故巽变其上二爻而为坤，艮变其下二爻而为乾也。合而计之，四正者，其位正，故交为变；四隅者，其位偏，故各为变也。此从来先儒所未及，而乃今发之。其善读《论语》云：夫子以天不言而时行。又曰：吾无行，而不与二三子，然则夫子无一时而非行也，无一时非学非教也，故曰：天行健，君子以自强不息。圣门之徒三千，无一人可许好学，而独称已殁之颜子。至所谓好学者，又不言其博文约礼，乃归之无事可指，无迹可见之，不迁不贰，则学岂口耳之谓哉！其穷理尽性如此。先生自少孤，即思恢宏祖父之烈，奉母太宜人以孝闻，而友爱幼弟，弟殁，而成其妇之节，及其子之学。初试童子，受知于邑令傅公岩，由是知名，盖终身未尝忘焉。登进士第，官刑部狱为一清，入蜀，览其山川，慨然而赋，识者以为可传。视学山东，请谒不行，得士为盛，与施君闰章，先后齐名。归里，益读书为善，如力举从父昆弟两世之丧，于郎川数百里外，人皆以为难；至于修宗祠，置义田，立辑宗谱，所由来与人同，而先生独出精意良法，则昔人所未逮。此外，周急济贫，赈饥排难，种种诸小善，未易更仆，数其躬行实践如此。盖从本至效曲、学歧为二，而先生一之，有体有用，俗儒偏于一，而先生二之，胪列以观其会通，可谓好学也已。余尝一再与先生谈，见其貌毅而气和，毅以持己，而和以接物，澹然无欲，而有以自乐也。盖行年近大耋，而犹著一书，孜孜屹屹，其德弥邵汉董仲舒，三年不窥园，班史以精之，一字许之者，若先生者，岂不精乎哉！所著有《云谷卧余》二十八卷、《诒清堂集》十六卷、《大易辩志》二十四卷、《檀弓问》四卷、《近思录传》十四卷、《一书》二卷行于世。《资治通鉴评释》《朱子大全发明》《曾子固文集辨》诸书藏于家。有子皆能读父书，而仲子潮，尤与余善，请余立传者，潮也。余谓先生少时尝厌薄举子业，不欲习，则科名宦业，何足为先生重，故专以学推之，谓之《黄岳先生传》，其重之也至矣！然少变叙事之体，古之人有行之者云。赞曰：歙郡之南，有紫阳山，为朱文公父子读书处，黄岳先生讲道其中，学者响臻云集，咸谓考亭复出展矣，而或者犹以姚许目之，岂知先生者哉！噫！

按：本篇为进士张习孔之传记也，其号黄岳，遂题《黄岳先生传》，其为歙县张氏之名人。谱上未署作者之名，有些遗憾。

《守学公传》（歙邑水岭派）

尝闻进思尽忠，退思补过；先天下之忧而忧，后天下之乐而乐者，固丈夫之志愿也。然介然有守，毅然有为，乐君子所有之乐，不忧君子所无之忧者，亦丈夫所为也。惟我公则有之。公讳学，字达先，仙源德器也。年方弱龄，经营海内，早已秉心正直，厉志廉介，而居恒忠恕存心，尤不以物我而殊观。久而，邑侯嘉区行，族党沐区德，诸凡懿行，啧啧人口，有不可胜纪者，姑撮其大节而言之。如事上则以孝谨，驭下则以宽恤，持己则耿介而超凡，接物则和顺而处众，以及兄弟歌常棣，夫妇赋鸡鸣，交以道，接以礼，贸易无欺于孩提，言顾行，行顾言，信义有合，于贤哲自非，介然有守，毅然有为，以尽性尽伦为至乐，以不愧不怍为无忧者，未易几。此书有之曰：作德心逸，日休伟哉，公之德，亦几隆矣！由是修德获报，降之百祥，锡公以福祉，介公以眉寿，此正天所以赏公之德也。行见秩秩，德音流布，郡邑交相称颂曰，某公之好行其德也如此，邑侯之嘉乃德也如此，乡族之薰其德也又如此，岂非介然有守、毅然有为之丈夫哉！余不敏，不敢更作诔词，聊述数语，以表其实行云。

时道光己亥夏月之吉，眷弟焦作宾顿首拜撰

按：此传主守学公为歙邑水岭派之张也，叙其修德获报福寿之事，真可谓仁者寿也。

《心月张公传》

耆宾张先生者,考其先彻祖十世孙楫公,由幕山迁居歙南满田,祖文谓公始卜居黄川,故世胄之裔也。公讳国明,字心月,生而温厚,敦本重伦,不习狷巧;比长,济乏周贫,好行其德,有长者风。虽遇横逆之来,终不与校,其与人交接,大抵喜愠两忘,一率天真,无竞于世,是以父老重之。尤可嘉者,事亲则菽水承欢,事长则棠花致爱,盖公之素行自尽,而里闬又皆称之者也。公性甘淡泊,布衣蔬食,晏如也。惟笃守先世田庐,种植以时,缋缉无怠,凡遇姻亲族党庆吊诸事仪,必及物以厚往来。而晚年厌入庖厨,喜行功果,遇有选佛场开,不惜布施,其善缘又足述者。缘是邑尊林公于康熙三十八年,推荐乡饮耆宾,以嘉硕德。远近闻者,莫不然之。殆亦古之所谓乡先生,殁而可祭于社者欤?淑配胡孺人,同德相济。生子六,皆豪爽不羁,后先继美;孙二十而人,兰阶秀列,玉立森森,贻谋之善,流泽孔长,孰有如公者乎!今者,岁届庚戌,贵族修葺宗谱,贤裔尚隽等,俱廑仁孝,子之思述先生行谊,而乞传于余。余虽未见先生之为人,而即诸贤孙所述行略,亦大概可知矣,故乐为之传。

乾隆五十五年岁次庚戌仲冬上浣之吉,邑廪生王溶拜撰

按:此传主心月公为浙江昌化黄川张氏,亦源自歙县满田,其为人温厚,敦本重伦,济乏周贫,被推荐为乡饮耆宾,远近闻名,故人乐为之传。

《越国汪公祠墓志》一则

《越国汪公祠墓志》载曰:"邑北云岚山,则(汪)公藏神所也,山地八亩有奇,世沐免征,旁置祀田并护坟山四十余亩,墓前有庙,庙右有祠。(汪)公值隋末,不忍斯民涂炭,爰保境自守,杭、睦、婺、饶、宣诸州闻风景附,相继来归,因抚集之俾,六州之民不见兵革十有余岁,非所谓保民而王者耶。迨高祖受禅,籍土归唐,封越国公,总管六州军事,而六州之民思其功而庙祀之,迄今不懈而益虔。墓下,见其坊表森严,殿宇瑰丽。

云岚山，一名云郎山，后倚飞布，俯瞰布射，黄峰六六耸其西北，扬水百里绕其东南，金竺、天马、黄罗、石耳、紫阳、问政诸峰，无不环拱峙列于兹山之阳。其下为演武场，左为东山营，踰布射为新安州，古歙州治也。南踰扬水为郡城，即今郡治，乌聊耸其中，公旧所都址也，忠烈行祠在焉。谷口两峰回抱，中建石坊，额曰：越国汪公神道。由神道入三百步为寝庙，门表曰：忠烈，明歙令彭公好古题也。入门，左为斋宫，右为整衣所，各三楹；中则阶三级，前明左司马裔孙道昆题曰：烈祖神公。过此，左僧房，右斋宿所，俱崇楼耸峙。再入，为寝庙，亦彭公所题，堂五楹，广六寻有奇，修五寻；左肖明太守彭公泽像，暨令邑侯李公名尧文禄位；右则西溪裔孙徽寿配；中入为石坊，表曰：唐越国汪公墓，阶一级，为拜台，华表峙焉；晋阶为祭台，四石人拱而立，介而兵者二，朝服秉圭者二，秉圭者骈其指，号六指将军，或曰即天珧公。周以石垣，计八十寻有奇，崇五尺，修六寻，广称之，其中巍然者为公墓。右为墓祠，前三门坊，表曰：敕建。今增楔额曰：汪王墓祠。入门为朝堂，广五寻，修半之，旁为东西房，储祭器也。由堂而两庑，各三楹，修三寻，广寻有半，诸族从祀主列焉。再入为庭，阶三级，为殿，殿五楹，广五寻，修称之。中奉公神像，令增诸妃夫人神位；左右奉公四弟神位；两楹则以公九子配焉。其由祠入庙，旁通以门，从古庙制也。述其大略，用弁诸图。嘉庆三年岁次戊午孟夏月上浣，清流族裔孙度谨识。"

按：《越国汪公祠墓志》记载了越国公汪华祠墓全部情况，本篇仅载祠墓之所处位置、背景及祠墓内架构情况。寻，为旧时长度单位，八尺为一寻，可以此推算祠墓规模。

《吴公纪功碑》一则

按：2007年10月12日，歙县政协文史委考察团考察镇海招宝山、炮台和海口海防陈列馆，在招宝山上见一《吴公纪功碑》，立于一碑亭内，知吴公者名杰，乃歙人也，为抗法英雄，遂将碑文录之，以作修志编史之

资料也。该碑文为湘潭袁思亮撰,县人(镇海县)俞佐廷书。对于吴杰,民国《歙县志》亦有载,然有异同,遂附录之,以作比较。

碑曰:"公姓吴氏,讳杰,先世为安徽歙县人,至公考始迁浙之龙游。公生十三岁而孤贫甚,里中富室姜某见而奇之,曰:非常儿也!出资为葬父,使食于其家。及龙游陷寇,姜氏阖门歼焉,公手刃负其少子,驰三日夜而后免。当是时,左文襄公方督师援浙,公占名兵籍中,从攻克龙游,转战浙闽间,累功擢守备,赏孔雀翎,加都司衔,署常山千总。文襄移督陕甘,以公从,中道闻母病,遽请急归。光绪甲申(1884),中法交恶,浙海戒严,巡抚筑炮台蛟门,檄公领之,提督大军,军江口,日夜翼讲成持重,会法舰来窥,公发炮中之,逸。越两日,敌舰队大至攻台,公还击,殪其渠。提督初闻公与敌战,大骇,已闻公却敌,则又大患,惭智勇出公下,乃以违约束责公,对簿,而巡抚上公功,授参将。然犹摭他事,造蜚语中伤公,罢去宁绍台兵备道。薛公福成方入觐,讼言公冤。巡抚擢川督,亦檄公自随。甲午中日(1894)衅启,浙江巡抚复奏,调公领镇海炮台。命下,浙人皆相庆曰:还我吴公矣!公始著绩,由龙游而孤军据台,创法舰功尤伟。至是大府绝重公,尝统全浙水师,嘉湖水陆各营、镇防各军,凡权总兵官者,三摄提督者,一十余年,未尝离浙,始终兼领炮台,故驻镇海之日尤久。呴濡士卒,与为一体,而纪律整肃,宽不长奸,猛不侮孱,兵民洽和,盗贼屏息,渔舟商舶,出入岛屿,櫂歌扬帆,弛其戒心,尽一县中,沐浴咸惠。公亦礼其士夫,附循其子弟,至相为婚姻,恩谊交固。年七十有四卒,即葬县东南黄梅堰,其子孙遂著籍为镇海人。越二十有六年,岁在丙子(1936),县之缙绅父老相与言曰:岁月逝矣!惟公有劳于兹邑,日以辽邈,不有纪述,后将何称?爰具书其事,来请刻辞,将砻石而树之五达之衢,俾居游者览观,以永公之功,乃序而铭之。铭曰:长鲸扬鳍豗鲲波,黑云蔽空山峨峨,俯瞰霆击摧其牙,屹立屏障功孰多,大纛五丈森矛戈,十载坐镇潜蛟鼍,代耆氓氓仍讴歌,服休无斁非私阿,贞石可蚀铭不磨。"

附:民国《歙县志》载:

吴吉人,一名杰,始学贾于兰溪,业茶漆,性喜武,稍长弃贾从军,官把总,驻宁波,以勇力闻,能立马背疾驰,积资至千总,续擢为招宝山总台官。光绪中,法兰西将孤拔率舰进犯,吉人主炮击,请令于长官者三,不应,法舰弹中台上,死守兵四,吉人愤,櫂小舟渡总台,亲发炮,一中法舰烟突,二中舰尾,孤拔知有备,逸去。长官忌其能,诬劾之,奉旨革职。以宁波官绅交章力保,得复原职。旋分发江苏候补,浙抚刘秉璋知其贤,留使易去。会秉璋升四川总督,携以入川。中日战起,升任定海、舟山总镇,代理提督三月,以功受巴图鲁封。

按:二者所载吴杰,虽有小异,但大处同,即其为抗击法侵略者之英雄,且皆被无能妒才的上官所诬陷,皆被正义者所保,从而善终。

《岑山渡文书》

按:2007年9月6日,歙县地志办及政法委数人等前往本县岑山渡村,考察王茂荫墓、许国墓,在该村见《御书星岩寺恭记》《大坦禁约》及祠内悬牌三文书,录以留存。《御书星岩寺恭记》为岑山渡举人程芝稑所撰,记述了星岩寺得清康熙帝御书赐名的情况。《大坦禁约》记康熙二十七年为大坦立禁约的内容。祠内悬牌亦立在康熙二十七年,乃为族人树立道德风范等内容,足见封建社会亦讲精神文明建设。

《御书星岩寺恭记》

皇帝御极四十有四年,深仁厚泽,渐被涵濡,薄海内外罔不宾服,犹复宵衣旰食,轸念民艰。时以东南泽国为忧,于是巡狩江淮,不拘常典,翠华所莅,省耕省敛而外,凡名山胜刹,靡不颁赐宸翰,以昭光宠。臣芝稑等籍隶新安之南乡,临大河,中流一山特起,当浙江之中,名曰岑山。志称:石势垒砢,水声瀺潺,虬松插天,苍藓荟蔚,千仞峭蒨,泻入碧潭,实新安江上之胜境。山椒有寺,建自唐天佑间,历宋、元、明,至今八百余年,世称为小南海,未尝颜以名也。乙酉(1705)春,皇上南行视河,驻跸扬州茱萸湾行宫,臣等幸从趋事之末,得觐天颜,恭聆温语。臣族人沐不次之恩,与赐御

书十有二幅,皆欢忻舞蹈,什袭珍藏,奉为世宝,更不揣冒辙,献所绘岑山图,请敕赐寺名,并御书颜其额,奉俞允,赐名曰星岩寺,赐联曰:山灵锺瑞气,溪色映祥光。又蒙皇太子睿书阁联以赐,曰:前山雨过池塘满,小院秋归枕簟凉,并图颁给。越二日,谕取原图,纳行幄备觀览焉。夫圣天子游情翰墨,寓意山水,固日月之明,容光必照。而臣等微末,伯叔兄弟,一日同邀赐书并宠,异其所居之山,即古孝传义门珂里,未有遭逢若斯之盛者也。抑尝考之天文,新安为斗宿分野,兹者帝曜扬辉,前星焕彩,风箕两毕,环布周天,东璧西奎,上应列宿,眇兹岩壑,锡以星名,则其昭回云汉,而光被遐陬者,当不可纪极,杖读皇上暨皇太子两联,山灵溪色萦绕于瑶台,瑞气祥光飞浮于鸾楮,池塘膏雨,泽与波深,枕簟凉飚,安同衽席。臣等沾被殊恩,曷由仰答?亦惟鼓腹击壤,歌咏太平于星岩之下,俾族姓子孙嬉游化日,共庆雍熙,我皇上天高天厚,直与兹山,并寿无疆。而臣等闾里光荣,又安有涯涘哉!谨蠲吉日敬勒贞珉,臣恭纪其事,以志不朽焉。

壬子科顺天乡试副榜臣程芝荪恭纪

《大坦禁约》

立公议禁约程大五等,今为沿河大墝,先年系大功公筑造,为一乡壮观。未几,因水患倾圮数处,历有年所志治,而倡募任督理之责,量越输资一千两,之巂输资一千两,芝荪输资八百两,洪输资二百两,皆乐于从事修葺,完工可称全美。嗣后从大川桥起,至下楼坞口水沟止,大路一应坦地,不得建造房屋,擅立厕所,及栽种瓜菜等事,此系合族公议,以后分法,论已归祠未归祠,俱不得以己业借口,如有恃强违议,不遵约束者,合族公同拆毁,议罚人祠,并无异说,立此永远存照。

康熙二十七年四月初十日立

祠内悬牌

族众公议,卖良为贱,律有明条,父子恩深,岂忍轻弃,况吾乡为衣冠世族,诗礼传家,凡属子孙,皆宜勉力,以无堕前人遗训,何近日有不肖者,每每将子女鬻卖,辱莫大焉。前有敦族宜者输资赎回数人,不意此风仍然不息,至有赎回而复卖者,查核其数约十余人。今幸芝稑、稽兄弟好义输资,既为赎回,其父母理应惩创,姑以从前未经申饬,少从宽贷,嗣后公议,永行严禁,如有再敢私卖与质当者,祠规重责三十板,立逐出村,生死不许入祠。房长、祠首均有觉察之责,如知而不举者,每人罚银二两,入祠公用。此系有关风化,断不轻恕。康熙二十七年四月十一日立。

《仁里程氏宗谱》五则

按:《仁里程氏宗谱》为一手抄本,由仁里村老支书程凤宝带至歙县地志办,供阅摘取用,现摘录于下。

程氏得姓

程氏得姓始祖为伯符,其为盘古之后黄帝之裔孙。黄帝生玄嚣、昌意,玄嚣生颛顼,为上古帝。颛顼派二孙分掌天地,兄重为南正,掌祭祀天上神灵;弟黎为火正,掌治山川、土地、民政事务。重之后裔伯符仕周成王,封广平程国(陕西咸阳市东)伯,因以国为姓,为程氏。

按:本条叙程氏得姓始祖为伯符,于周成王时。

《程氏之传》

伯符生子吴回、廪丁,廪丁生仲壬,仲壬生子臧,子臧生休父,淮夷叛逆,宣王命休父为大司马,将兵伐之,克平。休父生仲辛、仲庚,仲庚袭父官,因官为氏,司马氏出其始也;仲辛生黑肱,黑肱生君识,君识生应,应生公奂,公奂生抚,抚生思陵,思陵生德邈,德邈生婴。婴仕晋,自程适主于赵宣孟,宣孟子朔贤而友焉,大夫屠岸贾灭朔之族,有遗子武,贾索之朔客公孙杵臼,相与协谋,存立赵孤,封忠诚君(按:此即赵氏孤儿故实也),娶安定胡氏之女,后宋神宗诏封大理寺丞,吴处厚奏立祚德庙于绛州,封诚信侯,南宋加封忠翊疆济孚祐广烈公,立庙临安。婴生伯丕、伯先(封任诚

君,娶广平游忠女)、伯桃(早卒)、伯恭(封呈诚君,为会稽祖),伯丕袭忠诚君,为安定、京兆、扶风祖,生叔睾、叔本。叔本讳文观,字子华,《吕氏春秋》子华者是也,少博学,通坟典、梼乘之书,性爽恺,善持论,多游诸侯间,聚徒著书,自号程子,赵简子遣使奉币,为爵执圭,闻孔子以窦犨鸣犊之故,作临河之操,亦复巡费往,卒于家,享年八十有二。按孔子家语,子之剡遭程子塗倾,盖而语终日甚相亲颜,谓子路曰:取束帛以赠先生,公其人也。叔本生子会,字子九,为邯郸尉,襄子灭智伯,公与其谋,献侯之难以身死。会生辨、括、繁,括生叔虎,叔虎生景遂,景遂生逸、过、述、远。远仕赵灵王,平林胡后,死于沙丘之难;远生彪、玮。彪生邈,字元峰,客下邳,家贫,为狱吏有罪囚狱中,覃思十年,盖大小篆方圆,而隶书三千字,始皇善之,出为御史,定隶书;玮生愿、惠。惠奉秦下赵,俱废为庶民;惠生珍和,珍和仕西汉,累战有功,因之封侯,诏食大中大夫禄,赐以八秩,月给牛酒,娶天水尹禽女,生子黑。黑,字智迁,事张耳,为卫将军,后从汉高祖,击项羽,灭荼有功,封历侯,食邑一千户,享年七十有八,谥曰简,娶陇西李氏,生二子:釐、整。釐袭侯爵,拜兖州牧;釐生元则,元则拜广平太守。元则生玄通,汉武帝时从征,锡爵关内侯。玄通生翔,为东郡太守。翔生泰,诏袭广平封,领益州牧。泰生康,成帝朝杜门家居。康生缙,官安定太守,因王莽篡位,弃官归里,后以定长安功,封安亭侯。缙生文爽,光武帝时为河东太守。文爽生孝隆、孝集(太尉)、孝宠,宠以名家子选为郎。孝宠生公似,有文名。公似生炅,从仇香学,事马融至弘农太守。炅生伯盛,三国时汉阳侯。伯盛生元昊,为曹操谋士,官至冯翊将军,封肃侯。元昊生道富,魏正元二年(255)领东平太守。道富生晓,泰始中为黄门侍郎,著书,艺文志有别集三卷行于世。晓生智彻,举孝廉,太康五年(284)除信武将军。智彻生威(上程侯)、卫(曲阿侯)、延,延生牧,牧为成都司马,迁青州刺史。牧生元标、元谭,元谭为新安一世祖。

　　按:本条记载程氏自得姓至新安程之所传脉络,新安一世祖为程元谭。

新安程氏

程元谭,东晋初为镇东军谋,元帝即位,假节新安太守,卒赐子孙田宅于新安歙县之黄墩,遂为新安始祖。元谭次子超,为成帝时征西尉,生子二:荣、冯;次子冯生子三:广、信、丰;三子丰生子三:景通、景平、景秀;三子景秀生子五:元正、元实、元雅、元歆、元镇;长子元正生子八:宝昂、宝明(居东阳)、宝俊(居松阳)、宝云、宝贵、宝慈、宝俭、宝濂;四子宝云生子三:法晓、法通、法达;长子法晓生子隐隽,娶齐高帝女萧氏公主,官太子家令;隐隽生子三:通宗、通乐、通业;次子通乐生子三:次茂、次恭、次芮;长子次茂为征虏长史,生子二:觉、察;次子察为秘书、司徒左史少监,生子宝惠,为新安郡仪棉曹;宝惠生子五:灵洗、伯当、天度、天偓、天旺;长子灵洗,字玄涤,镇西将军,谥忠壮,生子二十一,其中长子文季,字少卿,忠护侯,生子十二;次子子响生子二:诩(字切虞)、翻;诩生子二:公浩、公显;长子公浩生子二:绚、纶;长子绚生子二:南金(字楚贡,长陵令)、南锐(大理卿);次子南锐生子四:元皓、元冻、咸、辨;次子元冻,字仲几,进士,密州刺史,生子季随;二十二世季随,字公执,进士,都督长史,娶驸马都尉郭暧女,生子绎;绎生子二:西范、昔范;次子昔范,字子齐,娶太常卿女,生子行褒;行褒,字谷神,参军,生子四:谅、榦、纂、翰;三子纂,字思撰,袭道逍遥子,竹老子《道德经》,生子珍;珍,字席儒,又字仁仲,迁休洛,生子八:泊(迁颍州,孙胜,迁景德镇)、沚、潭、泽、沄(迁祁门田社和锦里、天塘、景德镇、东山之祖)、湘(婺源各派)、淘(有子早亡,家金南,国子祭酒)、汾;汾,字季及,迁歙县河西,生子五:彦赟、彦枢、彦榕、彦材、彦极。长子彦赟生子四:延春(字子华),迁罗祁,娶罗氏,苦河西水患,同弟延坚迁槐塘;次子延美(迁歙西长石岭);三子延长(迁范坑),延长生子二:文富、文邦,文邦生子守庆迁大程村;四子延坚同兄延春迁槐塘。次子彦枢生子二:延绪、延颐,延绪生文恺,迁旌邑前坦,延颐生文盛,迁旌德,为赤岸、云里、南街、东齐贤坊、北街始祖;三子彦榕生子延拓,延拓生子文昇,为休宁山斗程氏祖;四子彦材生子二:延昶、延辉(延辉生子文雅,其后秀公迁河南嵩县,程颐、程颢二夫子之始祖)。三十世延春生子二:佐、仕;仕,字文业,娶方氏,生子二:七、二;二生子文富,即太公,娶方氏,广置田宅于罗祁,遂自槐塘迁

罗祁,生子三:润(居罗祁)、珍(迁傅溪褒家坦)、壇(舍元祖);长子润,名坤,字用卿,支下四世孙、新安三十八世祖老,字惟谦,自罗祁迁蒲田;祖老支下六世孙、新安四十四世有三:盛(字符素)、仕(字君用)、祥;长房盛支下五世孙、新安四十九世友宝生子三:明富、明兴、广,明富支下五十五世一凤迁宁国,明兴支下五十五世绍伊过湖田,广迁东流桥,支下五十三世喜迁富碣;二房仕支下五十六世道生迁罗田墩;三房祥支下至五十世有子六:彪、祖、敏、虎、豹、龙,分长至六房,二房祖公支下五十二世守行迁苏州、五十四世文佐(讳一元、字退有)迁下蒲田,生八子,分八房;三房敏公支下五十一世玄寿迁湖田,万历四十六年,其孙对文为敦睦堂祖;五房豹公支下五十四世可武迁无为州曷山斗门、五十三世大蒸居徐村、五十四世二汝迁铜陵、三汝迁江北黄姑栅、五十五世恒遂迁下蒲田(生二子:肇纯、肇福,建履信堂);六房龙公支下五十二世昔韬、五十三世元杰迁上海县、五十三世元仕迁庐江县。

　　按:本条载新安程氏自一世至五十三世之衍脉情况,始迁祖程元谭在东晋时任新安太守,遂留居也。

程氏三族之祖

　　岑山渡程氏之祖,新安四十三世祖诚公,字权信,原居歙县东乡三都上府大程村,迁岑山渡,创业兴家,为始祖,共生月、怡、梅、英、童五子,后裔称为五老祖。淮阴江桥村之祖 元潭公五十五世、岑山渡十三世孙思运公,字宰臣,为童公之后,经商落户与淮阴徐溜镇江桥村,为始祖。河南程氏祖 新安程氏二十七世程瑺于唐中期迁河南,为'二程'程颐、程颢先祖。

　　按:本条记岑山渡、淮阴江桥、河南三处程氏之祖,分别为新安四十三世诚公、五十五世思运公和二十七世瑺公。程颐、程颢即新安迁河南之程也。

程氏家乘排行及蒲田排行

程氏家乘排行乾道,新安贻福祉,伊洛同渊源,礼乐绍先哲,诗书裕后贤。坤道淑德媲周姜,雍和寓静庄,徽音嗣大姒,仁厚兆贞祥。

蒲田排行字(从五十一世起)学守大文士,明立宏长广,启振采瑞芝,祥阳和德旺。

按:乾道,男性;坤道,女性也,男女皆有排行字。

《鲍氏诵先录》八则

按:黄山学院藏《鲍氏诵先录》为复印本,上下两册,丙子年(1936)秋排印。和州梁山派裔孙鲍友恪编前短言曰:"是编之录,综吾族谱牒所载,并先代遗著,凡有关典章、政教、有益风俗者,比而录之,分为上下二编,附于谱末,俾后世子孙得以有所观感云。"现择其重点摘之。

三峰尚书事略

公讳道明,字行之,号三峰,歙县岩镇人,曾祖显宗,祖苏安,父荣芳、号石崖。嘉靖十三年甲午(1534)举乡试第四,戊戌(1538)举进士,授行人;壬寅(1542)改户科给事中,甲辰(1544)晋兵科右给事中,丙午(1546)转左给事中,寻升刑科都给事;戊申(1548)出为江西参政,以忧去;壬子(1552)起,补山东布政司左参政;甲寅(1554)晋浙江按察使,乙卯(1556)晋蜀右辖,丙辰(1556)晋滇左辖;戊午(1558)行考绩,旋晋留都尹;辛酉(1561)以右副都御史巡抚贵州,辛酉晋大理寺卿,寻改户部侍郎,升南京户部尚书;旋引疾致仕归,隆庆戊辰(1568)正月二十九日卒于家;生于弘治癸亥(1503)五月三日,得年六十有六。配方氏,子四:梁、檀、槐、朴,女三,孙男十七:世济、世延、世儒、经济、兼济、世霭、弘济、世仁、世臣、世义、世爵、世守、世元、世美、世懋、尚礼、尚智,孙女十三。

按:本条为三峰尚书鲍道明事略,其为嘉靖进士,最高官南京户部尚书;并载其4子17孙名。

思庵尚书公事略

公讳象贤,字复之,号思庵,歙之棠樾人,曾祖万善,祖邦灿,父光祖,母佘氏。已卯(1519)年二十四举于乡;嘉靖八年己丑(1529),与唐顺之等同举进士;九年授四川道监察御史,寻擢清军御史;十二年(1533)七月,升湖广按察使佥事;十七年(1538)二月,升云南按察司副使,寻调陕西按察司副使;二十四年(1545)升云南布政司右参政,旋升云南按察使;二十九年(1550)二月,升江西右布政使,调陕西布政使,九月升都察院右副都御史,巡抚江西;三十年(1551)六月,调云南巡抚,务在安辑士民,平定那鉴不兵,而服去职,滇人思念,建生祠以祀公;三十二年(1553)六月,升刑部右侍郎,九月兵部右侍郎、前都察院右佥都御史,提督两广军务,兼理巡抚;三十三年(1554)八月十一日,改南京兵部右侍郎;十二月,被陕西道监察御史孙襄奏劾,吏部议复,谓所论未审有无,请令暂回籍听勘;三十四年(1555)十一月,以前提督任内军功锡荫;四十二年(1563)十二月起,为太仆寺卿;四十三年四月,升户部右侍郎兼都察院右佥都御史,巡抚山东;四十四年(1565)八月,升兵部左侍郎;四十五年(1566)十一月,自陈衰老,乞致仕,温旨勉留;会哭荫子,又丧曾孙,陈请益力,奉旨归;仅一年,捐馆舍矣,时隆庆元年(1567);明年诏赠工部尚书,给祭葬。公胸次洞廓,事体练达,扬历中外三十余年。子孝友,先公一年卒;孙献旌,寿至八十六岁;曾孙孟英、齐英、同英,俱有名于世。

按:本条为鲍象贤事略,其亦嘉靖进士,一位多有军功的武将,最高官兵部左侍郎,卒赠工部尚书;亦载其1子、1孙、3曾孙名。

两淮商人祝寿获奖者

乾隆五十五年(1790),皇帝八旬寿辰,两淮商人祝寿,奉加恩现职衔各加带一级奖励者:洪箴远、郑旅吉、汪日初、王履泰、尉跻美、江正大、巴敬顺、张大安、巴恒大、余晟瑞、黄燦泰、程俭德、张广德、罗荣泰、鲍有恒、黄恒茂、张肇恒、孙世昌、汪肇泰、吴开大、吴是聚、巴善裕、汪益新、鲍逢吉、贾恒顺等二十五名。

按:本条载两淮商人为乾隆皇帝八旬寿诞祝寿,得乾隆加恩奖励名单,两淮商人中有不少徽商,其中鲍氏有2,可见当时世象之一斑。

鲍氏著述录

《鲍氏诵先录》记载鲍氏著述,曰:鲍东里《史鉴节要便读》6卷,鲍寿孙《西溪诗集》,鲍良用《鲍龙山集》,鲍象贤《思庵集》(由孙献旌编集,其中奏议8卷、申文移文书檄14卷、传志记序杂说3卷、箴颂铭赞志诔3卷、诗2卷,以公之字名之,附祭文行状),鲍薇省《寿藤斋诗集》30卷、《餐荔诗集》,鲍步江《海门初集》、《海门诗钞》、《海门诗集》,鲍雅堂《论山诗选》(号论山),鲍鸿起《野云诗集》(号野云,京口诗人,以孤童当室,事母以孝闻,既领乡荐,客京师有年,授山东海阳令,未几,引疾归,越明年丁母忧。)鲍芝田《漱芳楼诗初集》(嘉庆五年庚申,芝田三十八岁,梅亭公之子),鲍觉生《鲍觉生诗续钞》,鲍白波《红琼书屋诗》,鲍古邨《酿斋诗集》,鲍北山《欣所遇斋诗集》,鲍邃川《补竹轩集》(和州籍),鲍成栋《蜕斋遗稿》、《扈从出关杂想》、《学字讲义》(号蜕衣),鲍紫来《端虚室剩稿诗》。

按:本条辑录了鲍氏著述15人20种,可见鲍氏文脉一斑。

棠樾同老会

先是明正德间,鲍时莹尝为宗老会于棠樾之清逸亭,其人凡十有四,各为诗以纪之。越二百五十余年,鲍诚一与族中同岁者六人相聚会,曰同老会,岁各一举,以次选为主宾,佳时胜地,言笑从容,其体略仿古人,真率会意,所以明澹泊、计长久也。

记文简述

《鲍氏诵先录》载有诸多记文,且列如后:《慈孝堂记》,慈孝堂者,歙鲍君仲安所居之堂也。鲍寿孙父慈子孝事后,乡屋尽焚,独鲍氏之门闾岿然存,乡人惊叹曰:慈孝之极。遂曰"慈孝鲍氏"。仲安思懋昭先世之令德,惧后人无所观仰,故名其堂慈孝。

《诚孝堂记》,棠樾鲍灿,字时明,七十母病发疽,灿吮疽,致母愈,众以为孝感所致,遂以诚孝名其堂。(刘戬)

《宗老会记》,宗老会者,鲍宗之老。当正德五年(1510),七十以上者八焉,八十以上者四焉,九十以上者一焉,凡四世为一会。会起于鲍时莹,约曰:会非七十者不与,一年四会,会于清逸亭。亭有四时之花,每花开则会,轮流而主办,盖三年半一周。其座,同世则论齿,就筵觞行歌伐木颀弁之章,言无及家事、毋及邦国时政。(李梦阳)

《歙邑绅士公祭肯园公文》,称"公之干略,著于淮扬,盐铁论精,食货志详,剖别烦苛,经析毫芒,大体所持,纲维毕张,规画闽越,佽助舟航,平衡载悬,市不低昂,维扬之途,既平既康,在京之馆,以堛以墙,更有深仁,施此梓桑,公之利物,感在里党,河西之梁,丰乐之壤,堤阙射流,归复潆濙。"(曹城)

《宋文学支祖荣公像赞》:休哉鲍君,落落惟奇,独拔磷缁,曰惟我师;维时方艰,隐于棠樾,说礼敦诗,有谷诒后,树德如滋。(石城余乾复)

《亦政堂铭并序》:亦政堂者,同郡鲍亦仁所筑,以奉其亲者也,……政者,正也。上所以正,不正,而下所取正者也。有政,谓其推孝友之心,而于一国之政也。孝友之心,施于一家之政也,故曰是亦为政。治家治国,同是道耳。(祁门汪克宽)

《存爱堂铭》,新安鲍时明扁其奉亲之堂曰存爱,明歙县知县会稽人陈宾为之铭曰:爱亲之心,本乎天性。良知良能,匪曰命令。方其孩童,思出乎正。物我既蒙,理欲交竞。彝道日垂,己私日胜。遏欲制情,训由贤圣。卓哉鲍氏,克惇孝行。左右奉承,晨昏省定。一念格天,保兹具庆。流俗薄偷,孰克与并。我重其人,作铭以赠。

《中宪大夫肯园先生诔并序》,维嘉庆六年太岁辛酉冬十月庚申,诰封

中宪大夫新安鲍肯园卒于扬州南河下居第。（全椒 吴甫山尊）（按：此文未全录，仅记肯园先生卒世时间地点）

《鲍东源先生哀辞》：先生讳建旌，字廷羽，东源其号也，歙之隐君子也，乾隆丙子年八十以寿终于家。（内阁中书蒋宗海）

《鞔鲍君蜕农哀辞有序》：蜕农，姓鲍氏，名心增，字川如，一字润漪，辛亥后更字蜕农，性严正，通三礼，不苟言笑。（缪时孙）

《遗泽卷跋》：鲍之先，本青齐人，自晋太康间迁于歙，又四迁而居棠樾，累叶相承，后先继美，或显仕而著烈勋，或隐居以事高洁，其孝慈忠义，炳炳烈烈，使百世之下闻而知之者，犹不能不为之敛衽起敬也。其宗之先达有宅相者，尝哀集先代遗笔，装潢卷轴，以寓不忘祖泽之义。（陈宾）

《鲍司隶歌》：列异传云，鲍宣，宣子永，永子昱，三世皆为司隶，而乘一骢马，京师人歌之：鲍氏骢，三人司隶再入公，马虽瘦，行步工。

朱熹《题鲍氏双阙》：唐室遥遥孝义门，屹然双阙至今存。当时泣尽思亲血，化作恩波遗子孙。

按：本条简述《鲍氏诵先录》中记载之文，计13篇，有一定资料价值，尤其是有朱熹题诗。

新馆鲍氏迁会稽

歙东新馆村建自明嘉靖，即奉受公为始迁祖。厥后，至曾尚公乾隆时贸易会稽，卜居高车头。曾尚，后更恩，字尚志，先世居新安歙邑东乡新馆村。曾祖讳应宣，字宾廷，妣氏毕、王、凌；祖讳朋锡，字鸣玉，妣氏江；父讳光弈，字云昇，妣氏程。当宾廷公时，席盐筴，家称素封，未几渐替。鸣玉公、云昇公，皆早逝，至公之身盖窭甚矣。公与弟惠远，赖江、程二代太宜人缝纫存活，日一举火。其外父程公命程氏携惠远寄食于家，留曾尚与祖母江氏在家。一日，江氏命曾尚去外家告贷，途拾遗金，坐等归还，失主欲分金酬之。曾尚辞曰：苟利，是否去早矣。至程，述其事，群笑且讥。程翁亦佯责之曰：子介然自命独于我乎？数数求殖，以我为无底壑耶？我老矣。

按:歙东新馆鲍氏之裔鲍曾尚因经商浙之会稽,卜居高车头,为始迁祖。

鲍漱芳一族

叙鲍漱芳一族,当自鲍灿始,灿生光祖,光祖生象贤,象贤生士臣,士臣生逢仁,逢仁生宜瑗,宜瑗生志道,志道生四子:长漱芳,次勋茂,三敬庄,四书芸。鲍漱芳,初讳钟芳,后易漱芳,字席芬,一字惜分,生乾隆二十八年,初就傅,勤苦力学,塾师所授书,日不厌百回读,务精熟乃止。顾家贫甚,不得已为治生计,年十二即废举子业,以雪夜趼足。至扬州时,祖父(宜瑗)方应吴公宾六之招,馆其家,为司盐筴。吴公见君(漱芳)忠实谨悫,因并延府君,以故得佐志道,同理盐业于淮南。年十七,奉父志道命,回歙督造居宅之慎余堂,谋奉祖父归。旧有宗祠,漱芳特请父志道鼎而新之,且增复西畴书院,俾族子弟讲学其中。志道甚喜,亲为作记,命刊诸祠壁。乾隆五十年(1785),志道签办淮南总商公事,家事巨细,一决于漱芳。嘉庆六年(1801),漱芳嗣承淮南总务,遵由旧定程失,法己奉公,性质直,遇事毅然,持可不可,无所回护;与人交,中无城府,每推心置人腹中,为当事所倚重。八年冬,兼总淮北盐务,会川楚三省剿贼告成功,漱芳集淮商措饷,备善后事宜,盐使以遇事奉勉入奏,奉特旨从优议叙盐运使职衔。向例,凡捐输人员请封,不得逾三品,漱芳思甄叙与捐职有间,特具请加二级,捐二品封典,并将本身应得之封,驰赠曾祖父母,得旨准其捐封。漱芳自以受国殊恩,益图自效。十年(1805)夏,洪(泽)湖盛涨,决车逻五里诸坝,下游七邑之民,嗷嗷待食。漱芳告大吏请于朝,愿公捐米六万石,得旨俞允,遂于各邑设厂。漱芳督厂于泰州,亲往部署给钱米,行糜粥,居老幼,别男女,具医药,凡三阅日而赈毕,饥民贴然。十一年,淮黄又复异涨,漫溢邵伯镇之荷花塘,水患较乙丑(1805)更甚。漱芳倡议,请仍前蠲赈,设厂各属五,漱芳仍主厂泰州。三月赈毕,时届隆冬,而水未涸,饥民无所归,复请公捐麦四万石,展赈两月。或疑难于购买,乃未十日而所糴麦舟衔尾至,人诧为神异。漱芳虑饥民露处,霜雪一临,死亡必多,特以苇席架棚,人畀藁草,一以蔽体,俾不致僵仆。撤厂前,载船芊给之,俾可作十日粮。鲍志道殁时，三子敬庄年十三，四子书芸甫七龄，全凭长兄漱芳养教，命敬庄同持会计；延经师于家塾，课四弟学，且自督之。卒嘉庆十二年，享年四十有五。次弟勋茂，字根实，号树堂，晚号耕叟，生而端厚，资性聪悟，年十六，岁府试第四名，入郡庠，科试一等第四名；乾隆甲辰（1784），翠华南巡，以廪膳生恭应召试一等第三名，钦赐举人，授内阁中书，漱芳亲送之入都。旋补中书，入军机，在章京上行走，扈从巡视五台，以缮旨工敏，赐文绮十端。直军机时，见重于阿文成公。乙卯京察，和珅相国置之二等，文成改置一等引见，奉旨升授内阁侍讲。嘉庆元年丙辰（1796）正月，高宗、仁宗授受礼成，恭献颂册，赐大缎，记名以御史用。己未（1799）正月，高宗升遐，哀痛昕夕；三月升授刑部广东司郎中。庚申（1800）六月，补山西道监察御史，是科会试，充磨勘试卷官，顺天乡试砖门监试，又充磨勘试卷官。辛酉（1801）冬，闻父病，星奔南返，遂转河南道事。乙丑服阙，入都补授浙江监察御史，寻掌四川道。漱芳生子二：长鲍均，次鲍圻。鲍均，贡生，候选部主事，捐输南河，议叙即用员外郎、知府，加五级覃恩，诰授资政大夫。勋茂生子九，殇者三，次崇城，附贡生，候选道，加二品顶戴，覃恩诰授资政大夫；三步墀，附贡生，湖南候补道；四咸埫，盐课司提举；六继培，掌山西道御史，道光丁酉（1837）科顺天举人；七巩塘，荫生，候选知府；九时基，字征叙，寄籍扬州，议叙六品顶戴，嗣叔敬庄（心原）。

按：本条辑录《鲍氏诵先录》记载鲍漱芳一族情况，自漱芳上七世祖鲍灿始，至漱芳及弟勋茂之11子侄止，重点记叙鲍志道、鲍漱芳、鲍勋茂父子3人事迹，系宝贵资料。

《槐塘程氏述德录》二则

槐塘迁派源流十世叙

槐塘程氏自延坚公为一世祖，按以程元谭为新安一世祖计，为新安30世。其为彦赟四子，以河西地隘，前临大溪，苦水患，弗获常宁，遂有迁居之谋。一夕，梦神人告曰：郡西十五里许有佳境焉，宜，于是建乃家，子孙

其昌。公识其言,乃于后周广顺二年壬子岁(952)卜筑来居。辟草莱,勤耕种,事业日新,常赋卜居诗,有"离群已绝功名愿,拂袖来寻泉石盟"之句,享年七十有六。娶方氏,合葬旧宅后,生子信。二世信,字君实,幼颖悟,多识前言往事,能代父劳,充斥产业,隐居不仕,享年五十九,娶汪氏,生三子:知柔(止)、知竞、知侃(止)。三世知竞,名璋,质鲁语讷,娶吕氏,生子三:文绪、文能(止)、文聪(止)。四世文绪,字承端,性至孝,亲疾,衣不解带,汤药必亲尝,又勤理生产,娶方氏,生子二:珉、弱(无传)。五世珉,字韫美,勤学不殆,士友高之,寿四十八,娶闵氏四娘,生子三:宜(止)、通(至五世止)、迁。六世迁,号四朝奉,所居后称旧府,始自旧宅迁居,性慈善,喜清静,好生恶杀,终身茹素,时称佛会中人,娶吴氏,生子三:大宝(止)、大圭、大忠(止)。七世大圭,字国镇,号七太师,经营创业,积德行善,生宋崇宁癸未(1103),殁淳熙乙未(1175),娶谢氏,生子五:子瓘、子瑜、子珣、子圻、子玘。八世,子瓘,迁岑山渡,其后四世孙智绍旧府十二上舍,已绍正府上门千六讳荣祖,而岑山渡反止;子瑜,讳璧,恩赠迪功郎,生四子:十二(生子元隆,上府前派),念六(生子元亮、元应,俱下府派),元享(下府新宅派),三七(生元德、元杰、元岳,俱上府派);子珣,生子惟旗,本名道,字季常,宋嘉定庚辰进士,道生子玑,字璇甫,宋景炎间续修家乘;子圻,出绍稠墅汪氏,更名大昕,至孙汪应元,绍定壬辰进士,为浙东提刑;子玘,名正,号十五太师,赋性纯质,好读书,尝教授乡里,轻财乐施,以行义著,又崇尚浮屠,茹素终身,喜阅阴阳书,晚年自旧府移居正府,手植三槐于庭,以效王晋故事,槐塘之名自公始,享年八十有二,娶方氏,生五子:放、纲(旧府前派)、轮(旧府后派)、恬(止)、纯(止)。九世放,字季嘉,号十七太师,吕午为撰墓志铭,生宋乾道乙酉(1165),殁淳佑壬寅(1242),娶溪南吴氏,生二子:元定、元凤;女三,长适刘元佐,次适吴潜,三适汪应耕,俱进士。十世元定,号百九公,戊子岁(1228)魁次榜,英年早逝,生子彭祖、荣祖等;元凤,字申甫,宋绍定进士,宝佑中累官右丞相,兼枢密使,后进少保,以观文殿大学士致仕,在朝所论列甚多,为时名臣,卒谥文清,有《讷斋文集》。

按:本则载槐塘程氏自一世祖程坚始,至程元定、程元凤十世止之情况，以第十世程元凤最为荣耀，宋绍定进士，累官至右丞相。

槐塘名士录

程安义，字正路，号耻夫，一号晶阳子，宏开公子，更名义，新安程氏55世，槐塘程26世，以国子生、工书画，从亲王出征闽省，得厦门等处，军功授一品服；以左都督同知送吏部，授职黄陂县县丞；生清顺治戊子（1648），娶潜口汪氏，子六；所著有《河工纪略》、《养生录》、《耕钓草堂诗文集》、《燕台别录》、《墨史》。

程永洪，字涵度，锡褆公继子，本锡祥公次子，国学生，清乾隆庚午（1750），捐赈兰溪灾，知兰溪县张鹏尧汇报上宪，奏请议叙正八品，次年县给"乐善好施"额；庚寅（1770）间，子四人遵公遗命，买小亩塌山税十五亩五分，呈县立案，税粮自纳，任民安葬；生康熙丁卯（1687），殁乾隆甲戌（1754），娶澄塘吴氏，子四：廷柱、廷柏、廷梓、廷桓。

程鼎姚，字宇临，廷柏公子，由国子生捐职布政司理问（按：理问，官名，掌勘核刑名），生乾隆丁卯（1747），殁嘉庆丙辰（1796）。

程鼎炯，字嘉余，廷桓公长子，捐职按察司照磨（按：照磨，官名，以照对磨勘为职，为主管文书照刷卷宗之官吏），生乾隆丁卯（1747），殁嘉庆辛酉（1801）。

程启尧，又名启唐，字咏陶，鼎姚公长子，由国子生捐职布政司理问加二级，生乾隆癸巳（1773），殁道光乙未（1835）。

程嗣爵，字汝义，修公三子，新安程氏49世，槐塘程20世，国子生，任河东盐运司经历，掌出纳文移，生明嘉靖乙酉（1525），殁万历己卯（1579）。

程益吉，字元裕，家望公长子，嗣功曾孙，新安程氏52世，槐塘程23世，更名益，崇祯己卯（1639）科副榜拔贡，任福建建宁府通判，生明万历丙午（1606），殁清康熙癸丑（1673）。

程休征，字根洛，一字赓明，号耕民，允佑公长子，新安程氏54世，槐塘程25世，邑庠生，雍正壬子（1732）岁贡，任海州赣榆县训导，著有《忠济王事录》、《文清公言行录》、《忠清程氏家录》、《程宗系历识余录》、《阅谱私谭》、《家会本末》及诗文传序，生清康熙丁巳（1677），殁乾隆甲戌（1754）。

程景熙,字苏门,号蔬垣,溥寿公子,捐职圣府赍奏厅,生清嘉庆癸亥(1803)。

程锦澄,字仲清,号月坡,桓生公次子,新安程氏60世,槐塘程31世,江苏补用知县,加五品衔,赏戴蓝翎,赏换花翎,生清道光癸卯(1843)。

程长荣,字北海,家藻公次子,更名瀚,新安程氏52世,槐塘程23世,上元籍,清顺治甲午(1654)亚元,戊戌(1658)进士,任江西饶州府安仁县知县,生明天启辛酉(1621),殁清康熙壬子(1672),娶汪氏、鲍氏,子三:轩鬵(靖)、振鬵、联鬵。(按:《饶州府志》县职有载)

按:本则录槐塘程氏名士11人简要事迹,亦有资料价值。

卷 八

《长标东陵邵氏宗谱》十四则

按：《长标东陵邵氏宗谱》为民国十九年（1930）夏月编次，所录为正伦堂所藏圣字号。该谱详载了邵氏姓源、郡望、衍脉、人物、族规等，现择要录之。

《长标邵氏族谱序》

邵氏为召康公之后，召公当日食采于召，与周公夹辅周室，厥公甚伟。周公为政，召公宣布王化于天下，天下皆感其德。故孔子采风诗，首周南，次召南，良有以也。读甘棠者，孰不歌颂其遗爱及远哉。东汉有光禄勋驯者，世食封邑，因加邑为邵。自是族属蕃行迁徙不一，至晋有始新令坦，家于合阳，遂开族于淳邑，凡在睦、歙等州，皆其裔也。宋文九公（讳月行）由洒溪迁侯溪，而为侯溪始祖。厥后，由侯溪迁歙之井潭，则自百二公始。再由井潭迁长标，则自正聪公始，此邵氏源流之大概也。长标有杨东、秀东、伍东、京东、朗春、松树贡暨诸君子，溯其所自，而于正聪公卜居以后详加考订。

民国十九年清附贡生理斋姚邦燮敬撰

按：本则简述邵氏得姓之源，及迁歙县长标之始。

《邵氏通宗会谱序》

吾宗自晋始新令坦留居合阳，遂为淳邑人。后九世乌龙王至刺史公又十一世，旺、烨、昕三人，自此为三大支。其后散居四方者，近而富德、莘田、大塘、浦口、县市、赤岸、冷水亭、富豪、洒后、汪村、茅公坞、石村、侯溪、祖村、楂村，远而分水、寿昌、建德、桐庐，婺之金华、永康、兰溪，徽之休宁，又远而福（建）之长乐，江西之南昌，池之铜陵，鄂之武昌，苏之常熟，杭之燕京，凡三十处。

按：本则简述邵氏在浙、皖、赣、闽一带之分布。

《邵氏实录》

吾宗之得姓，自周文王庶子召公奭相成王有大勋劳，藩封于燕，历四十九世生平公，秦封为东陵侯，隐居长安城东，其先郡望博陵，此后即望东陵。又九世生驯公，号伯春者，汉献帝时官至光禄司历，有封邑，因授赠邑而为邵，邵之有姓，自此始焉。传十一世生坦公，自燕京擢授始新令，任满，民怀其德，不忍之去，攀辕卧辙，遂居邑东祖村，卒葬飞砂墓地，师卜此地后必出阴中王。至九世生神讳仁祥，字安国，文爽公次子，少栖岩谷，内蕴经纶，倜傥放逸，不拘细行，常衣葛裘木履，行行如也，时人目为傲士。幼有大志，通经史，游黉序，昔当陈隋未造，不足以行其志，遂放情林壑，慕仁安川之胜，以处士自号。惟建德令周光敏无知，不能折节下士，会神以公事，见神倨慢顽睨，即发愠，心让以不恭，欲施法意。神即愤曰：大丈夫可受辱于人耶！遽逝于庭，将薨，曰：吾三日内必报之。果至期，雷电晦暝，有大蛇长三十余丈，有爪有鳞，如龙之状，从空而下，直登县治。周令见之即仆地，连言：邵处士来也！须臾而死。吏民震栗，莫知所措。神即腾于空中，降言曰：为庙祀我。爰立庙于乌龙山，柩归淳安清平乡寻凤里葬焉。此唐贞观三年事也。（唐贞观十九年，太宗征高丽，兵至辽东城，大将李世绩见辽水上有兵甲戈盾，纷然向城，云雾间有睦州乌龙神兵旗号，遂纵兵攻城，一鼓而下。唐贞观二十年，诏封神为乌龙感应王。）后历宋、明，助征有功，累有封敕，庇及父子，前后其敕十二道。又二十五世生唐公,唐公生三子,长旺、次晔、三昕。

弘治十三年庚申岁桂月洒源裔孙新谨录

按:本则实录邵氏得姓始祖在东汉献帝时,驯公封邑于邵而始姓,以及一些史实,重点述九世邵仁祥成神之事,颇有神话色彩。

邵氏姓源

夫召为雍歧之地,今属右扶风羡阳县,文王作西伯,分雍歧为召公奭采地,因以召为姓。武王混一统,大封功臣,又胙公于燕,自公至今王喜,凡四十五世。令王二十八年,太子丹使荆轲刺秦王,匕杀轲,使王翦击燕;二十九年,令王徙居辽东;三十三年,秦拔辽东,遂灭燕;太子丹有子名臻,秦并六国,废为庶人,生子匡,匡生赟,赟匕生平与欧。平公下八世孙驯,汉献帝五十八年以召氏世有封邑,旁添邑耳为邵,是前以采地得姓,后以世有封爵而锡邵。考其渊源,稽其世次,纪载明分,其来历可溯也。召公至平公凡五十世,至驯公五十八世,至坦公六十八世,至唐公凡一百世,迨后迁徙星居,一本支分。

按:本则记邵氏姓源,以封地为姓也,且是战国时燕太子丹之后人。

东陵郡望

召姓肇于召伯,而邵氏起于驯公,兹因受姓之本始。而郡望则断自东陵,稽史传平公时,暴秦无道,群雄并起攻秦,秦灭,公遂隐长安青门种瓜,汉兴,复征为齐王相,王图不轨,公仗义诤之,不从,乃遂隐居而卒。文帝即位,褒其忠烈,追封东陵侯,此邵氏郡望之所由来也。

按:本则记邵氏东陵郡望之由来。

《正伦堂记》

石耳山脉雄伟冠全歙,诸龙居是间者,往往丁蕃族大。长标为石耳山

正脉,为居街源之发源区,处四山环护,地面宽博。邵氏正聪公有学行,厌世纷乱,常怀高蹈之志,世居浙之侯溪,固望族也,因明初不靖,避居于此,遂为长标邵氏始祖。历元迄明,数百余载耳,门庭日盛,福履绥安。爰议建祠,栋榱坚固,名其堂曰正伦,无非示后人惇族正伦之意。时两京祭酒张公一桂,以乡情戚谊,伸述名堂之义,为其后人勖勉之也。于清乾隆年间,永璋公者构建祠宇,以光前烈,迄今百数十年,渐次颓败,举族不安。经日惺公等倡议重建,询谋佥同筹划,鸠工庀材,经营孔亟,于民国甲寅年冬月敢告成功。邵氏支裔天锡与余同讲学于县立高等学校,请余作记,余平张公叙伦之意为记。

民国十九年夏月,清贡生理斋姚邦燮拜撰

按:本则记长标邵氏正聪公自浙之侯溪迁石耳山长标,以及邵氏宗祠正伦堂构建情况。

三公戒言

康节公曰:上品之人,不教而善;中品之人,教而后善;下品之人,教亦不善。诸葛武侯戒子曰:君子之行,静以修身,俭以养德,非澹泊无以明志,非宁静无以致远。夫学须静也,才须学也;非学无以广才,非静无以成学。慆慢则不能研精,险躁则不能理性。年与时驰,意与岁去,遂成枯落,悲叹穷庐,将复何及也。朱文公曰:一年之计,早完国课;一生之计,切戒懒惰;一家之计,莫惹外祸;好店勿赊,好债勿做;可省即省,得过且过;现米易煮,现柴易破;来朝若无,谁替你饿;胜人非强,容人非懦;不显威风,永无挫折;无稽之言,到处话堕。

按:本则载长标邵氏以康节公、诸葛武侯(亮)、朱文公(熹)三公戒言,以训示邵氏子孙。

礼书之言

百夫无长,不散则乱;一族无宗,不离则疏。孝亲,孝为百行之原,人子所当自尽者，大而扬名显亲，小而承颜顺志，皆孝也。弟长，兄弟乃天合之伦，传曰：易得者天地，难得者兄弟。夫妇和而家道成也。重谱，谱牒之设，所以明世系，辨尊卑，联疏远也。

按：本则载长标邵氏以礼书之言，以训本族子孙。

《五伦训箴》

君臣，莫道为君难，为臣亦不易；臣事君以忠，君待臣以义；陶唐及有虞，都咈兼吁俞；际会遇明良，天下有平治。父子，子孝父心宽，斯言诚为确；不患父不慈，子贤亲自乐；大舜曰夔夔，瞽叟亦允若；父母天地心，大小无厚薄。　夫妇，夫以义为良，妇以顺为正；和乐祯祥永，乖戾定祸应；举案必齐眉，如宾在相敬；牝鸡一司晨，三纲何由正。昆弟，兄须爱其弟，弟必敬其兄；莫以纤毫利，伤此骨肉情；周公赋棠棣，田氏感紫荆；连枝复同气，妇言慎勿听。　朋友，损友敬而远，益友宜相亲；所交在贤德，岂论富与贫；君子淡如水，岁久情愈真；小人口似蜜，转眼如仇人。

按：五伦者，君臣、父子、夫妇、昆弟、朋友也，本则述五伦间关系处理准则。

《十不书》

凡此十者，有玷于祖宗，有一于此，黜而削之。一曰不忠，为臣不忠，蠹国殃民，以大奸而被诛谬者，削而不书。二曰不孝，为子不孝，不思报本，忘恩灭理，如赵不义者，削而不书。三曰弃祖，弃卖祖墓坟地于异姓，货鬻族谱于非族，谓之弃祖，削而不书。四曰叛党，前人叛逆抄没，而余党苟全于世者，谓之叛党，削而不书。五曰刑犯，积世恣恶，代遭刑狱者，谓之刑犯，削而不书。六曰败伦，彝伦渎乱，男女无别，禽心兽行者，谓之败伦，削而不书。七曰狗行，交结匪类，趋入邪路，为盗作贼者，谓之狗行，削而不书。八曰背义，不思祖宗义重，惟图苟行全躯，甘为人下者，谓之背义，削而不书。九曰杂贱，不肖无耻，甘与下贱结婚，并出家为僧，苟安度

日者,削而不书。十曰乱继,承祧无序,乖乱宗枝,聚讼未定者,削而不书。

按:十不者,不忠、不孝、弃祖、叛党、刑犯、败伦、狗行、背义、杂贱、乱继也。不书,即不写入宗谱。上录三则,皆是宗族道德规戒律条,可见宗族文化之一斑。

《士位公小传》

我公讳士位,清高有度,干理多才,幼年聪慧过人,长大超群迈众,诵读诗书,敦品立行,宗族称其孝,乡党称其悌,而尤严以课子,克勤克俭,岁晚务闲,谈论伦理。曾同伴至淳,通修家乘,不惮风霜之苦,不辞跋涉之劳,凡于族事有关,莫不尽心尽力,则其志大而且远者,当于谱牒,并垂不朽焉。

来孙东伍拜题

按:本则传记邵士位公以评价为主,欠具体事实,但尚可知其品行、作为,尤其于修家乘谱牒有功。

《邵日惺先生行实并传》

日惺仁翁先生,字惟聪,享年花甲有九岁,乃文春公之嫡孙,启鉴公之庶子也。为人持躬正直,处世忠良,慷慨仗义,宽厚爱人,不取无义之财,不为非理之事,稚年苦读,壮岁潜修,无奈观光数次,未能见赏于宗师,命也。论先生之志,谁则知之,先生之才,谁能及之,夫何致屡困场屋,不获一展骥足耶?然而先生进取之心,自此灰矣!厥后息影,矢志设帐,培植闾里之人才,默化野蛮之风俗,因念其高祖永璋公,餍饫诗书,深通技艺,构建祠宇,迄今百数十年,历久,栋折榱崩,不忍坐视叨祖宗之庇荫,筹款将宗祠重建,以妥先灵而后裔。现已大工告竣,克继先人之志,即将父之家兄相祠之需,毫无吝言耳。其德配王氏,一生贞静,年五旬有一,即中道分离,居恒以未曾育子为憾,此所以抑郁于怀,而不能永年也。幸先生四弟日怡,先获麟儿,年已三岁,先生甚爱之,视如己出,提携保抱,时刻未离,及长,为之攻书,又为之娶媳,不遗余力,迨至今日,克续宗祧,享祀不忒,男婚女嫁,大振家声,先生应含笑于九原也。

民国十九年清附贡生近祖江宪曾撰

按:本则传邵日惺行实,主要为在科举之途受挫后,设帐培植里闾人才,筹款重建宗祠等事迹。

《有通公小传》

公讳有通,字招财,号采田,日莶公之仲子,性聪慧,好读书,凡经史子集,无不博览,尤精制艺,屡试文场,自科举废,则专习岐黄之术,尝审症立方,救急邻里,出言典雅,潇洒自如,所与交游,皆当世知名之士,以太学生卒于家。训诲子侄惟以义方,故其后以敦品重于乡里。

民国十九年侄天锡拜题

按:此传甚短,可知传主邵有通为太学生,善医术,以义方训子侄。

《东周族兄赞》

东周族兄,表字玉山。华朴并茂,高尚难攀。状貌魁梧,廉但冥顽。言行可法,曾不逾闲。一生好学,志切腾骧。蒙以养正,遐尔名扬。心存济世,技擅岐黄。孝亲敬长,为一族光。方期大成,矜式一方。讵年念四,遽返帝乡。伯牛孔鲤,同悼早殇。赖有贤继,以寝以昌。

民国十九年族弟东京拜题

按:此非传,乃一篇赞也,赞亦是旧时褒奖有道有德之人的一种文体。

《东源重修张氏宗谱》十二则

按:《东源重修张氏宗谱》为民国十六年(1927)张树煌编纂,共四

册。此谱共印成十部，每部满田派计十本，东源已派计五本，二者全部计十五本，因以天干编号。《东源张氏族谱旧序》载，星源（婺源之别称）甲道张氏第十世汝舟公，讳节，始迁歙之满田；传六世至大，字世良，官上舍，邸第田园，几有郡城之半，时号半州张；世良历三世讳才，始徙居薛坑；又七世至太三公，字仲甫，始迁东源。东源去紫阳三里，即歙南厚坞村也。现辑录有关内容如下：

《述鹤林录序》

诗不易言，尤不易作也。言之精者为文，文之精者为诗。人品之高下，学问之浅深，咸于此见矣。

婺东筠山叶天流

《先茔记》

始祖大三公张彻葬婺源甲道官会坑；满田始祖汝舟公葬满田二十九都碓坑。

裔孙修能记乾隆二十九年甲申

《东源文会序》

癸丑暮春，余赴郡侯窦蓥林先生紫阳讲学之招，得交东源张子纯德，沈潜好学，吾畏友也。今年秋，讲罢，纯德邀余过东源。东源去紫阳三里而遥，自其始祖仲甫公上居之地，僻而幽，人还太古，三百年来以耕读特闻。

吴翟雍正甲寅

《东源始祖明处士仲甫墓碑铭》

"明正统十四年（1449）己巳清明日孙男存、宜立，中宪大夫、陕西等处提刑按察使司副使、同乡庄观拜撰。铭曰：处士讳仁，名宏，字仲甫，行泰三，世居薛坑。大父安斋，考瑞卿，妣朱氏妊处士，动心以正，饮食邪味不御。处士生而端敏,慧异群儿,稍长,知向学,博雅好古,志趣超异。时南园朱公仁三,资业优裕,亭墅奇胜,豪爽好宾客;二子稚弱,承助乏人;有女秀而贤,能胜任内政,父母爱之,不嫁凡子,知处士材杰,可干蛊辅幼,坚欲妻之。处士既居甥馆,而朱之华致益盛。后仁三公卒,处士尽心营理,辅其子伯善、伯贞至于成立,于是籍其田园资帑,悉以还之,分毫不有于己。乃辛勤恢拓,移居于江坞,复以其地濒孔道,接迹喧嚣,再卜择东源之胜,辟创以奠居也。堂寝宏深,轩庑幽敞,祀先乐宾,厥有常处,池深泉洁,竹森松茂,尘杂乱绝,俗驾不到,其永和之堂,槃隐之轩,皆名公叙述,章扁辉焕,而天造地设之境,宓于古而显于今,人谓为有德蓄理或然也。处士襟抱通介,标望凝伟,见者知其故家人物。又长于综理,不惮劳绩,而贤配相佐有道,业积日殷,乐施予,恤贫弱,于宗姻尤笃恩惠,抚其从弟清甫、彦民,使之不坠。姐子程彦良、彦芳,表甥郑仕执、徐以仁,俱幼失怙恃,抚之同居,为之婚娶,与之田宅,遂于有家眷家。又捐资辟义塾,以训迪乡族亲姻之子弟,使之知礼义,由是义声著播,郡邑推羡,金举为乡长,以挫强植弱。洪武壬戌(1382),以事茹至京,疾,终于寓邸,春秋六十有一。嗣子季善闻讣,仓皇奔赴,虽羁旅中,襚殓如礼,柩旋出日,远近哀悼。处士生元至治壬戌(1322)正月初九日巳时,殁今洪武壬戌(1382)三月二十一日巳时,葬义成之塘田坞。处士无子,抚兄柏岩中子季善为嗣,孙男二人,长讳存名道生,次讳宜名德生;孙女三人,俱适名族;曾孙六人,曾孙女五人。稽诸家藏谱牒,始祖仲甫公之殁,缘洪武初为万硕长,以粮储之责,将抵京师,偶遭风患,输纳失期,缧绁在狱,又取各里该催征甲,同发边军。公誓曰:输纳失期,我之罪也,奚至累及乡民百余家,遂蛊死狱中。癸亥岁(1383),叶国宝、凌梦龙念公再生之德不可忘,率诸民白于有司,建祠于远山庵之右,塑公像以祀之。

　　按:本则记叙东源张氏始迁祖、明处士张仲甫公之生平事迹,及迁居开辟东源的情况,为宝贵史料。东源者,今称厚坞也,先属歙县南源口乡,今属徽城镇鲍川村。撰此文者庄观,歙县薛坑口人,明永乐九年(1411)进士。

《明张季善处士墓志铭》

从仕佐郎、徽州府学教授、河南程蕃拜撰：新安南乡张仲甫有志于古，以东源联迹紫阳，且爱其山川之胜，因卜居，以寓景仰之意而藏修焉。处士则其犹子而嗣者，瑶其名，季善其字也。资性淳敏，自弱冠读书，即知大义，族有时誉。吕左史裔孙德昭为郡庠司训少，许可特加器重，举居弟子员，学行超粹，金为青紫可俯拾。后归田里，宅畔有松，甚古异。生至正丁酉(1357)，殁洪武庚午(1390)，配同邑历川王仲英女，子二：存、宜，成立克家，女三人，各适名门。

> 按：墓志铭为旧时的一种文体，叙述死者的姓名、职位和事迹，刻在石上，埋在墓中，或立在墓前。本则记叙东源始祖张仲甫之嗣子张瑶(字季善)的简略事迹，及妻、子女等。

《明张本立处士墓志铭》

中宪大夫、湖广等处承宣布政使司右参议、同邑方勉拜撰：张讳道生，又讳存，本立字也，行二，别号东源耕者。少孤，性聪明温厚，不烦师训，理若素知。长负荷，益振家声，敬慎自持，孝友纯至。以租税甲区里，邑大夫闻其贤，推为区长，以收田赋。处士规酌适中，催敛以时，民无嗟叹。创置里社坛，严于事神，凿井里中，渊泉时出，无远汲之劳。配城东程士征季女，生子三：献、祥、吉。生洪武十三年(1380)，卒正统十四年(1449)。

> 按：本则铭记东源张道生之简略事迹，其为东源张氏第三代，在经济上有特长，犹以纳租税甲区里被推为区长，在东源村的发展中作有贡献。

《东源张氏重修宗谱序》

清河张氏居歙自彻公居黄墩始，其后迁居婺源，支派繁衍，至明初处士仲甫公始迁东源，今居歙南厚坞村，及散居他处，所称东源派者是也。考劳逢源《歙县志》之《都鄙》一卷，见唐时所称宁仁乡者，明时列入三十七都,其村六十有七,厚坞居其一,而东源之名目,志乘上无所征。意者张氏由婺迁歙厚坞,经浙江其水道大半由东方,故称东源;抑聚居厚坞之初,村之名称东源,其后改为厚坞,又或称后坞。从前人烟稠密,村不一姓,故张氏别称为东源派,不称厚坞派欤?年代久远,又屡经兵燹,文史散佚,无由知其详。要之,张氏自仲甫公迁居,子孙昌炽,至今日后裔众多,历二十余世,则固班班可考也。厚坞村位于问政山旁,问政为歙名山,周数十里,山之北,则岩碣嵲嵬崷崪崎齿,其水直下,故物产不丰;其南则岗峦虹纷,其水流迂缓,壑谷多曲,浸润周遍,且山非高峻,则阳光所及者,多涵煦百物,各遂生机,故物产亦较饶。厚坞山势崚嶙巃连,其中丘陵状如虎踞,壤地虽偏小,而以在问政山之南,故适于居民,在昔张氏迁居之始,殆亦如公刘之既景迺冈,相其阴阳,观其流泉,而以是为乐土欤?且地理与文明之关系,固自有天然之表现,而尤在人工之改良。张氏子孙结庐坞中,辟草莱,除荆棘,使鉴确山地悉变为良田,使嶻嶭之坂坻成为阶级重重,其功固匪伊朝夕,宜子孙之硕大蕃滋也。抑又闻之汉代诏合孝弟,与力田并重,盖正德厚生,非可偏废。张氏自周张仲以孝友著闻,而后汉时则张孝、张礼并有至行,隋时则张文翊事母至孝,以德化人,至唐则张公艺九世同居,更以睦族闻于世。其他在历史上以德行显名者实繁有徒,皆由克近人伦,以至家门兴盛。今张氏居厚坞者不下数百家,居鲍家庄亦有数十余家,迁居外省、散居他邑者,一时不胜详举。而自黻卿先生与其宗人兰馨诸君发起修谱,以合族中皆能尽力以底于成,足征笃于族宜古道可风也。呜呼!孝弟为仁之本,使中国人尽如东源张氏,并能推广孝弟之道,由亲亲以至于仁民爱物,国之兴宁有限量哉!

民国十六年十二月江友燮

　　按:本则原文全录,记东源张氏迁居、行政归属、位置、开辟之艰辛及繁衍情况,可了解东源之全豹也。该文作者江友燮于清末民初曾任歙县教育会会长、督学,南京东南大学国文教授、民国《歙县志》分纂,善诗。

卷八

《张安椿公赞》

新安东源张安椿,字孝思,幼即失怙,父经商维扬,藉祖母抚养。及长,习典业于吴郡,处事勤谨,为同辈所推羡。暇更研习岐黄,颇多心得,凡典中有抱恙者,着手辄多奇验。无何,父又弃养,乃返里悬壶自给。有子四人,而中年连丧其二,选膺奇变,一家数口生活迫窘岌岌。幸配庄氏,素有贤名,家务之余,劳勤自励,操女红以备不足。安椿坦坦而处之泰然。氏之宗祠管理者去世,接替无人,百端待理,乃共戴安椿公承之,整顿税租,清理积欠,筹款修祠内后庑楼屋及东源社屋、八公神庙等,煞费苦心,而克竟全功。

武进鸿纯晚刘凌民国十七年谨识

按:本则记述张安椿在吴郡经营典业,闲暇习医,返里行医,中年丧二子,生活艰苦,因得贤妻相助,才得好转,又管理维修宗祠、社屋、八公神庙等,赞扬了勤者之德。八公乃唐汪华第八子汪俊也,徽歙人称之为"八老爷",八公庙在今鲍川村俗称七里头处,今仍存,却已破烂不堪。

《惠吉张公暨继配吴孺人传》

张惠吉讳安禧,幼习贾,随父广余公于苏之角直镇,性勤朴忠诚,有肝胆,为居停所倚重。岁戊申(1848),角直遭洪杨厄,人皆逃避,公独部署店中诸务,检点器物,键镩门户,一一妥帖,扃门越墙而出,身几不免。自是兵祸日亟,父母相继殁,伯兄安和、从弟安伯先后殉难,托孤于公,公力任抚孤恤寡之责。从弟无所出,以己子魁嗣之。元配江氏卒,以家累重不再娶,为子魁及侄男女完婚嫁,而专致力于角直镇之鼎泰一店。其店屡兴屡踬,合股诸友,畏难退避,公独立持之,以信义为重,私利为轻,故能植基孔固,转危为安。由是振贫乏,恤孤寡,创善堂,联乡谊,热心公益,合三十载如一日,阖镇绅民无论识与不识,莫不重其为人也。不幸子魁病故无后,戚党咸劝再娶,公瞿然曰:余鳏居二十载,今届花甲而娶,是误人终身也。金曰:为善无弗报以公之德,宁斩其祀乎,坚请之,乃娶吴孺人焉。孺人世居歙南孝女乡,为永宝吴公第三女,性闲静寡言。公乃携眷至苏,并曰躬亲,不役佣媪,家道蒸蒸日上,内助之力居多,十年之间,连举三子,曰:芳銮、芳杰、芳植,二女曰:招弟、小妹。惠吉公年七十卒于甪直,孺人年未三旬也,守志抚孤,计二十有五年,维持遗业,毋使失坠,内则恩勤育子,俾克有成,苏歙往返,不辞劳瘁。厥后,婚嫁既毕,儿媳成行,始长居里门。然心力竭矣,其卒也,年五十有四。家业浸盛,三子成立,皆母教也。

民国十七年孝川沛仁汪鸿藻撰

按:本篇写东源张安吉经商江苏甪直,勤朴忠诚,受家主倚重,战乱中抚孤恤寡,信义为重,年届花甲续娶吴氏。吴氏为张氏生子女,守志抚孤25年,亦贤惠可敬也。

《张公安国先生传》

五品衔张安国,歙人,世居东源之厚坞,幼家贫,甚聪颖,事父母以孝,代乡里以和。父母相继而卒,以家贫不能习诗书,而就商业至苏州,蒙乡人荐一杂货肆徒。未年余,遭洪羊(按:洪杨)之变,公东奔西窜,避至吴兴,幸乃得脱。静难后,复得友人吹嘘于吴兴凌生泰酱园,为账职。公素性和顺,笃于信义,为同事所钦敬,不数年即擢为经理。未几年,其肆生意日隆,四方咸集,较倍于前。其时,公年才弱冠,且已聘本处新安关许氏女,将娶而卒,公痛恨不已。越二年,再娶郡城江氏女,颇有贤德。公以佣人之资,不足以敷衍家计,于是辞主东,自创小肆于本街。呜呼!时运不济,不数年而亏本甚巨。复由东相邀,而亏耗之款仍归旧东,又为之经理者数年。再辞旧东,重于吴兴创立福泰来米号,专行信义;又设复森祥酒行,不十年,所余之资以万计;又设恒意昌绸庄,其生意之发达,遂占于吴兴。徽人之商于吴地者,以公之信义照著,公推公为同商会董事。当其时,江孺已卒,戚友劝其再续,公决意推辞。未几年,公亦正寝,寿五十有八。

民国十七年吴兴胡彦文谨识

按:本篇写东源张安国经商苏州,性和顺,笃信义,生意日隆,徽商

经营之风可见一斑。

《张安照先生传》

安照张公，乡里中之杰出者也。幼时遭洪杨大乱，惨杀无道，血流成渠，骨积如坵，万落千村，半为灰烬。父母先后俱丧，孑然一孤童，转徙流寓，痛苦万状。公性勤劳，耕田养花，足供衣食。每有余暇，辄看书以自娱，有东篱处士风，几不知人间有富贵矣！居家俭朴，较量出入，恒不使之过，尝曰：俭从元旦起，莫俭在年终；又曰：宁可做过，不可错过。此语虽俗，亦圣人敏事节用之旨也。其在交际，善于知人，或论臧否，诚如所言，非明哲能如是乎？公年近九旬，须发俱白，其耳目聪强，无异少年。立法严谨，举家莫敢怠荒。三子俱贤，孙曾玉立；次郎韵卿，沉静明敏，有乃父风。

民国十七年 世晚生汪震淮拜撰

按：本篇写东源张安照在家乡耕田养花，节俭居家，立法严谨，子孙皆贤，有东篱处士之风。其中所养之花，当是此一带名产：珠兰、茉莉、白兰，统称"三花"。

《张芳芝先生传》

张公讳芳芝，字瑞卿，中正和平，仁厚君子，自舞夕之年即就商于苏省。学成归省，奉命完婚，孺人为西关巴氏，越岁育麟，充闾集庆，家庭和乐，泄泄融融。旋以国事不宁，洪杨肇乱，毒痛江浙，十室九空，大祸敉平，离苏返梓。遭家，不造妻、子俱亡，公乃一蹶。复振，继娶荷池程孺人，开设南货业于邑城之上路，藉图恢复，信实通商，遐尔蜚声，匪伊朝夕。无如天之所以厄之者，犹未已也，曾不数年，程孺人居然仙仙遐举矣！公是时虽近中年，仍复再接再厉，移商务于家内，以便部署诸端，因再续娶梅溪予之远宗江氏。子二：树明，字焕钦；树荣，字兆三。公生平处事精详，宅心忠厚，矜孤恤寡，济困扶危，凡有善端，莫不踊跃。谚云：德门有庆，为善必昌，信然。公归道山时，年七十有六，犹及见埙篪叶奏，家室咸宜，含饴分甘,弄孙自乐,晚福诚非浅哉。迄今,焕钦则创业于家乡,兆三则商战于浙寿。

民国戊辰通家眷晚江克恭协寅甫顿首拜撰

按:本篇写东源张芳芝习商江苏,战乱中妻、子俱亡,后重在歙县城上路街业商,因信实而蜚声退尔,亦见徽商之德。

《王弼张氏家谱》六则

《歙南黄弼张氏宗祠记》

按:歙南黄弼,又称王弼,亦称黄备。《王弼张氏家谱》自宋至明,历朝有修,其纂修者,宋为提幹公张安仁,元为紫阳后学张溥,明主修为北京礼部左侍郎兼翰林院侍读学士裔孙张一桂。

宗法废而萃涣之道湮,追远之礼阙,数世以后浸有疏置失考者,况其久者乎?夫水源木本,统汇于同,顾蒸尝弗逮,其何以绵继述而昭燕诒,仁人孝子必怆然动情焉。余故于歙南黄弼张氏家庙,穆乎有感也。新安张氏为著族,肇基于唐文瓘公八世孙正则,以上廷尉上书忤旨,谪为歙令,正则子知实为祁门令,知实子周为绩溪令(周,又名保望)。子彻,黄巢乱,所过地以黄名则辄免。新安有黄山,维时衣冠多以趋为避。而彻徙于黄墩,后复居遂家于婺之甲路。十传,为宋承事楫,游歙南石耳山而乐,来家于其麓之北,曰满田。折而东有别墅名曰黄备,备者,志备乱也。黄备者,志绩溪令黄墩所自保也。厥后,仿佛其声为弼,郡邑志因之。承事七世孙友淳,绍兴中(1131—1160)为宫讲,,见其地三面陡绝,两涧合于山下,山川内可田可圃,花鸟相娱,樵牧互答,谓不减桃园,因卜居于此。是为黄弼之始祖。三传,至登仕郎雯,生四子,伯叔二支(即大芳、大信)他徙,仲都尉大昌,季上舍大明止焉,而黄弼从兹有宗矣。递传及今,支派日繁,敦叙有恪,歙称宗范,必以张氏为称首。但祠以小宗支分,各折而为六,未有统

祠，族长老谋创之未果。万历十九年（1591），少宗伯公一桂，盖其先由新安徙大梁者，至是仕留都，归展祖墓，族长老重其来，相与言祠事，无不欢然，有同心矣。爰立宗正，承以副，相土卜地，酌议输金，鸠工聚材，而宗祠立，寝以居主，阁以祧，堂以合众，仓以藏粢盛，库以贮器皿，庖以供鼎俎。前为门楹，后列厢庑，树以崇表，垣以坚甓，而长松修竹，掩护映带于左右，恢敞壮丽，聿弘伟观。岁时以春秋祭，以元朔见，少长咸集，昭穆有次，彬彬焉，秩秩焉，翼翼焉，蔼蔼焉，于以对先灵而修俎豆，开来裔而广孝慈，人人知水源木本之自，触燕贻继述之田，盖群小宗于大宗，通一世于百世，而敬宗尊祖，返远若近，丝连绳贯，萃涣为一，则宗祠之所感动者真，而兴起者退也。张氏其世守而光大之。余固知王弼之宗，以引以续，寝炽寝昌，其殆与黄山并永也哉！社役也，建于坝之西田，广十丈，纵四十丈，计丁计产计资，共出金钱六千缗有奇，经始甲午（1594）之夏，以癸卯（1603）之冬落成。初谋创者，族长老某，而力赞之者，少宗伯公一桂也。以宗正董其事者某，而为之副者则若某。时费浩大，不为疑沮，务劝相以卒业者某，祠竣而述其始末，乞余记以垂以有恒者，则某之弟，余门人某也。余为谁？贤太史氏琅琊焦竑也。

万历壬子（1612）冬日，赐进士及第翰林院修撰、儒林郎直起居注纂修国史、东宫日讲官、琅琊焦竑撰

按：本文作者焦竑（1540—1620），明学者，字弱侯，号漪园，又号澹园，江宁（今南京）人，万历进士，官翰林院修撰，后曾任太仆寺丞、南京司业，和李贽交最笃。认为佛经所说，最得孔孟"尽兴至命"的精义，汉宋诸儒经注反成糟粕，试图引佛入儒，调和两家思想。著作有《澹园集》、《焦氏类林》、《老子翼》、《庄子翼》等。本篇先简记张氏迁徽歙满田及黄备之情况，后详记黄备张氏宗祠建设情况及规模，乃宗族文化之宝贵资料。

黄备之宗

黄备有二宗，一为大昌，一为大明，自宋绍兴迄，明万历，几二十世支

庶日繁，然无不推本，其所自始，而隆敦叙之风者，自展墓以至庆吊，群相趋赴，若服属然，秩如也，蔼如也，歙之称美族者，首归焉。祠以支分，故列为六。……卜地于坝之西，田广十丈，纵四十丈，以岁甲午经始，越十年癸卯冬而祠成。寝七楹以居主，上有阁以桃焉；堂七楹，以萃众；两翼为仓库，以藏粢盛器皿；前后庑十六楹，辟三门；表以五楹，其旁为厨，以供鼎俎；修竹映其前，长松偃其右，木石崇丽，似不止为一乡雄观。先后靡金钱六千缗有奇，输以三例，一以丁，一以产，一以资，而所藉于资者十之六，正若副，皆二宗之后，均任之。

万历壬子秋大鼎述

按：本则载于《王弼张氏家谱》记黄备张氏二宗及宗祠情况。

《张一桂传》

张一桂，字樨圭，号玉阳，嘉靖庚子(1540)四月二十四日辰时生，治诗经，祥符县庠生，中河南辛酉(1561)乡试第20名，登隆庆戊辰(1568)会试第96名，廷试二甲第51名赐进士出身，选翰林院庶吉士；庚午(1570)授翰林院编修。甲戌(1574)同考会试，修穆庙实录，成，进本院修撰，赐白金三十两，文币三双，罗衣一袭，宴之南宫。乙亥(1575)补经筵讲书官，兼管制诰；世庙实录成，进本院侍讲，宴赉如甲戌；令选直起居馆编修，纂六曹章奏。会江陵张相(按：张居正也)父丧情，吴、赵两太史上书得遣，公偕同年七人救，江陵从中刺取格不上，公遂移疾归。越三年癸未(1583)，始赴侍讲，满，再充经筵讲官；参订《大明会典》，进右春坊右谕德，兼翰林院侍讲，补经筵日讲官。乙酉(1585)尝以万寿圣节，从辅臣，后受金绮宝篆之赐，至优渥也。其年主考顺天乡试，号称得人，丙戌(1586)有联第举鼎元者，时贵人子弟，耻不见收籍。历两京祭酒司业、太常寺卿，升南京吏部右侍郎、翰林院侍读学士，寻升本部左侍郎。万历二十一年赴任，卒于途中，朝野共惜，得寿五十三，特赐三品全葬。门人私谥曰'文贞'，学者称为'玉阳夫子'。附府县乡贤祠祀。著有《经筵讲章》、《丝纶外稿》、《张学士漱秋堂集》及任南雍重镌《南北齐书》、《南史》、《玉海》、《通志略》共数百卷，并行

于世。生子:舜咨、尧俞。

　　按:万历二十一年十二月初二日,皇帝遣河南等处承宣布政使司督理粮储带管分守大梁道左参政房如式谕祭礼部左侍郎兼翰林院侍读学士张一桂,祭文称赞张'性资疏朗,学述渊宏,腾茂贤科,扬芬词苑',评价其"雅操弥坚于历试,清修无玷于平生',还是很高的。"张一桂是黄备张氏之佼佼者,因父经商河南而移籍,但中进士后不忘祖籍地,为故里作贡献。

《广南公传》

广南公,讳同童,字以文,号松斋。曾祖溥,字伯仁,号山泉;祖忞而,以仁德闻其乡;父宁祖,字彦康,素儒,学舍而归,陡遇红巾寇至,坠马而卒;母方氏,灵山女,遗腹生公。五岁,即端恪如成人,才识刚义,族人奇之。洪武初年,譬人赴京,诬奏伯父,譬人刑部监卒,公毅然蹑履往代,法司究以诬法坐系。对曰:不幸为人所诬伯父,宁以身代罪。法司嗟异,谪戍广南卫,孤身赴伍。乡人称广南公。国治未宁,公竭力匡国,经卒,不知其踪。闻者悲莫能胜。元配孺人讳许娘,生二男,长曰正宗,字用秩,缘县史;次曰正宏,字用毅,缘府史。后裔甲于一乡。

　　按:本则记黄备张广南于明洪武初年为伯父代罪之事,并上朔三代,下及二子。

《节孝传》

庄孺人者,余族侄妇也。少婉嫣,娴母训,自望族归余侄,有抱瓮举案风。侄隐于贾,什九在外,孺人持箒钥,攻苦食淡,门以内,一切倚办,朝夕韝蔽,自上食旧姑惟谨,处群似雍睦,无违言。侄不幸遭疾亡,哀毁几绝,誓以身殉者数矣。当是时,举子六,长仅垂髫,少犹呱呱泣也。里媪曰:若诚不忍于死者,奈何忍是诸孤?孺人蹶起,谢铅华,御镐素,以抚孤为己任。诸儿能胜衣趋办,即趋令就外传,课其学甚庄;比冠,先后授之室,则戒之曰：浴不必江汉，要之去垢；士不必融显，要之善良，尔若母忍死茹荼以育若，岂不欲若纡青紫徼一命为前人光乎？顾捐不可废之业，而觊所不必得之荣，谓失时何？且廉贾廉吏等耳。商之子恒为商，孺子勉之。傥能褆身砥行，无陨世家声，即老妇从尔父地下无恨。诸子唯唯，挟资斧游大梁，逐贵贱，操奇赢，子钱骏饶，益甲阛阓，兄弟迪归奉母，日具甘毳，含饴弄孙，愉如也。岁在焉逢涒滩，咸省觐入里门，孺人七十有七矣。偶抱奇疾，几殆，医诊治万端，终不效，诸子彷徨，计无所出，则焚香吁天蕲身代，既而泣相语曰：身，母之身也，母病困，何以身为？竞割股肉和鬻进。母甘之，尽一杯，病良已。邻族闻之，靡不咨嗟太息，谓孝矣哉，诸子也，急亲而忘其身。居数日，子锄竹园中地坟，得仗金焉，有文，非隶非篆，隐若"赐孝子金"四字。邻族益聚观如堵，以为孝感所致之。佺名亢芳，诸子则玄锡、玄镃、玄镗、玄钰、玄镐、玄钊。而玄钊从余游。赞曰：割股非古也，夫民生于三，事之如一，人臣策名委质，即不得爱其身，比干之剖心，演之纳肝，轸牧之表元碎首，非人子欤？假令藉口于中体，其何以责全躯苟免之，臣善乎？诸之子言曰：母之身也，亲之身，可移于君，独不效于亲乎？故割股非古，而古之人有行之者，诸子亦犹行古之道也。

赐进士出身、奉训大夫、右春坊右谕德、兼翰林院侍讲、经筵日讲官张一桂圭甫撰

　　　　按：本文系进士张一桂为族侄媳妇庄孺人诸侄孙及所作节孝传，从中可见徽商妇的坚贞与辛酸。

《节烈双辉序》摘

《王弼张氏家谱》载《节烈双辉序》，摘其要而录之，曰："歙民固多奇行，而女德犹称懋焉，其间以节著，以烈显者，比比皆是。至若节烈出于一姓，一姓出于同堂，此天下所稀闻，古今所未有也。歙之南有曰王弼，张太史玉阳公里也。里妇有胡氏者，张玄钰之妻也，以节著，而为之姑。有汪氏者，张天正之妻也，以烈闻，而为之妇。玄钰在里中称长者，不幸以中道夭，有藐孤二人，长天祥，次即天正也。玄钰死之日，胡自誓曰：未亡人，非

不能从夫子于地下，奈二孤何？子待我地下，我死无他。及天正壮，娶汪氏妇，未数旬而天正贾他郡，无何亦客死。汪闻之，待其丧归，亦不食而卒。余甚怜而嘉之，因题其额曰：'节烈双辉'，以奖之。胡不可死，故不死，不死，节也；汪不必生，故不生，不生，烈也。胡得汪而节益彰，汪得胡而烈益著。非独一门之盛，诚哉百世之师，奖之曰'双辉'，信乎，可以照映千古矣！

赐进士及第、朝列大夫、南京国子监祭酒、前左春坊谕德、中允、册封三次、赐一品服、经筵日讲官、兼修国史、翰林院编修汤宾尹嘉宾甫撰

按：汤宾尹，字嘉宾，明宣城人，万历中乡举第一，廷对第二，授编修，仕至南京国子监祭酒，有《照庵集》。本文记述黄备张玄钰妻胡氏、张天正妻汪氏节烈事迹，被赞为"节烈双辉"。

《张氏会修统宗世谱》五则

按：明嘉靖九年所编《张氏会修统宗世谱》，现藏歙县博物馆，载有得姓郡望、迁歙之祖、统宗本源记等，辑录如下。

得姓郡望

吾张氏之得姓者，自轩辕黄帝第三妃肜鱼氏之子曰挥，观弧制矢，赐姓张氏，官封弓正，主祀弧星，居尹城国青阳，后改清河郡，此张氏得姓之由，而望清河郡者独最。统谱以留侯为一世始，取千字文为行序。

按：本则记载张氏得姓始祖为黄帝之子挥，以职官为姓，郡望清河。

歙之迁祖

彻祖黄墩府君始居歙，由黄山历览名胜，卜迁婺之甲路。延畏迁幕山，阅四世，十承事汝舟公于宋天圣六年戊辰岁（1028），因娶歙满田胡氏，

乃于兹置产充裕,遂为家焉,永为歙之迁祖。

按:本则记载张氏迁歙始祖为唐末张彻,再迁歙始祖为张汝舟。

《歙邑朱方续谱序》

朱方,歙西之地,张氏自汝宜公世居之。汝宜之先讳友正者,祁门润田唐金吾志和公八世也,入歙学籍占于郡,始徙歙之新洲,居焉。其隐而能文,载在唐文粹可证。三传而又有曰锷,官至转运茶盐副使,赠太子太傅。锷之子秉,字孟节,试进士以魁天下,历官枢密直学士。秉生二子,长曰通,次曰逖,俱以父恩官大理寺评事。通庐父墓,居歙南之漳潭;逖子鼎,卒葬朱方,其孙坦于宋大观己丑登贾安宅榜进士,授荆州别驾,终于刑部郎中。汝宜公即坦子也,乃奉枢并母程夫人合葬朱方祖墓之旁。公以父恩授中书,寻念父祖墓道所在,因择地而居,以便岁时荐祭。则汝宜公为朱方始迁之祖。呜呼,自汝宜公以上,文章德业,忠孝大节,固耿耿于谱可稽者,如此也。今观朱方之张氏,国初胜甫公,富盛财产,冠甲乡里,故今里之人赀业坐落咸以张家村系之。义士积而能散,立义庄以备戎资,取重台宪廷仪。君见乡里中有贫乏死无所归,遂割所有以置义塚,及幽明两感。其季廷儓于先存日悯贫焚券、石砌桥路,并造亭以济行旅。他如廷伦、廷佐、廷信、廷儒等,亦各志行卓卓有为,可称可述。同迁于歙之新洲有漳潭,俱能传家好礼。朱方分迁有石首绣林,宦业炳耀,接迹于时。

嘉靖二十有二年春王正月上元吉旦,赐进士出身、广东巡按监察御史、黟邑几山舒迁撰"

按:本则记载歙县张氏之另一派新洲张氏,由祁门润田派迁歙之新洲,始祖为张友正,入歙读书为迁徙之由也。朱方在歙县岩寺镇信行村(今属徽州区),今名朱坊。

张氏统宗世谱本源纪

黄帝(姓公孙,名轩辕,有熊国君之子也)——挥(黄帝第三妃彤鱼氏

所生，为弓正，观弧星，始制弓矢，赐姓张氏，国封青阳）——昧（为玄真师，司五行水正之职）——允格、台骀（继司父职，宣汾、洮、漳大泽以处大原，帝因嘉之，封诸汾川，掌水旱疬疫之职，即山川之神，世享其祀，庙存太原县）——伊源（仲公之祖）——?——仲（讳广明，又名仲甫，世居鲁国，周宣王时，仲山甫荐公于朝，王以为卿，公不愿仕，隐居防山，开鲁国派，出尹城伊源公派）——逸——伯谦——信明——实——禹臣（为周司徒）——玄驭——熙——叔元——奉义（为晋大夫，徙居曲沃，曲沃派出鲁国叔元公派）——高陵——武宣——侯（为晋大夫，会诸侯战于鞏，以必死致胜，位列忠贞）——老（为晋中军司马，以善颂称于时）——君臣（为晋中军司马，平公即位之初，改服修官，蒸于曲沃）——趯（为晋大夫）——骼（为晋大夫）——进明（为晋大夫）——孟谈（为韩国师，迁廪延，派出曲沃进明公）——抑朔（为韩大夫）——开地（相韩昭侯、宣惠王、襄哀王）——平（相韩釐王、悼惠王，父子五世相韩）——良（字子房，韩为秦并，奋复君父之仇，佐汉收秦，破楚定天下，封留侯，惠帝六年卒，敕葬咸阳，谥文成，唐咸亨间，诏配享太公庙祀，事详忠传，迁陈留）——不疑（嗣侯爵）——典——默——金（为汉大司马）——万雅（讳千秋，元康四年封阳陵公乘）——嵩（官东郡守）——睦（字选公，为汉蜀郡守）——况（光武时为涿郡守）——协（字季期，为汉卫尉，北派之祖）——岱（字伯山，官泰山太守，迁清河）——弘——宾——颐（赠东牟太守）——幸（官至后魏青州刺史，平陆孝侯）——准之（为东晋青州刺史，嗣侯爵）——灵真（袭侯爵）——彝（字庆宾，后魏侍中，平陆孝侯，谥文侯）——始均（字孝衡，拜光禄卿，袭父爵）——晏之（字熙德，兖州刺史，迁昌乐）——虔雄（阳城令）——文瓘（字稚珪，相高宗，仪凤三年九月癸亥薨，谥溢国公）——洽（魏州刺史）——宥（扬州刺史）——衮（滁州刺史）——载华（御史中丞）——正则（歙县令）——知实（字礼仁）——保望（字谓叟，子三：衡、从、彻，唐禧宗乾符丁酉877年，与三子彻避黄巢之乱，迁徙至歙之篁墩。）

按：本则记载张氏本源，自黄帝始，至唐末张彻与父张保望迁歙止，计三千多年。

张氏派系叙

清河派，在山东东昌府西北二百二十里，本赵平原君封邑地，汉置东武城县，属清河郡，隋改清河县，唐属具州，睦公四世孙、泰山太守岱公居之，派出襄国。昌乐派，在直隶大名府城东南四十里，本汉昌乐县，属东郡，晋改昌乐县，后魏改昌乐郡，唐复置昌乐县，太守岱公十一世孙、隋阳城令虔雄公居之，派出清河。甲路派　县在直隶徽州府西南二百里，本隋休宁地，唐开元末析置婺源县，以县北水流于婺州，故名婺源，宋属徽州，元升婺源州，本朝(明朝)复为县，甲路在邑西七十里四十三都游汀乡浮溪里临河社，唐末歙县令正则公之孙保望公与三子彻公避黄巢之乱，迁徙歙之篁墩，后转徙甲路居之，开甲路派。　满田派，歙邑南四十里二十九都长寿乡怀德里清河满田祖社，延暇公四世孙汝舟公居之，派出星源甲道。左汉派，歙邑南四十里长寿乡怀德里清河祖社，汝舟公七世孙遇公居之，其逢源、柔岭、孙村、敬兴诸派同出满田。瀹岭派，歙邑南二十里三十六都孝女乡清河祖社，彻公三十世孙伏荫公居之，派出满田孙村路口。薛坑派，歙邑南三十七里三十六都孝女乡仁寿里方川社，汝舟公七世孙才公居之，派出满田。右汉派，在邑南三十里二十九都长寿乡怀德里仙源大社，汝舟公七世孙仲公居之，派出满田。岑山派，歙邑南十五里二十八都永丰乡上航社航埠头，汝舟公八世孙师典公居之，派出右汉。石岭派，在邑西，今徙良干，在邑东二十里明德乡良干里孝义社大理坊，师皋公八世孙原寿公居之，派出右汉。汉口派，邑南三十里二十九都长寿乡怀德里，汝舟公七世孙觉公居之，派出满田。东源派，邑南七里三十七都宁仁乡临江里东源大社，汝舟公十四世孙仲甫公居之，派出薛坑。武阳派，邑南六十里三十都孝女乡延宾里武阳溪东大祖社，汝舟公七世孙友淳公居之，派出满田。黄备派，邑南四十里长寿乡怀德里清泉宗穆社，友淳公四世孙大昌公、大实公兄弟左右居之，派出武阳。绍(庙)前派，邑南九十里三十都孝女乡延宾里安和社，友淳公五世孙岳公兄弟居之，派出武阳。佳(街)口派，邑南一百三十里三十都孝女乡延宾里义合上社，友淳公六世孙淑公居之，派出武阳。邵(绍)村派，邑南二十五里二十九都长寿乡云舒里龙腾大社，汝舟公七世孙友隆公居之，派出满田。㳦田派，邑南六十里二十五都仁爱乡金山

里,友隆公九世孙和寿公居之,派出邵(绍)村。定潭派,歙邑南五十里三十一都孝女乡章瑞里罗臻社,友隆公七世孙常德公居之,派出邵(绍)村。漳潭派,在邑南四十里三十六都孝女乡仁寿里漳潭祖社,宋学士秉公长子通公居之,派出祁邑润田。朱方派,在邑西二十都孝悌乡清泉里田忠社额名张家村,宋学士秉公五世孙汝宜公居之,派出祁邑润田。上路派,在县治附廓之内府城之东,宋学士秉公五世孙汝平公居之,派出祁邑润田。白塔派,在府城东附廓内上北街,唐金吾志和公十一世孙湧公居之,派出祁邑邑北。

　　按:本则记载张氏23支派系及所在,不仅为甲道派系,且有其他派系。

《武阳张氏宗谱》一则

满田分出张氏各派

　　按:清嘉庆间武阳张朝干之抄本《武阳张氏宗谱》,藏黄山学院徽学研究中心。据《张氏会修统宗世谱》可知,歙县张氏有两大派,一为星源甲道幕山派传歙县之满田派,二为由祁邑润田派传歙县之新洲派。前派为多,在歙有五十余处;后派为少,仅三、五处而已。现据《武阳张氏宗谱》抄本所载,将满田分出各派辑录于下。

　　满田派,自星源甲道幕山派分出。左汉派,自满田派分出。村末派,自左汉派分出。逢源派,自左汉派分出。柔川派,自左汉派分出,又分出八罗嵝。武阳派,自满田派分出,又分上门派、中门派、下门派。黄备上村派,自武阳派分出。张家山派,自黄备派分出。绍村派,自满田分出,又分外门派、里门派。余岸派,自绍村派分出。舾田派,自绍村派分出。右汉派,自绍村派分出。绩溪小北门派,自左汉派分出。敬兴派,自左汉派分出。泽富派,自左汉派分出。森村派,自左汉派分出,又分出朱家村。良干派,自右汉派分出。雁洲田派,自右汉派分出。绍前派,自武阳派分出,又分出沙滩坞。街口派,自武阳派分出。胡岸口派,自街口派分出。自成村派,自武阳派分出。薛潭派有二支,一支由自成派分出,一支由右汉派分出。稠木岭派,自武阳派分出。潘岭派,自稠木岭派分出。贤川口派,自绍村派分出。定潭派,自绍村派分出。遂安乌石派,自定潭派分出。嘉定望仙桥派,自定潭派分出。邑城派,自绍村派分出。岭口上村派,自雁洲田派分出。岩镇派,自满田派分出。薛坑派,自满田派分出。璜蔚源头派,自雁洲田派分出。淳安八都桐家坪派,自稠木岭派分出。淳安南村派,自桐家坪派分出。抽司派,自武阳下门派分出。又分出香炉嵋、柿树嵋、水塘坞、胡家山。张家坞派,自潘岭派分出。岭坑口派,自绍村派分出。孙村派,自满田派分出。路口派,自孙村派分出。又分出白石源。瀹岭坞派,自路口派分出,又分出一支至浙江嘉兴。葛山下派,自路口派分出,又分出程家坞、鸦雀坪。东源派,自薛坑派分出,又分出小沟(或即小洲)。凌村派,自薛坑派分出。瀹潭上村派,自右汉派分出。朱家坞派,自右汉派分出。绩溪大北门派,自左汉派桥头分出。大坑风山派,自抽司派分出。大坑庄山派,自抽司派分出。大坑外锤头派,自抽司派分出。又分出小沟外嵋。淳安小五都源头派,自抽司派分出。湖村派,自武阳派分出。湖洋派,自路口派分出。小沟(洲)上门派,自右汉派分出。又分出柘柏。绵潭坑湾圲后派,自小沟上门派分出。郑庄坞派,自湾圲后派分出。小沟下门派,自右汉派分出。石鸠派,自绩溪大北门派分出。绩溪岭北派,自左汉桥头派分出。大石门派,自大北门派分出。大坑口派,自湖村派分出。南岸派,自武阳派分出。竹川派,自南岸派分出。刘岭派,自右汉派分出。又分出胡隐堂、漳村湾。小阜派,自武阳派分出。又分出罗家源、荆竹嵋、创基坦、刘家田。黄备中村派,自满田派分出。又分出柏树下。林山派,自绍前派分出。

按:满田张氏分出派系计有60余支,可见繁衍甚盛。

卷 九

《富溪大本堂汪氏宗谱》四则

按：手抄本富溪大本堂汪氏宗谱，藏黄山学院徽文化中心。其记叙富溪大本堂汪氏情况。

《富溪大本堂汪氏世系源流序》

其《富溪大本堂汪氏世系源流序》曰："汪华九派子孙半徽郡，蔓四方，称江南巨族。吾支达公，王三子也，字德远，以征贺鲁、龟兹、高昌，功袭封上柱国越国公，出镇巩昌，奕叶绵绵。至五十世原公，官开元间，禄山寇侵，请诛戮，弗听，弃职隐于绩溪尚田。传五代，忠公次子五十五世遇公始迁歙邑，是为富塆始祖。历六世德旺公，生五子，编世六十有二，其四子善美公，吾支祖也。相传七十世有富公，时当宋元兵燹相侵，祠宇皆为灰烬，值兹微弱之际，因依渭阳之亲，寄居汪家段，创立永宗祠。厥后，至七十四世，支裔稍众。文仁公五子：学益、学义、学曾、学善、学鲁等，复归故族，先于溪上建今祠大本堂，以供祭祀；复于公庭清旧址前山业，以妥先灵，修筑垣墙，培植松荫，招善美公等灵魂，合葬其地，额曰：善美公墓祠，以为久远之计，自是祖宗之庙祀两地，绵延子孙之炽昌，支丁五房派繁衍族中，无出吾祠矣。

道光戊申孟冬月上浣八十三世裔孙德铖识

按：富溪，即今富塆，其始祖属汪华第三子达公支，迁歙邑富塆始祖为汪氏五十五世汪遇公，自绩溪尚田迁入。

原公始迁尚田略

《富溪大本堂汪氏宗谱》载始迁绩溪尚田祖原公事略,文曰:"公讳原,字尚伦,号托天,幼敏慧,隐居不仕。为人平生乐善,逢山开道,通轿卫之往来;临水叠桥,跨长虹于河间。无任乡之题柱,免终军之弃儒。东耸有巅,名曰吴山,如来去后,金鸡不鸣,山头长现祥云,祈祷雨阳时茗。西生石镢,名曰龙潭,四畔游鱼扇浪,八方海兽惊波。曾受神仙所化,遂来石相于今。北拥山旋胜峦,而乔木参差;南性宝藏,涌泉瀑布,而白水潺湲;坐平山之阳,距林麓之坻。鼎新轮奂,不日落成重堂叠厦,三窗六牖,玲珑杰阁,危楼八面,九间突之,其堂曰正心,楼曰存德,里曰居仁,地曰尚田。携家居此,山川之奇,于斯为盛,宜为子孙百世之基,瓜瓞绵延荫之。因图记之,以示不朽。后,公生子一、女一。迁绩溪尚田,自公始也。

> 按:本则载绩溪尚田汪氏始祖汪原公事略,重点记叙尚田风水之佳及创建之盛。

五世事略

五十一世护公,原公子,即十二公,字元佐,笃学力行,手不释卷,结庵操守,朝荠暮盐。时人语曰:此子有撞破烟楼之志。后及第,至德、上元、永泰间,历任淳安县丞,转宁府同宣城刺史,大历四年己酉(769),升洛阳太守。生于开元十一年癸亥(723)六月十八日寅时,享年七十九。娶胡氏,生四子:朗、诠、讯、昭。五十二世朗公,护公长子,即四公,字求明,生而美姿容,有膂力,能举鼎,持铁棒八十五筋,善骑射,行走如飞。唐元和丁亥(807)春,钦天监奏江南有将星升,闻朝廷,知公勇力绝人,夏四月初三日,遣太尉李光弼赍诏到府,宣公入朝,即授值殿大将军。平海寇刘辟,囚至京师枭首,加封镇海将军、节度使。又李骑反,诏公讨之。十四年,因韩愈上佛骨表,谪贬潮州,公伤之,告病归田。十五年二月初七日卒。讣闻朝廷,赐公金帛,遣使御祭。娶洪氏,生子诜。五十三世诜公,朗公子,又名宁,即十四公,字仁发,宪宗元和九年(814)入郡庠,读书不出,乐于平淡,常以清苦守于斋,邑人咸器重之。泰和九年(835)乙卯贵春,选任池州

通判;己未,诏征东京留守。惜乎!公不寿,卒于洛阳,敕送归葬旌德新桥下子山午向。娶冯氏,生五子,第五子名忠,其余四子,老谱皆未详其名。旌德教谕赵奇悼留守诔公亡诗:留守东京迹以疏,洛阳闻讣重嗟吁,才猷已中龙颜喜,名节深干鼠辈诬。落月几回成梦寐,归鸿千里隔江湖,读书庭馆皆依旧,不见蓝田隐相儒。(蓝田,即尚田也)五十四世忠公,诔公子,即银六公,字公正,幼聪敏勤学,行不踸步,坐不偏倚,礼不慢人;长而立事有方,敦厚伦俭约。懿宗咸通五年(864)甲申,举孝廉,为东河令。己丑,蝗旱,公解任还乡,以阴德济人,为心常存,蓄稻二万八千余秤,散济远近之民。生三子:道、遇、裕,皆夫人周氏所出。公寿至八十九而终。五十五世遇公,忠公次子,字清和,又字恒德,即小七公,少颖悟,为人孝友,不乐仕进,聘陈氏,早卒;娶沈氏为室,生二子:谅、郁。光启二年(886),由绩溪尚田迁歙县富溪始祖也。殁于唐长兴庚寅(930)十二月。后,公与沈氏合葬本都查水塌未山丑向,呼为蛤蟆跳过圳,即公墓也。

> 按:本则记载绩溪尚田汪氏自五十一世至五十五世繁衍事略,五世人中有文官,有武将,有儒士,有孝廉,有不乐仕进者,亦有以阴德济人者,佳风代传。

遇公始迁富溪述略

公讳遇,字清和,又字恒德,即小七公,河东尹忠公仲子也。幼聪敏,上司督报才能而与公焉。郡守董昭明见其丰姿俊雅,欲举入孝廉。公辞。董公仰参吏房,聘任蜀川府判陈高显公之次女,未婚而殁。至闻讣音递报,公不胜哀悼。张志贤曰:人生丧妻如更衣耳,何伤感若此?吾歙北沈氏有女,仪容贤淑,且与同庚,筮之吉,归告父母,聘而娶焉。公不乐仕进,尝游黄山,道经凤凰岭,览山水之奇胜,顾沃野之宽平,乃谓里人曰:辟此野以充仓廪,不亦善乎?里人告曰:辟野不难,得水为难耳。公徘徊,久之,喟然叹曰:古人平水土播五谷,为生民造福于千百世之下,吾曹徒食而无益于人世,幸事业可建而不为,良可叹也。时方唐光启二年(886),或以为咸通间,公乃构屋岭下,捐财募工,辟野成田,拦溪成塌,沿山傍岭,引流灌溉,遂致五谷丰登。里人德之,名其塌曰富塌。群相率而居之,乡因以塌名。后，复躬倡立社于居旁，以酬土谷之神，额曰：富资大社。而公遂世居焉。殁唐长兴庚寅年(930)十二月，享寿七十余岁。后与沈氏合墓于本里查水塌汪家墓未山丑向，土名蛤蟆跳圳形，即公茔也。生二子。迁富塌，自公始也。

> 按：本则记汪遇始迁富塌之由乃娶歙北沈氏女，见此山水奇胜、沃野宽平而定居创业也。

《北岸吴慎德堂族谱》四则

> 按：《北岸吴慎德堂族谱》为歙县北岸吴氏一堂之支谱，谱名八字隶书，为歙县定潭人、著名画家张鹏翎敬题。

《少微公谱序》

吴氏本长沙王吴芮，自黄帝之后，姬姓。姬周之隆，于后稷始，至于公刘，传绪于古公亶父，追尊太王，长子泰伯让德居吴，仲雍曾孙周章受封，因著姓。世笃忠贞，夙烈服劳，王家锡爵胙土，在延陵之地，积厚流光，蔓延天下，枝蕃派衍，殆不可纪。家藏谱系，肇自长沙王三子浅，得新安山水之胜，贻后来苗裔迁居焉。衍至我考，传二十九世，距千百余年，委蛇节次，班班著见，予博采稽评，证以经传，其巍庙古篆，烈烈封珉，拔萃英奇，积代茔域，罔不具备，敬编家乘，庶古之宗法，仿佛其余顾非幸欤？

> 按：本则简述吴氏之源。

《巩公谱序》

自受封得姓始祖，衍至家君，凡六十一世，遂成谱帙三本，一伯父太微公收，一家君收，一叔父保微公收，是为贵溪派，而家君由歙徙休石舌山者，承祖庄书之舍也，解官修德于此，遂世居焉。

《北岸吴氏宗谱序》

吴少微（唐御史，字仲材，号邃谷，由歙迁休宁吴里，唐长安元年辛丑，以经术第进士，中兴初，吏部侍郎韦嗣立荐于朝，与武功富嘉谟同时为左右台御史，且相友善，先是天下文章以徐庾为宗，气调益弱，独公与嘉谟属词，皆本经术，雄迈高雅，时人慕之，称为吴富体，谥曰惠，入祀乡贤，娶朱氏，封夫人，合葬石叶山，继程、赵、王、刘氏；其兄泰微，居问政山；其弟宝微，迁广信，为贵溪派。其子巩，字叔固，一字定国，亦以文学知名，唐开元间第进士，历官紫微省中书舍人。）十传有靖公者，迁富饶（按：靖，一名彻，字道安，一字一清，后周世宗显德二年与弟竦由休宁同迁歙西，分居孝悌乡富饶）；又八传及璟公者（按：字德莹，生南宋高宗绍兴二十九年，殁甲辰年），由富饶迁大佛；考璟公再世，得派凡四，然未有守大佛者，惟曰愿公者生赵公（按：讳九，生宋理宗淳祐元年，卒元成宗大德六年），自小阜西岸，迁于北溪（按：北溪即北岸），北溪吴氏则自赵公始；赵公曾孙二，伯德超公，仲德起公，德起继方村方姓姑父，生二子，长宏一，嗣方姓，次胜祖又嗣伯父德超。

按：本则记载吴氏迁歙始祖吴少微中进士，任御史，文章雄迈高雅，被时人称吴（少微）富（嘉谟）体，及在歙州衍脉，至迁北岸脉络。

吴姓始祖

自黄帝至泰伯，间有十八世，泰伯为吴姓始祖。商武丁十祀四月初四日生。《史记·泰伯世家》，古公生三子，长泰伯，次仲雍，三季历；季历生子昌，有圣瑞；泰伯、仲雍知古公欲立季历以及昌，乃断发纹身，逃于勾吴荆蛮之地，荆蛮之人义而归之者千余家，立为吴泰伯，泰伯无嗣，仲雍传立，故以泰伯、仲雍为吴姓第一世祖。

按：本则记吴姓得姓始祖为泰伯，乃封地为吴也，并用《史记》记载为证。

《曹氏统宗世谱》三则

《老序》

曹氏出封于周文王第六子振铎公，出封于曹国，遂以为氏。春秋以降，代传不绝。证之唐远祖，某（按：谱中古字，难以查出，姑以代之）公居宣州南鹿岭，因唐季黄巢宣红巾蜂起，故宅莽为盗区穷逼，幸获全之龙城，卜宅悬鱼洞之原，龙城即彭泽是也。子贺文迁龟山之阳，厥后聚族亦众。建宋，彦约举进士，累官至兵部尚书，赠金紫光禄大夫，食邑六百户，谥文简公；文敬公至礼部尚书，食邑三百户，贵显甲于他。环堵而阛，聚者亘十余里，闬闳相望，冠盖蝉联，于垣于阓于幕于守，登科取第者，不胜其多焉。厥后，迁族寓世济其美，散居北原、石山、黄茅，潭恩公五传汝遂公之裔也。山田、长岭、鄱阳，亦塘之秀公之裔也。

按：本则载曹姓始祖为周文王第六子振铎，其封于曹国，遂以国号为姓氏，并简述曹氏之繁衍。

《曹氏谱牒序》

始祖全昱公，汴梁祥符县忠良乡人也，生宪宗元和四年（809），幼谨言，事亲孝，处宗族义，夙有雄才大略，超越人群，抑且熟弓马，善诗赋，时人畏而服之。唐懿宗咸通十三年（872）秋，盗兴，弟全晸授河南都尉，领兵剿之，盗溃走，生擒五百余人。后，明府留为保障，寻升江西。乾符六年（879），黄巢播乱，兄弟分散，迁居南京，次迁青州，再迁休邑；生二子，长存宾，次智及。中和二年（882），韩简反，应黄巢寇郓州，公逆之，战死于阵。后，巢破青州，则支裔不可复居，故全昱公次子智及公迁附休邑，次迁绩溪七都，既而再迁黄山园石金湾，隐居于此。世次彰明，亲疏不紊，千支万派，无有遗者，如此云尔。明洪武丁卯岁三月上巳承吾郎左春坊汪仲鲁书。

按：本则记新安曹氏始祖为全昱公，在唐末征黄巢义军之时。

曹姓世系本始图

得姓祖叔振铎（周文王第六子）——太伯脾（初封伯爵）——仲君平——宫伯侯——孝伯云——夷伯喜——戴伯苏——惠伯兜——惚公武（始晋公爵）——桓公终生——庄公夕姑——仲简（庄公次子，以后嗣公不载）——进（仕鲁，为遂日宰）——列（为鲁庄公将，详《左传》）——师（字子鱼）——騑（字仲马，为成公使蔡，留居蔡）——绌——叔征（为汝南大夫）——上蔡侯恤（字子循，唐玄宗时封为曹伯，宋真宗时封为上蔡侯，明朝从祀孔庙）——鹇（为临淄牧）——珩（蓋屋大夫）——晶——颖——鼈——莸（为秦沛令，因居沛）——沐——参（按：《史记·世家》，曹参佐汉高祖，攻城略池，其功最多，封平阳侯，代萧何为相，清净宁一，厥后，氏族繁衍）仲达（淮南御史，参公次子嗣侯，不载）——巩（赣榆令）——昇（御史大夫）——翼（为太尉）——兴——迷大（南林太守）——毅——通（娶班彪女淑姬，号曹大家）——弘——褒（字叔通，为博士、侍中大夫）——琏——仡——玥（为亳州谯令，遂家谯，字伯玉）——田（字仲耕，为兰台令史）——元理（善算术，孝女曹娥在此行列，为陈广所推重）——赆——玄——锡——曾（汉尚书令，积石为仓以藏书，号曹氏书仓，生二子，长讳节，即魏武曹操之曾祖也；次讳潺）——潺（为御史大夫，生四子：庶、几、中、庸）——几（为晋室参军，即新安之支祖也。）——灯——伯埙（任济阳主簿）——良（任江都令）——彦（良次子，字子翁，生晋惠帝永熙庚申年）——恭（彦之三子，字允恭，任江都令）——摅（字颜远，为中郎将，因壬道作乱，亡于阵）——眰（袭父之爵）——卦——伯毅（东晋任开封刺史，遂家汴）——昱（为太尉）——得远——仲（讳景，字子震，梁武帝时为右卫将军）——衍——晟（为丹阳掾，不避豪强，转授尉）——璟密（会稽尉）——叔敬（为江州司马）——文奎——臧——义宗——霸（为大将军，致仕）——蓟（为荆州通判）——辖（为泽州尹）——公权（为潼关头目）——邺（权次子，字邺之，生隋文帝开皇己酉年，登进士，授洋州刺史，转宿州，遂家居，与刘文静、房玄龄同修《刑统传律令》，唐太宗闻而知之，召入震殿，曰：称奉先朝顾命，忠节人主，此社稷臣也。贞观辛丑，拜封为荆公，墓中和溪口梓木墩）——义（邺之三子）——伯全——昭——济名——圃梅——耿（次子）——珙（次子，字明远，淮安太守）——全昱（号尚贤，避黄巢乱，自青州迁休邑，次迁绩溪，三迁黄山石金湾）、全晸（讳宣，字文渊，号伯海）。

　　按：此为曹姓自得姓始祖至黄山石金湾曹氏之世系图，歙县雄村曹氏亦全昱、全晸之裔也。

《新安濠西罗氏宗谱》四则

　　按：呈坎罗氏族谱，盖宋鄂州公罗愿创之，元罗贵及保寿公等续之，祭酒公某又续之。当时，恐刻字易改，更以墨榻装潢，谱印于官。明兴，传道公及寿永、文渊、佐俨诸公，递有修本。至万历十年，佑公再续之。梓行至今，计百五十五年矣。

朱熹《又识》

　　宋乾道三年（1167），朱熹应罗愿之请，为罗氏宗谱作序后，又写'又识'曰：存斋又谓曰：兄之先世在婺源，既知之矣，而先世之先所出何在？熹曰：予传闻在歙通德乡之朱村，与祝外祖家相去不甚远，又后迁婺源耳。先君宦于建阳，遂家焉。然春露秋霜之感，上世之情，未尝不以祖源为念也。存斋又曰：通德乡朱村有考乎？熹沉思不能应。存斋云：通德乡者，今为吾世居之地，朱村为近邻，至今犹云朱村云云，无异矣。熹乃下拜曰：然则熹与畏弟乃闾里人也，使人醒然，交泣下。是夜留宿，剧论比晓，又订后会。今并书此以俟之。虽然宦途逆旅，踪迹无常，道义之情自尔难尽。

　　按：由本则可知，婺源朱氏本源自歙县通德乡朱村，此乃朱熹与罗愿对话道出也。

《罗氏族谱序》

吾家之汉相罗珠之得姓，传三十有三世，至罗一翁者，初讳秋，改讳隐，系江西南昌府人，洞明文学地理，唐末之乱，厖家产编泽里居，至歙西四十里，地名龙溪，改名呈坎，山水缭绕，风景中和，遂筑室居焉，为呈坎始祖，殁葬黄龙山麓之阳，曰杨干。大宋末，本家奉直大夫通判萧公迁歙宁泰乡，额名杨干院，于墓前临溪捐产税其中，俾奉香灯为悠久计，配孺人汪氏，葬本里地名曰东里。传八世，为吏部尚书汝楫公，公子二为郡守，四为通判；为鄂州知府曰愿，郧州知府曰颂，夔州通判曰颉，福州通判曰吁、曰颢，蕲州通判曰顾。子孙世代显宦。至宋以来，孙枝众多，遂散居四派，曰歙南章祈，郡城祈，黟县、绩溪、休宁，远者宣城、宁国，太平罗村、泾川、南陵、池阳、贵池、青阳九华，山西格口，铜埠淮浙者，而族其间，或有服尽亲尽，卑逾尊，疏逾戚，喜不庆、忧不吊者，若涂人矣。

元大德九年乙巳（1305）孟秋知严州府事郑仲贤代罗贵笔作

按：本则载罗氏得姓始祖为汉相罗珠，传三十三世后有罗隐者，于唐末自江西南昌迁歙西龙溪为始祖，并述及宋以后的繁衍各处。

罗氏得姓及呈坎之名

"考罗本周封小国，后乎荆楚子孙以国为氏，星处江汉，豫章为多。罗氏之得姓始祖出自汉相罗珠，之后，子孙因以为氏，望出豫章，传至三十二世，先物府君字义通，娶吴氏，生三子，长子一翁，讳秋隐，系江西南昌人。默得圣贤道统之传，旁通诗人辞赋之要，地理之术，天文之秘，知而不言。唐末之乱，捐家资之重择地，得歙西北四十里地名龙溪，改名呈坎，盖地仰露曰呈，窊下曰坎，罗仙真人拔宅升仙，亦其裔也。

按：本则在记述罗氏得姓及始祖外，又述呈坎之含义。

罗汝楫及子孙

　　按:《新安溧西罗氏族谱》载宋代罗汝楫及子孙情况,可知该族亦是人才济济,尤其是罗颂、罗愿兄弟皆任知州,人称"郢鄂二州",且罗愿为著名学者,著有《新安志》《尔雅翼》等传世作品。

　　以罗秋隐为呈坎罗氏为一世,第八世为罗汝楫,字彦济,号湛室老人,政和二年壬辰(1112)科莫俦榜进士,历官吏部尚书、龙图阁大学士,敕封新安开国侯,赠少师开府仪同十师(详《宋史》、《新安志》)。葬汪龙坑,有墓志碑二口,在墓所墓前。有本家多宝尼院,四通判女自幼为尼于其中,洪武年废。妻吕氏,赠魏国夫人,葬本里夫人祠,其祠乃通判、知府公等庐墓所,即奉吕夫人主于中,墓在祠左;又王氏,赠楚国夫人,葬黄龙外坞;又余氏,赠鲁国夫人,葬汪龙坑左臂。公著有《东山猥稿》二十卷、《奏议》八卷、外制二卷。生子七:颢、吁、颉、颂、愿、顺、虎臣(降继吁为子);女二:长适右从政郎、荆南节度使胡昌,次适右奉议郎、签书常德军节度判官俞樯。歙城颢公之后,雍正八年建有文献家庙。汝楫公二十四岁中进士,生哲宗元祐四年己巳,殁绍兴二十八年,时年七十岁。长子颢,字端素,朝散郎,通判福州,妻万氏、周氏,子七:表臣、宁臣、介臣、克臣、世臣、恭臣、令臣(出继)。次子吁,字端俊,承议郎,通判福州,妻汪氏,子三:虎臣(弟降继为子)、力臣、信臣。三子颉,字端翔,承议郎,通判夔州,妻姜氏,同葬白水寺,子四:似臣、儒臣、仪臣、任臣。四子颂,字端颕,由孝廉仕朝奉大夫,知郢州,葬小岩干村,即百丈坞;妻宋氏,封安人;著有《狷庵集》,与弟愿称"郢鄂二州",配享文庙,谥文献;子一,阜臣;女二,长适进士张泰初,次适小溪项元刚;公生绍兴三年甲寅,殁绍熙二年,享五十八岁。五子愿,字端良,号存斋,乾道二年丙戌萧国梁榜进士,三十二岁朝请大夫,知鄂州,著有《春秋传注》、《尔雅翼》、《新安志》、《鄂州小集》;妻朱氏、吴氏,封孺人,同葬西峰寺,墓载歙志;与兄颂称"郢鄂二州",配享文庙,谥文献;子四:经臣、孝臣、钦臣、睦臣,女三,其一适吴文肃公子坰,文肃,竹洲先生也;生绍兴丙辰,殁淳熙十一年甲辰。六子顺,字端长,中散大夫,通判蕲州,主管建昌军仙都观;子一永臣,本里、章祈、黟县等皆公之后也。诸孙中有:表

臣,字正卿,宣教郎,婺州兰溪丞;宁臣,字长卿,修职郎,建康都税院都税;虎臣,字鸿卿,文林郎,江淮等路坑冶司干;力臣,修职郎;似臣,字萧卿,绍熙四年癸丑陈亮榜进士,仕安庆府教授;任臣,字毅卿,紫阳书院堂长;睦臣,字顺卿,儒林郎,南康路录事参军;永臣,字寿卿,奉议郎,昭庆军金判、宁江府通判,主管建昌军仙都观。

《棠樾鲍氏宗谱》五则

按:《棠樾鲍氏宗谱》为明天顺三年己卯(1459)棠樾鲍氏十五世鲍宁编、十六世鲍泰于天顺七年续编之谱。本宗前后编谱,宋有鲍術,字永高始;元有鲍周,字景文再续;明有鲍宁,字庭谧重编,其子鲍泰续完;清有二十四世鲍光纯于乾隆二十五年庚辰(1760)《重编棠樾鲍氏三族宗谱》。

歙之名儒大族

歙名儒大族特多,槐堂(塘)程氏有讷斋丞相程公元凤,稠树(墅)汪氏有浙东提刑汪公应元,溪南吴氏有耨斋吴公自中,山前汪氏有制干山泉汪公仪凤,他如呈坎罗氏,茅田方氏,岩寺吕氏,长林、跳石郑氏,叶有(西)曹氏与棠樾鲍氏,皆显显者。寿孙乃棠樾处士宗岩字传叔之子,其祖母乃提刑之姐,而丞相乃提刑之表兄,寿孙之祖实生制干,而长林郑氏有菊存公天麟者,乃自溪南吴氏来继,即寿孙之母舅。

按:本则记述歙之名儒大族为槐塘程、稠墅汪、溪南吴、呈坎罗、棠樾鲍等。

鲍氏之源及棠樾之始

观其旧谱所载,自齐卿敬叔食采于鲍,因以为姓。其子孙叔牙等世为齐大夫,衍脉至魏御史中丞鲍勋之后,乃自青齐迁于江左,今谱仍存其旧。按其先世居新安郡城西门,至荣公始迁棠樾,去郡城十里许,实其别墅。荣公以前，谱罹兵燹，世次莫知，故断。自荣公为始祖，传系至庭谥之孙，凡十有八世。自祖考而上，历书名讳字行，生卒岁月，与夫婚葬出处，遗忘不知者，缺而不书。

    按：本则记述鲍氏之源为齐卿敬叔食采于鲍，因以为姓；棠樾鲍氏始祖为鲍荣，自郡城西门始迁棠樾，其地实为鲍氏别墅也。

棠樾始祖至十五世延脉

    按：《棠樾鲍氏宗谱》载河南庚子乡贡进士直隶凤阳府儒学致教官祥符韩忠景贤于天顺四年岁次庚辰夏四月谷旦所书"棠樾始祖至十五世延脉"。

棠樾初祖曰荣，始居郡城之西，隐德发祥，因建别墅于棠樾，子孙家焉。其后族脉蕃衍，著称棠樾鲍氏，屹为远近之望。传至八世祖讳宗岩，当宋季与其子寿孙，罹群盗之难，父子争相为死，贼两释之事，载宋史孝义传及郡志。宋史旌为慈孝鲍氏，而暨目所居曰"慈孝里"，资产世丰，族日繁大。谱成，族之长曰文芳公命其子时明，将以自随至汴，示予请序。予考鲍氏之先由汉魏至唐，名贤辈出，其迁新安也，以名族称。至十世祖景文举博学，为师儒，所作有《乡林小稿》。十一世祖国良累官至会昌同知，阴德及人尤多。十二世祖伯源以文学为当世儒宗，授师山书院山长。十三世祖尚绚，学识直追古人，而制行尤高洁，国朝举授翰林修撰，寻改除耀州同知。至十四世为处士之先君子必成，积德有常，行义可尊，子三人，处士其仲子也，是为十五世矣。下逮子孙孙子，蜇蜇绳绳，其益昌且大。

鲍氏得姓及郡望迁徙

吾族本姒姓，夏禹之后，有曰敬叔者仕齐食采于鲍，因以为氏。敬叔生叔牙，世为齐卿，知管仲之贤，荐以为相，齐国之兴也，实赖之。至三国时，其裔曰勋公，字叔业，为魏御史中丞。厥后有自青州迁新安者，实勋公之后，而吾派所从出也。（至元辛卯冬十一月长至日，裔孙周书）《氏族志》

云，鲍本姒姓，夏禹之后，有鲍敬叔仕齐，食采于鲍，因以为氏。《韵会注》云，鲍姓出东海泰山河南之望，泰山、东海俱属齐，则鲍地在其间明矣。郡望尚党，尚党，古冀州之城，本潞之国；春秋初为黎国，后为狄境；三晋分地，属韩；秦置尚党郡，唐置潞州，今仍存。故鲍氏之先自鲍徙居尚党，族姓盛大而望出也。鲍氏迁居郡地，鲍为食采之地，自后有迁居尚党者、河南者，有自尚党迁青州者、中山者……盖青与尚党近，则吾宗望出尚党无疑。吾家自五世祖而上为宋南渡前人，与黟之鲍通谱居郡城西门，建别墅于今居之棠樾，至高祖始自携家居焉，今按高祖即居美公也。公生建炎庚戌（1130），以上是为南渡前人云，与黟鲍通，其必有据。若同邑鲍泽等处者，虽所居接境，稽之往昔，未尝有一言通，是派之不相及也。如严之遂安有石塘、宣之旌德有鲍村、饶之浮梁有龙溪、梧溪，四明鄞县鲍氏、灵应鲍，同姓未必同派。

　　按：本则仍述鲍氏得姓之源，以及郡望迁徙、繁衍情况，新安鲍氏乃由青州迁，青州鲍氏由尚党迁，故郡望尚党。

鲍氏迁新安源流

　　勋公，字叔业，世居青州，魏御史中丞，生二子：汶、沅，沅生炜，迁汴；汶举明经，为尚书郎，后为太常卿，生子辉；辉生三子：崑（迁北）、嵩、崇，为山涛所知，太始初，涛甄拔之，拜著作佐郎，官终冀州刺史；嵩生二子：债、俊，俊生澧，迁淮；崇生三子：信、仲、伸，伸始迁江南。伸公，太康中，齐王攸为大司马，都督青州，荐坚举能，闻公贤，以孝廉举，初授国子博士，转户部尚书支度员外郎，累上利民救边之计，以济当时之益者二十余事，寻以公有文武才，拜护军中尉，出镇新安，盖以平吴之初，而郡又新立，犹恐民心未安，故遣重臣以镇之。公既至，抚绥施设有方，各得其所，又且号令分明，军民悦服。未几卒于官。子孙占籍，遂为新安人。此后有十四世。

　　按：本则记述新安鲍氏始迁祖为鲍伸，于晋太康间出镇新安，子孙占籍，遂为新安人。

《章祁章氏谱》五则

《章祁章氏族谱序》

按：明万历二十八年抄本《章祁章氏谱》，藏歙县博物馆。其载元大德乙巳（1304）新安迪功郎曹泾清文书之《章祁章氏族谱序》。

章氏之先，出自齐太公支孙，封于鄣，其后去邑为章，齐将章子泰，其后也。以为姓而谓之章氏者，世居河间，大商周之际，表表名贤，至秦而汉、晋、齐、梁、陈、隋、唐、宋、元之间，宦而盛焉。子泰公五世孙璇公为新安太守，籍居城南二十里章祁，自浦城迁后，犹为益盛，不可胜举。其间岁数益远，迁居不一，常虑昭穆不明，尊卑多有失脉，是以修其谱书，考之本末。传至陈文帝，有章昭达，荅铉及早告之曰：何以尝梦。对曰：当效犬马，以尽臣节，名拜司空。世族之原而谓其学，学士公章玺之功业绩德，仰于公之在当时之文章事业，如此其感，流传于今。至唐太宗贞观二年（628），有章顶公，五子二女，其母入山采桑，女孝行，刺史刘赞、观察使韩滉申奏朝廷，二女行孝，乃改其合阳乡即孝女乡，以子封为孝名，皆氏之孝道也。至十四世章孝标公，唐元和（802—820）中进士第，乃作《归燕诗》上考官庚承宣云：'积累世巢泥已落，今年欲向社前归。连云大厦无栖处，更傍谁家门户飞？'上知举侍郎郑愚云：'翊翊飞燕尽堂开，送古迎今几万回。长向春秋社前后，为谁归去为谁来？'有二子：全益、全启。传十三世，五代时有章仔钧，家贫乐道，居乡有贤行，子孙多显士，娶练氏，生子十五人，仁崇、仁郁居长，多为显宦。至有章得象，字希言，生时梦庭横象笏，因以得象名之，性端重，宋仁宗朝在翰林二十年，怡然自得，处相位八年，亲戚子弟皆仰而不进，封郇国公，谥文简。后又出章惇，字子厚，宋元丰（1078—1085）中拜相，封申国公，二子：持、援。章援，宋元祐中进士第一人，兄持第十人，时东坡知贡举，属意李方叔，今叔党持一简与之，值其出仆，受简，置几上，偶章持兄弟来访，取简窃视，乃刘向优于扬雄论二篇。持云已而。果出此题，二章樽仿坡取之意，方叔乃章也。子八人：杰、潜、

泳、深、瀜、洽、篆、梓。章粲,字质夫,宋徽宗朝为枢密。章颖,字茂献,宋光宗朝为左司谏中书,一日奏事,拟公紫微旨,章颖好谏官,何以迁之;宁宗朝为侍御史,迁礼部尚书,谥文肃。后又仁闻为知府。世居章祁,相传千有余年,枝繁蔓衍,源深流长,自唐至宋,累朝显宦文武,一家簪笏,盛矣昭著。传宗支派,散处昌化览村,绩邑由坑,歙华川、程川、塘坞、章村,青阳、寿昌、宣城、泾川、太平、旌川等派。按,吾章氏自陈文帝时章璇为新安太守,自浦城西村而籍居城南二十里章祁,家焉,以名村为章祁。后浦城章芨公太守又居焉。自始子孙传下,而宗党前辈鲜有存者。

按:本则记章氏因齐太公姜子牙支孙封于鄣而得姓。南北朝时,齐将章子泰五世孙章璇任新安太守,遂自福建浦城迁歙南二十里章祁定居,为始祖,此后散居皖南各地。章祁,后称瞻淇,因汪姓迁入,其族旺超章氏,遂取《诗经》"瞻彼淇奥"句谐音代之。

《重修章氏族谱序》

予阅瀛川、程川章氏谱,御史瀛山公谱其宗党也。瀛川之族迁自浙杭览村运公,其世胄冠绂,今在杭志,未改也。程川之族迁自歙南章祁中书舍人恭公,恭公为新安太守仁闻公子,其世胄冠绂,今在徽志,未改也。览村之族,迁自歙南章祁仓部员外郎良公,良公为新安守仁闻公子,其世胄冠绂,今在徽志,未改也。章祁之族,迁自福建浦城仁闻公,其世胄冠绂,今在闽志,未改也。章氏之先,南唐太傅公讳仔钧者,夫人练氏,以言析悍寇,全福州之城,拯万人之命,种德莫大,载在我太宗庙阴骘书,彰然也。

按:本则记章祁章氏又一支入迁者,为宋建炎年间新安太守章仁闻公,亦源自福建浦城。

《瀛川宗谱序》

我章姓出自福建浦城仁闻公,讳芨者,宋建炎间任新安守,仅数月,以母忧当去第,喜徽州山川奇胜,无寇乱之扰,乃去治南二十里,置田筑室,奉父潜公居焉。至今仍其村曰章祁，概可见也。生五子：名温、良、恭、俭、让。而良公登进士，历官仓部员外郎，游浙杭览村，林壑幽幻，溪流九曲，盖又为一奇胜矣，遂迁而家于其间。甫二世，运公闻鸣鸟不祥，邻多病疫，有难以宁其居者，隶求栖于绩之瀛川。虽皆迁徙不常，然喜书种无断，随所居地衣冠赫奕，靡不以著姓称。无他，我练氏太夫人种德活命者基之。夫运公之传迄今十四世，为同支者以千计。

　　按：本则更详细记载仁闻公讳菱，于宋建炎间任新安太守，续定居章祁，且繁衍情况。

《浦城章氏家族谱序》

　　吾章氏受姓之始，实出于神农之苗裔，承姜子牙豫郸仇王之号，因官命族，其子孙去邑遂为章氏，若汉楚雍王邯是也。或谓不去邑而自为郸仇氏者，若四川节度使兼璃是也。伯父璘为屯田员外郎，知雅州时，得蜀人颂兼璃德政碑。或据中论以为出于姬姓。其论实讹，因辛姓出于姬姓，误以辛为章耳。然自秦迄宋，孝于亲，忠于君，友于兄弟，功略足以济一时，德行可以正风俗，或辞藻焕于儒林，或高义激乎论薄，见于史册，代不乏人。秦章邯大破楚军，后去秦归楚，秦由是亡，项羽分秦为三，立邯为雍王，以镇关中。汉武帝时有章赣者为御史。东晋之初有章辽者为给事中。有章达者，天禀忠义，于梁大同（535—545）中侯景之乱时率乡人援台城，事陈内为佐命外将士，率东击防，南定关中，策勋第一，赠大将军，封邵陵侯。有章华者，世家吴兴，异质天成英才，檄为南海太守，陈后主时除太市令，非其所好，固辞以疾。唐上皇时，章彝历官侍御史、梓州刺史，杜甫诗谓'指挥能事回天地，训练强兵动鬼神'者是也，严武威制西蜀，颇放肆不法，彝耻为屈，遂遇害。太和（827—835）中，章孝标为山南节度推官，亦以诗擅名，唐宋讳碣者，多风雅，为罗隐所推，有送碣诗云：'霜鳞共落三门浪，雪鬓同归七里滩。'章及，字鹏之，自南安迁建之浦城，卒葬于浦城衢溪铁场之西，子孙因家焉，官居康州刺史。章及生三子，长讳侑，次讳容，季讳俏；侑仕唐为福州军事判官，生二子，长讳仔钧，当五代之乱江南，隐居丘壑，以待清平，年四十，悯邑人，即以策于闽王，屡屈江南之兵，拜西北行

军招讨置制使,检校太傅武陵郡开国伯,身为儒将,不喜杀戮,务在安集,戒其子曰:吾不幸当乱世,是以舍儒用武,吾子孙谨勿习武,当以文学致身。故章氏在圣朝咸习儒风。太傅十五子。谓其弟仔钧曰:诸子当仁为名。仔钧仕至团练使,生三子,亦皆士显。后并居于珠林,得象诵所闻。

按:本则述章氏得姓后在全国各地繁衍情况。

《各族支派》

世远支繁,固难统于一谱,姑志其各族分支之派于篇首,以示统宗之义。南安族,始祖太守严公(四世)迁。兰溪族,晋兵部尚书评公(四世)之后。射垛族,晋中散大夫展公之后(四世)永康学溪剪之四世孙曰玠之后。分宁族,晋兵部长公(四世)之后。新安族,唐太守璇公(十二世)之后。浦城族,始祖唐刺史及公(十六世)迁。湘江族,后唐水部郎中文德公(二十世)之后。青龙镇族,后唐屯田员外郎文倪公(二十世)之后。上虞族,后唐监察御史文戬公(二十世)之后。安州族,后唐文景公(二十世)之后。真州族,后唐指挥使文荣公(二十世)之后。龙泉族,后唐校书郎文锡公(二十世)四子重公之后。永康族,后唐文锡公之后居龙泉,重之孙曰剪公自龙泉迁永康剪溪。永嘉族,后唐永怀公之孙华亦迁龙泉,华之孙曰渊道自龙泉迁永嘉。平江族,后唐灵运公之子曰蔼、茂(二十世)之后。临安族,后唐藻公(二十世)之后。富春族,宋嘉佑状元衡公之后。诸暨族,宋允文公四世孙谕公之后。泰南族,诸暨谕公四世孙钰公之后。姜山族,宋钰公之后,由泰南迁。凤山族,宋钰公之后,自泰南迁。桑溪族,宋钰公之后,由泰南迁。银冶族,宋钰公之后,自泰南迁。润州族,宋校书郎拱之公之后。宜兴族,宋晋公县令望之公之后。新喻族,宋礼部尚书颖公之后。株林族,后唐子钧公之后。苏州族,宋谕公为苏州之族,申国公惇。以上族派晋唐宋南渡以前所分见于外纪,自宋建炎四年(1130)太守仁闻公之后所分支派见于内纪。歙南章祁族,宋建炎四年,世祖芟公任歙州太守,即今知府也,父潜公随子就养,遂家焉,为章祁始祖。昌化览村族,宋仓部员外郎良公自章祁迁览村。绩溪瀛川族,宋嘉泰四年(1204)运公迁,为瀛川始祖。老族谱,让公派迪功郎迁由坑。歙南呈川上市族,恭公中书舍人之孙十七承吉公由章祁迁,始祖宗达之后十七如桂公买田置庄屋,元末迁之,重建宝善堂。歙西塘坞族,恭公派四八公之后,由章祁迁。东川族,老族谱恭公孙十六如枝四子之后迁。青阳族,恭公派太四公之后,由章祁迁。遂安章村族,恭公孙十三公,字如林,商遂安章村店,由章祁迁。德兴族,恭公孙十四公,字如梓,商迁德兴铺。寿昌族,恭公之孙十五公字如采,商迁寿昌店。华川族,恭公子太五字仲永,迁居华川。章村族,芨公四子俭公,字惟节,文林郎,迁居歙之东乡章村。黟县族,芨公长子温公派十四代孙五十公由章祁迁。淳安族,温公派十代孙细六由章祁迁。章家塝族,芨公五子让公派下十世孙曰孙保之后一七公自章祁迁。歙东竦口族,由章村迁。绩溪寨口族,芨公次子良公派授公由瀛川迁。绩溪市西族,由寨口迁。潭石族,章家塝迁胡田寺,汪村洞里是也。

按:本则载章氏各族支派,有晋、唐、宋南渡迁外纪派28支,宋建炎后内纪派19支;建炎后之支派俱太守章仁闻公之裔,人繁居散,未暇尽收,但旧谱存者录之。

《歙南约川范氏宗谱》六则

按:《歙南约川源范氏宗谱》亦名《高平范氏宗谱》,邑人范劲松所藏,歙县地志办编纂《歙县志》时借阅辑录。

《约源范氏宗谱序》

约源范氏谱,自宋迄今,历代手录,原原本本,班班可考。兹以今春夹钟二日,范君日先、显成、位台和日荣、瑞天、章远,特起修谱美举,其族悉为之赞襄厥事,由约源华成迁居于外者,曰大佛、曰中岭脚、曰六甲岭东山、曰绵潭坑、曰牛角党,亦相率而会。

按:本则记约源范氏修谱情况,及在歙县迁徙的几支。

《范氏族谱序》

范氏之先,出自黄帝之裔,在周为唐杜氏,周宣王灭杜,杜伯之子隰叔奔晋为士师,曾孙士会食采于范,因以氏焉。春秋,范蠡事越王勾践,既雪会稽之耻,叹曰:越王为人长颈乌喙,可与共患难,不可与共安乐,乃装其轻宝珠玉泛五湖而去,自变其姓名,号为鸱夷子皮,隐于齐,治产至数十万。齐人闻其贤,以为相。蠡喟然叹曰:居家至千金,居官至卿相,此布衣之极也,久受尊名不祥,乃归相印,尽散其财重宝,间行止于陶,自谓陶朱公。资累巨万,故散居四方者,皆其胄也。秦之时,无为州巢县有范增者,年七十,好奇计,项羽起兵江东,增乃辅之,逮项羽会沛公于鸿门,增设计,命项庄舞剑,以杀沛公,讵知项伯纳沛公之赂,以身翼之,至不得效此计也。由是张良出告樊哙,拥盾入,扶沛公而去。张良复奉白璧一双以献,为沛公谢罪,奉玉斗一双于范增,增拔剑撞碎,乃曰:竖子不足与谋,保身而去。自此子孙弗求闻达。东汉桓帝延熹间(158—166),范滂,字孟博,以孝廉举,朝廷召为清诏使按察之,滂抵州境,冀州饥荒,盗贼并起,澄清之。

> 按:此谱序作于汉建宁二年乙酉(169),乃太傅陈蕃为范滂《范氏族谱》所序。此谱在东汉末,为最早谱之一也。范氏得姓始祖为周宣王时杜伯子隰叔之曾孙士会,食采于范而得姓。本则还记述春秋范蠡、秦末范增、东汉范滂等名人事迹。

范氏精英

自武子后,范文子、宣子、献子,世为晋执政上卿。越大夫范蠡,秦相范雎,汉清诏使滂公、莱芜长范丹、荆州刺史范式,晋豫章太守范宁、宣城太守范华,齐永明时中郎范梦龄,宋建炎初相范赞时,子范墉官至刑部郎中、累赠尚书,庆历中参知政事范仲淹,范纯仁元佑拜相,范正思和州牧,范正路游学两浙贡举、道德风流,范祖禹元佑翰林学士兼侍读,范成大知庆路经略安抚使,范其谔受许坚河图洛书之传,范如圭绍兴中修国史作述。

按:本则继续列范氏之精英,且为朱熹之父朱松所撰,更有价值。

范仲淹述

唐相范履冰之后,咸通十一年(870)庚寅一支渡江,为处州丽水县尹,讳玺,中原乱离不克归,遂为吴中人。宋太平兴国三年(978),曾孙六人:坚、垌、墉、埙、埴、昌言,从钱氏归昌,仕宦四方,终于他乡,子孙流离,遗失前谱,至仲淹皇佑中守钱塘,遂过姑苏,与亲族会。

按:本则为范仲淹所述唐咸通间渡江之范氏一支简况。

范纯仁小传

范纯仁,字尧夫,文正公(范仲淹)次子,天圣五年丁卯岁(1027)六月十八日生。庆历三年(1043)以父任太常寺太祝,皇佑元年(1049)中冯京榜一科第47名及第。初调知常州武进县,辞不赴;改调许州长葛县,复辞不赴,本不欲去亲侧故也。皇佑四年(1052)丁父文正公忧,六年除服。宋庠荐公堪馆职,召试学士院,又以兄疾不赴;以著作郎知汝州襄城县。英宗治平元年(1064)甲辰六月,以屯田员外郎擢为河南东路转运判官,召为殿中御史。治平三年正月,出为安知州通判,徙知蕲州,改西京路提点刑狱,未到,补陕西转运副使。神宗即位,自陕西召还,加直贤院同修起居注。公五上章辞,不允。是时王安石秉政,用事行青苗、助役等法,公极论其非,遂罢公谏议,徙国子监。未几,徙成都府路转运使。又因反新法,而左迁知和州,又徙知邢州,未至。进龙图阁,权庆路经略安抚使,知庆州,累迁朝议大夫。元佑元年(1086)二月,进礼部尚书,拜大中大夫同知枢密院事,加勋邑赐诰。三年拜公大中大夫右仆射兼中书侍郎赐诰。绍圣元年(1094)四月,以观文殿大学士加以正议大夫出知颖昌府赐诰及阶,赐坐啜茶。

按:本则为宋代范仲淹次子范纯仁之小传,从中可知范纯仁亦官居高位,不亚于其父。

彦和公隐居约坑源

范纯仁公四世孙范仲才公于宋时,贼兵搅害,公性刚,以勇敌战,鏖战死。妻程氏见夫亡,性贞烈,自缢;女三娘坠井而死。宋王赠公保义将军,建保义祠;又立上庙程氏太婆,下庙三娘。其子彦和公见父母双亡,亲妹继逝,弃家追敌,贼败而逃。公遂隐居歙南约坑源头,为家焉。为源头派始祖。后建世德堂,立家规八条,曰:敦人伦,尚读书,勤农事,谨嫁娶,严继祧,重坟墓,崇祭祀,严居址。

按:本则载隐居歙县约坑源之始祖为范彦和,其为范仲淹六世孙,当亦为名门望族。

卷　十

《枢密葛氏宗谱》四则

按:《枢密葛氏宗谱》为葛光汉于清宣统辛亥年编修。葛氏宗谱,由湘公始修于宋乾兴(1022);越一百七十年之庆元二年(1196),宗喻公续修之;又二百余年,明弘治五年(1492),明宗公复修之;又三百余年,光绪己卯(1879)承煜公续修之,因经费不济,未梓;迄辛亥,又三十余年修之。

《枢密葛氏重修家谱序》

吾绩葛氏,出葛天后,至唐季华阳令晋公隐居泉塘,遂家焉。宋乾兴间,郎中公创修家谱,以遗后人。自宋迄明,赓续者数次,至国朝光绪初,则经三百余年。光绪己卯,族人唱议续修,已草创矣,因困于经济,事遂中辍。宣统庚戌,余赝尚志校务,校内子弟葛姓居多,其后裔之亦在校同担教育,时复有修谱之举,暇则与颍川、翔庭诸君子从事谱牒,越二年而告成。

按:本则记绩溪葛氏始出于葛天后,唐代有名葛晋者任华阳令,后隐居绩溪之泉塘,繁衍成族。

《续修家谱序》

我族得氏之始,肇自葛天,降至春秋,迄于汉唐,散居各处,其世系不可知。迨至宋世，有湘公者，究宗绪而修谱牒，至今后裔历历可举。吾葛氏自晚唐时，始祖晋公授华阳令，以宦为家，遂居泉塘，子孙繁衍，业诗书、服逢掖者，相袭不绝。若湘公以神童而登仕，版致公以文臣而任武事，丰功伟绩，昭人耳目。及明，泰寿公以孝行闻，明宗公以清廉著。吾族自家绩溪，世为著姓，其间事迹，前人述，以备乡人闻之。

按：本则仍记述葛氏得姓，肇自葛天；晚唐葛晋任华阳令，以宦为家，遂居泉塘，此后繁衍，并列记葛氏名人。

《乾兴始修原谱序》

吾始祖万春公系出丹阳，祖居三坊丹阳，万春公于唐贞观初奉诏赈济，授句容令，遂家句容。晋公于唐天祐元年授绩溪之簿，兼行令事，天祐三年升授歧王府长史，后隐泉塘而家焉。

按：本则追叙丹阳葛氏、句容葛氏，表绩溪葛氏与前二处之衍脉关系。

华阳驿改绩溪

据江南西道采访使万金于永徽五年（654）十月七日具奏，析歙东北乡华阳驿改为绩溪，设置簿尉，兼行令事。

按：本则记华阳驿改为绩溪，在唐永徽五年，因其县小，仅设簿、尉，兼行县令之事，故前则云葛晋授绩溪之簿，兼行令事。

《大阜潘氏支谱》十二则

按：《大阜潘氏支谱》（谦益堂）为苏州大阜潘氏三十六世孙潘裕博先生于1992年至1993年主编，并得海内外潘氏宗人的大力支持，由苏州大学印成。据其《九二修谱记事》云，"吾家之谱，素来二十年一大修，十年一小修，其完美为海内外所重视，然一九四八年版已定稿之谱，却未能印成，特别在一九六六年后十年动乱中，家谱视为禁物，而大量查抄销毁，同族如同陌路，年青一代问其三代不知者，比比皆是，吾亦为其一也。"在此情形下，先生毅然担当重任，各处奔走，并亲赴祖籍歙县大阜，摄取照片，四易寒暑，倍尝艰辛，终于告成。全谱分上下二部，既有世系源流图考录等，又有志铭传、文诗钞等，是一部继承传统风格，由古带今的佳谱。吾自网上得知有该谱上册出售，遂电告在沪女儿购得。现据上册选要辑录。

《潘世恩序》

昔我先世毕公子季孙公，食采于潘，为得姓之始。五代以前，世系莫考。至唐光启二年，逢时公讳名，为歙州刺史，任满去官，父老攀辕，遂家于歙。再传至大震公讳瑶，徙居大阜村。十五传至德辅公讳祐，创建宗祠。又七传至玉溪公讳孟信，奉母有至行，生四子，长仲权，次即我六世祖筠友公讳仲兰，次仲芳，次仲蕙。筠友公往来吴中，卜居南濠，后迁黄鹂坊桥，生二子，长景隆，次即我五世祖其蔚公讳景文，杭州府庠生，候选主事，歙县志所载救灾恤族、修道路桥梁、助婚嫁丧葬、贫不能尝责者辄焚其券，乡人至今称之。予幼时，大父为予言两世逸事甚多，不能尽记也。筠友公倜傥好义，貌恂恂儒雅，力能举三百斤，当明季时，有市井无赖张三者，横行里党，出则与诸健儿，约某日至某处，至则取其财中分之。既去，土人之黠者，凭其势力，劫掠一空。公有质库在周庄，一日，张移书至，公惧土人乘间起，为邻里患，因以好言反复导之。张素惮公名，谢曰：吾言已出，不可追，及期当为公卫，毋恐。至日，张戒其党，毋肆掠。土人方眈眈伺，张并为之禁护，众莫敢动，邻里赖以安。后，质库友或窃其书，欲诬公。有汪元恺者，取书投火中。公闻，亦不遣其友，假他事善遣之。又尝因纳课至杭州，挟资数千金，盗入舟，势汹汹，公怡然曰：资财俱在，任自取之。盗喜，系其舟于旁，分番传送，须臾将尽，会其党互争，盗举头槛外，若有指挥。公自后持其足，逆而投诸河。盗善泅，从波浪中跃而起。将及舟，舟人以铁锚击之，立毙。其党惊走，弃其舟。点检，一无所失。其蔚公慷慨

好施与，乐善不倦，岁大饥，以工代赈于家祠前，开一池，日役数百人食之，而厚其值，全活甚众。某岁，至天竺进香，中途遇一妇人哭甚哀，询之，则其夫拘与狱，将自鬻以尝官。遍问所需。曰：三百金。公以箧中金尽与之，未进香而返。明年，复至天竺，前一夕，寺僧梦神人谓曰：明日进香，有某姓者，盛德士也，厚待之。及明公至，僧以梦告，方礼拜时，大风吹殿前彩缯起，盘旋空中。公默念：如有后福，当堕予前。既而环绕公身良久。见者皆以为异瑞焉。尝篝灯读书，有偷儿入室，执之，乃邻村某也。以穷乏告，予之十金，俾谋生理，泣谢而去。逾年又至，执而讯之。曰：向者金已尽矣。又予之十金。既而又至，则曰：小人受公惠，朝夕颇自给，所以来者，欲报公耳。出地券一纸，曰：葬此，富贵累世，我小人也，无福以当之，愿以献。却之不可，以五县金酬之。筠友公殁后，葬其地，所谓凤形者是也。其蔚公生我高祖敷九公讳兆鼎，兄弟九人。敷九公生我曾祖闲斋公讳暄，兄弟七人。敷九公而后，世有积德，独详于两世者，恐久而或忘也。谱自其蔚公，而上从略。其蔚公而下独详者，亲自近始也。夫以一人之身，分而为兄弟，又分而为兄弟之子孙，渐推渐远，几于路人。而自吾祖宗视之，犹之一人也。世风日薄，往往重妻党而暱友生，至于同姓之亲，视同陌路，有问以世数而茫然者。呜呼，盍亦反其本矣！

按：本序为清状元潘世恩所撰，记述周时毕公子季孙食采于潘而得姓。迁歙始祖为唐光启二年（886）潘逢时任歙州刺史而定居。其后迁歙之大阜，经商吴中，世居苏州，以及潘氏祖筠友公、其蔚公等的一些轶事。

《潘遵祁序》

吾潘氏之谱，胜代以前，著而不传。国朝顺治辛卯，族祖仲绂公始创修焉。当时，尚援远谱，间有傅会，而自大阜迁祖以来，支派繁衍，世系谨严，赖以征信，我七世祖筠友公实共赞之。至乾隆初，族祖兆楏公率同族议重修，而事未集。我曾大父拳拳于敬宗收族之事，引其端而志未逮。我大父三至大阜，瞻谒宗祠，清理祖墓，报本追远，夙夜矢之。我府君恪承先志，训示小子，期于必行。道光辛卯，奉遗命捐置瞻族义庄，而修谱之事，乃权舆于此顾。自从兄曾沂蒐辑大略,断自迁吴祖其蔚公支九派为限,特大阜宗支之一,故谓支谱。遵祁即其稿,参互考订。又二十年,增辑同名考以下,凡若干卷,至咸丰甲寅始底于成,距顺治辛卯已二百余年。盖族姓既繁,年代旷隔,宜成书若斯之难也。今自其蔚公上溯之同祖玉溪公者,有兆桩公;又上溯之同祖仕源公者,有仲绂公。谱皆不之及者,限于支修,未假旁治也。庚申之乱,枣梨灰烬。乙丑重加蒐辑,四阅寒暑,记载差备,又积义庄数年之力,缮完祠墓,复生养死葬之助,然后得从事剞劂,爰重增规则若干条,不敢稍事文饰,冀口垂之久远,嗣后增修,有义庄以任之,无虑不能举特。主其事者,怠缓置之,与轻率行之,病适相等,所当戒也。忆甲寅纂修,实赖族叔世昀博闻强识,匪其不逮,今叔精神如旧,仍力任斯事,奔走咨询,不惮烦勚。各支总网罗阙佚,则族侄锺瑞之力为尤多,间考吾吴世族之谱,或十余年一修,或数十年一修,或百年而不一修。大抵疏者难为功,而数者意为力,然有志者或力不逮,有力者或志不属;族小者不能振,族大者又涣散而难成,善乎? 范氏之贤者,有曰:经理义泽,在公与诚而已。因重修谱牒于义泽之隆替,三致意焉,信矣哉! 义泽之与家乘,实相为维系者也。义泽举而谱系修,谱系修而敬宗收族之事,次第可行。尝读斯干之诗,始之以似续妣祖,终之以男女之祥言,缔构之艰,而愿其安居处之节也。又读行苇之诗,始之以戚戚兄弟,终之以寿考维祺言,忠厚之至,而望其成引翼之美也。遵祁德薄能鲜,窃祖宗之芘荫,又获集思广益,两睹谱牒之成,可不谓厚幸欤? 特以患难余生,重依桑梓,屈指十五年中,合离歌哭之事,具在简册,诸父兄弟备言燕私,抑又不胜俯仰之感矣。刊将成,谨述我先世蕴积之久,及谱系之所以重且急者,期相勉于斯干、行苇之雅,益光先人之遗绪,是又展卷,而不能无余望者矣。

按:本序为潘世恩之侄、进士潘遵祁所撰,主要述修谱事。

《德政录》

按:《大阜潘氏支谱》载大唐龙纪元年四月父老许士元等所书《德政录》,记述唐时潘名,字逢时,任歙州刺史所作业绩。

歙州父老许士元、赵之高等呈为清官德政事,有本州刺史潘公名,到任以来,经制聿事,纪瑶天振,自巢贼乱后,余党蜂屯,蚁聚出没不常,民皆失业,苦莫胜言。本官乃集丁壮,作士气,奖忠义,恤孤寒,逞豪杰为帅首,立营寨为耕守,由是贼盗遁息,流离复业,一州获安。惟时用武之秋,军士强暴,夺民馈饷者有之,污民妻孥者有之,薪口者伐木材,口牧者践田禾,黎民侧目,莫敢多言。本官忧之,代请于朝,以为民为邦本,本固邦宁,粮莠不芸,则嘉禾不茂。圣主深然之,即命兼总州兵,钦此钦遵,民害顿息。民有张实窖白金而失之,以为被盗,讼于州,本官问:财何所而失?曰:失于家。复问:家有其人?曰:惟有二子。曰:年若干者,有家室否?曰:长男二十,次男十八,俱未娶。即命之来,见其迭落不羁,曰:盗财者,二子也。鞠之即伏。人皆以为惧刑而诬招也。及追原赃至,观者咸吐舌。点山有虎患,道路不通。本官命胥缘赍牒投之。吏心不欲行,然畏威德,而不敢辞也。至彼,虎果出掉,夫各失魂,吏提剑大呼曰:我奉公差而来,虎不可害我,投牒于地。虎即衔之而去,自虎患屏迹,一郡称神明。丁未,郡城火;戊申,又大火。本官随方设法救之,乃命十家共出地,开一火巷。后,几遇火,救者易,为措手,民皆诵德。又每岁必出郊,劝农广布耕桑之令,岁终民皆有积。时日兵乱,学校之政不行,本官礼师儒,坤广生员,朔望拜夫子庙庭,毕即率诸生讲明治道,能通经义者,荐之。由是士风大振,四民各得其所,而不觉被兵之患也。一二年间,善政累出,未可殚也。此特奉其大者,幸遇上司代天理物,采访民事,谨具本官廉能德政录呈者。

《潘氏传芳谱牒序》

景星庆云,天之瑞也;醴泉芝草,地之瑞也;才德济时,人之瑞也。盖景星现,庆云兴;贤能继,上下安;芝草生,醴泉出;瑞气臻,昌运启;福禄高,才优德厚,鲠介自持。君子之道,应乎天,顺乎人,绵绵然,无间矣。此潘由毕公之后,季孙食采于潘,因为氏焉。迨至东晋,有文肃公,少秉大志,镇东大司马王导奇公才略,引为军咨祭酒。随元帝南渡,寻出镇闽中,世居三山。有二十一世裔良辅公,由大唐乾符间,拜青州盐铁转运副使,公天性忠厚,以平日之欲,致君尧舜,泽民唐虞,不意四方盗贼蜂起,黄贼为最,东南数郡,生民窘于劫掠,疲于力役,不得聊生日矣!已而贼首惩戮，天子光复故都，每嘉意于根本重地，诏举异才，抚戡东南，而良辅公擢庭歙郡刺史，至任之初，询死节养，士民善者举之，恶者惩之，奸贼死王事者，献绩于朝，议嘉旌异。时有采访御史大夫柳君，具公善政奏之，歙民多赖，缙绅之士皆欣欣然。明年奉朝廷征公赴阙，启行之日，歙民老幼，拥马遮道，不忍舍去，乞借终任。公积善民间，无尝疾作，欲得归养，年高子幼，途路险阻，于大顺庚戌岁（890）上章，乞归田里，秋八月得旨，迁居歙西篁墩，去城四十五里，占歙籍。及后，三子卓立父学，自持日入于乱，无心求仕，隐于父笔山，以道自任。今值天朝列圣相承，明良济会于斯，盛矣！有良辅公十二世裔采庭臣者，恐岁幽遐，磨迷祖宗深功伟绩，乃重修家谱，请于为序者。

按：本序为南宋丞相、歙县槐塘人程元凤所撰，赞扬潘氏始祖潘逢时任歙州刺史之功绩。

《迁苏住宅考》

（以长、四二房为主，列住宅考，1949年前之私有较大在苏住宅为限）一迁南濠街，明朝崇祯年间，筠友公讳仲兰，往来吴中侨居之地，现无遗址可考。二迁黄鹂坊桥研经堂，明朝申文定公时行八大宅之一，其蔚公购置，实为迁吴之始居之宅，现即桥西朝南某鞋厂所在。三迁刘家浜谦益堂，明朝刘缨尚书宅第，康熙癸未（1703），敷九公年四十有二购置，七月甲子自造楼屋、整新，十月六日移居。现尚为蓼怀公支篁月公讳奕珧名下聚居之宅，今为二十六号。四迁之侍其巷清彝堂，后门为朱家园，共七进之深，原为宋朝朱勔别墅，称同乐园，占地极广，内有亭台楼阁，十八鱼池。至明崇祯间，为吴县张世伟孝廉购得，改名泌园，仍具规模。清朝乾隆十年左右，云庄公讳奕腾购得，改名云庄别墅，分于三子。侍其巷东西两部，为世琳公、世京公分得；后部至朱家园，为世翰公所得。道光中叶，家道中落，世琳公、世京公部，陆续变卖给两广会馆等。在咸丰十年，太平军进苏，云庄别墅占为某将军府，至太平军败退，战乱时，中部及东西花园遭大火，各房遂陆续迁出。宋朝名园毁于一旦，惜哉！后东花园植梅数百株，西花园植桑五百余株，逐成梅林、桑园，直至一九五五年，梅桑变为菜圃，

犹存假山湖石,老年里人至今仍称鱼池潭(即十八鱼池)、桑园、梅林等。清宣统,有崇明童友莲夫妇借居,著有《睫巢镜影》一卷。云庄别墅之砖雕门楼,于一九五八年台风中倒塌,房屋分别在一九五六年合营大部,至一九八〇年残屋被征而全部他归。四迁之小太平巷,澹圃公讳奕份旧宅位于三元坊东。四迁之庙堂巷(东)篁月公支志锡迁居,名壶园,现为仪表元件厂。四迁之马医科躬厚堂,乾隆六年闲斋公迁住,芝轩公亦生于其宅,西部园,同治间归于俞氏曲园,今曲园已为开放园林;后部为家琦、家琳居住;北部有肃亭公支后人居住。五迁有十二处,吴衙场雷迁居,今为东吴饭店。盛家带盐公堂所在,雷支光辰居住。塔倪巷,霈迁居,至抗日战争约一九三八年变卖他归。庙堂巷中承锷于清末购得王氏畅园迁居,位于二十二号,原有民国四位大总统匾额,与城东钮家巷纱帽厅之四位清帝御笔,称为潘氏双绝。一九四九年后,西部为民居,花园为古曲园林建筑公司所据。富仁坊巷,霂于同治年间迁居,有敏德堂、精诚堂、谱桂山房等,于抗日战争时期卖与他姓,现东部为晴初公后人裕锽宅第。西白塔子巷,遵灏公迁居。菉葭巷,志焜迁居。西花桥巷敏慎堂,榕皋公于乾隆五十八年癸丑七月迁居,名西圃,于民国十年辛酉变卖他姓,历时一百二十九年。任蒋桥,即蒋庙前存诚堂,畏堂公于嘉庆五年庚申移居,现仍有家栋、家言等居住。钮家巷留余堂 亦名凤池园,道光三年癸未文恭公移居,为曾沂公居宅纱帽厅,原有嘉、道、同、光四代皇帝御笔大笔筒、大花瓶,现已无存,裕洽仍居其宅。南石子街积余堂、勤补堂、竹山堂,为曾莹公居宅,后祖荫支亦居此宅旧门前,有文武官员至此下马桥碑、跑马楼,极为壮观。现为床单厂旅馆,于一九六六年文革之乱中,吾潘氏子弟均被迫迁出。西百花巷,曾玮公居宅,有养闲草堂,于同治三年甲子七月十二日迁居,民国十二年变卖他姓。六迁有八处,醋库巷三十号,裕旭迁居。祖家桥,承谋迁居。砂皮巷,志卓迁居。三茅观,志彤迁居。史家巷 志洽迁居。盛家浜,志发于民国十一年壬戌迁居,有敬修堂。海红坊,祖谦于民国十二年癸亥迁居,有聪训堂。因果巷,树声于民国初迁居。

　　壬申三十六世裕博谨识

　　　按:本篇为《大阜潘氏支谱》编者潘裕博撰记大阜潘氏在苏州六次

迁徙之居所。

潘氏在苏堂名考

研经堂，其蔚公始居之堂，位于黄鹂坊桥。谦益堂，敷九公刘家浜宅第。清彝堂，云庄公侍其巷至朱家园宅第。勤业堂，澹圃公讳奕份小太平巷之堂名。躬厚堂，闲斋公马医科之堂名。敏慎堂，榕皋公西花桥巷宅第。三松堂同前。存诚堂，畏堂公任蒋桥即蒋庙前宅第。带星堂，红珊公讳奕玙位于光福涧上之宅第。思原堂同前。通恕堂，松鳞庄西中市皋桥堂屋。秀宜堂，遵澄公云庄别墅内之堂名。安庆堂，遵涵公云庄别墅内之堂名。思谦堂，遵淳公云庄别墅内之堂名。敏德堂，遵渊公云庄别墅内之堂名，后迁富仁坊巷。骈桂堂，遵灏公云庄别墅内之堂名。留余堂，曾沂公钮家巷之堂名。积余堂，曾莹公南石子街之堂名。勤补堂，曾授公南石子街之堂名。竹山堂，南石子街祖同堂名。精诚堂，伟如富仁坊巷之堂名。敬修堂，志发盛家浜之堂名。养闲草堂，西百花巷曾玮公之堂名。聪训堂，祖谦海红坊之堂名。

壬申三十六世裕博谨识

按：本篇为潘裕博撰记大阜潘氏在苏州的堂名。

潘氏在苏庭园考

香禅精舍，在刘家浜老宅，为钟瑞所居，亢树滋有记，称中有几榻之整洁，花药之美好，琴樽图籍、金石书画之富有而珍奇。云庄别墅，即宋朝朱勔别墅同乐园，元朝至正年间，为庐山陈氏兄弟购得，改名绿水园；明朝崇祯年间，为吴县张世伟孝廉购得，改名泌园；清朝乾隆十年，为云庄公讳奕腾购得，翻建改名云庄别墅，为吾族在苏最大之第宅。曲园，马医科躬厚堂西花园，于清同治十二年为德清俞樾购得，改名曲园。凤池园，钮家巷曾沂公宅第，相传周宣王时，为泰伯十六世孙吴武真第宅，有凤集其家池，因名凤池园；清康熙三十四年顾汧中丞重修，并有记；道光三年癸未文恭公购得其西部，移居，仍名凤池园，内有纱帽厅，现为文物保护单位；曾沂

公绘有临顿新居图,石韫玉、朱绶皆有记,裕洽族兄亦有专记。百宋一廛,悬桥巷,吴县黄荛圃主事居第,道光十二年壬辰春三月,归吾潘氏,建松鳞义庄。西圃,西花桥巷,敏慎堂西北面之花园,为明代建筑,长廊曲径,木雕彩绘,精雅秀丽,假山亭池,配名花贵木,于民国十年辛酉易姓,遵祁公有《西圃集》。竹山堂,南石子街曾莹公宅第,祖同在此蓄书四万余卷,著《百竹山堂随笔》。养闲草堂西百花巷曾玮公宅第,清何绍基有记。壶园,庙堂巷东,口朝北,原为清末诗人郑文焯园居园,在住宅西侧,精小雅致,于清末志锡购得,现为仪表元件厂,园已无存。畅园,庙堂巷中二十二号,本为道台王氏所有。清末,承锷于日本归苏购得此园,西为住宅,北面半亭名憩间,北为留云山房,假山上有待月亭,池西船厅为涤我尘襟、桐华书屋,现尚存,一九五五年后收为公有。现为古典园林建筑公司所据。鸥隐园,曾沂公所居,中有广榭,曰清华池馆,吴门七子结诗社于此。五亩园,在城西北隅西大营门桃花坞处,谢绥之有《五亩园小志》,汉为张长史植桑地;宋熙宁间为梅宣义所有,始筑亭台楼阁;绍圣中太师章质夫又拓地营造桃花坞别墅;至清乾嘉年间,归长洲叶昌炽,人称叶氏花园,相传咸丰初,高祖道安公讳霨购得,整修未几,于咸丰十年庚申遭兵焚,俞曲园有诗赞叹,庚申九月,霨病饿而死,遂成废地;于光绪十五年捐归文昌宫轮香义塾。辂园,在光福涧上马驾山麓,亦称荣阳别墅,又名西崦草堂、汎香居、云壑藏舟,原为陈玉亭所筑,名汎香居,汪琬题曰云壑藏舟。同治年间,伟如公讳霨得之,葺为家祠,彭玉麟画梅壁上,并有七言古诗一首题壁,现已被毁,仅存池沼遗迹。香雪草堂 在邓尉山,道光二十七年秋,西圃公讳遵祁归田所筑,俞曲园、亢树滋均有记。园中泉石幽深,花木阴翳,墙头薜荔幕青,帷绿园袭。敏慎堂园名西圃,有四梅阁,现已无存。香雪草堂匾额今藏苏州大学图书馆。怡园 在光福河亭桥,嘉庆二十二年,红珊公讳奕玛建,中有思原堂,园中多石榴,现已无存。魁星阁,在光福司徒庙青奇古怪畔,同治年间伟如公讳霨建造,《西圃集》及《光福志》均有记载,现尚完好。

　　壬申三十六世裕博谨识

　　按:本篇为潘裕博撰记大阜潘氏在苏州的庭园情况。

新安潘氏分支分派略述

唐歙州刺史逢时公自闽之三山迁歙,自唐广明元年至今已千余年。其后分支分派,椒繁瓞衍,旧有十八大派,现根据原有资料及此两次歙行访问采集,归纳如下:潘村派,即杏潭派,为二世万二、万三公所出,后万三公支迁浙江,万二公支又有分支迁婺源、大麦坞等。上坞派,为四世细六公次子珮公所出。大阜桥东派,为七世芝公子三宣议所出。佘坑派,为桥东派支派十二世曾一公所出。白洋派,为桥东派支派十八世永师公所出。东亭派,位于休宁,为芝公次子四宣议所出。朗源派,位于休宁,为芝公三子五宣议所出。大阜下四门派,为芝公八世孙正一公所出。大阜黄栀园派,九世达公子师纬及道公子师经所出。昌化石盘派,为师经公后十四世元庆公所出。大阜派,即吾派,为十六世德辅公所出,属大阜桥西派。屠山派,即富阳派,为二十一世敬童公所出。姑苏派,为二十世廷茂公所出,比吾支更早迁苏,现此派散失,无有记载。柯村派,为十一世伍公所出。后岭派,前圩派,此两派所出不详。吾大阜派又分为八大份,均为祐公五子之后裔,贤分派,十七世贤公所出。昌分派,十七世昌公所出,昌公无子,此派实非吾派血缘也。隆分派,十七世隆公所出,又分为仁、义、礼、和四派。元分派,十七世庆公长子康寿公所出,光绪十年离大阜他涉。享分派,十七世庆公次子关寿公所出。利分派,即吾派,十七世庆公三子全寿公所出。贞分派,十七世庆公四子祖寿公所出。贵分派,十七世贵公所出,于光绪十年离大阜他涉。利分派又分为源、清两支,吾支即源公所出,清支为源公弟仕清公所出。大阜派迁居情况,根据此次访歙,由楷赵族叔(为隆公支裔)叙述,又分居于浙徽两省者,有大方竹铺乡之木岭、岭脚、珠州,三阳乡之燕窠,上丰乡之王进坑、白鸵坑,金川乡之皂隶、后山湾,老竹、大万等地。新安潘氏十八大派,据上坞潘广镇回忆,为上坞派、大阜派、姑苏派(非吾支)、潘村派、桔林派、叶插派、烟村派、岩寺派、歙县东门派、屯溪观音山派、歙西点子派、遂安派、婺源派、小州派、呈村派、横石派、梓里派、小阜派。

壬申东三十六世裕博谨识

按：本篇为潘裕博在歙采访后归纳之新安潘氏分支分派，计24派支。

大阜始祖潘名

按：《大阜潘氏支谱》载大阜潘氏始祖潘名迁歙情况。

唐封歙州刺史，伯福公长子，字逢时。先世自荥阳迁闽之三山，乾符间登进士，授度支员外郎。广明元年，拜歙州刺史，甫之官，以父丧去。时黄巢作乱，闽中道阻，因寓歙之篁墩（《歙县志》：篁墩，又名黄墩，在二十五都）。服阕，授青州盐铁转运副使，以廉闻。光启二年，值巢乱初息，江左民多流离，诏求忠厚慈祥可长民者，复拜公歙州刺史。下车省刑、劝农、薄赋、兴学，百姓安堵，有息火灾、除虎患诸异政。观察使以闻，赐玺书褒美，且征入朝，百姓乞留终任，有《德政录》、《呈黄堂擢异序》可考。任满致仕，父老攀辕，遂家篁墩。生于唐开成元年丙辰五月六日，卒于唐天复二年壬戌九月十三日，年六十有七。娶林氏，合葬歙县敬爱乡涌泉里狮山之阳榧山营（《歙县志》：敬爱乡，今名仁爱乡；榧山营，即今上坞，又名潘坞，在二十六都七图）乾山巽向兼亥巳，子三：敬祖、万二、万三。（按旧谱，一作子四：敬祖、祀祖、宏祖、应祖）

按：由本则可知，潘名任歙州刺史，是一位勤政爱民的好官，故而得百姓爱戴而留居于歙。

《刺史公治歙迁歙考》

按：《大阜潘氏支谱》载《刺史公治歙迁歙考》。

刺史公治歙之岁，迁歙之由，旧谱有二说。一曰，广明间任，丁外艰去闽中，巢扰，因家于歙。一曰，光启间任，解组后，父老攀辕，遂家于歙。考广明、光启，皆唐僖宗年号，僖宗享国十五年，改元者五，始号乾符，凡六年；继号广明，止一年；继号中和，凡四年；继号光启，凡三年；继号文德，未一年而崩。自广明至光启,相距六七载。主前说者,岩市(寺)谱,载公任歙州刺史,广明庚子避乱迁歙之篁墩;甸川谱,亦载公广明间刺歙,丁外艰归里闽中,巢扰,偕诸兄弟避至歙。考黄巢之乱,始于乾符二年,终于中和四年,其陷福州为乾符五年冬,其别将陷睦婺州,即广明元年之夏,浙闽接壤,迭经兵燹,避地远适,于情事允合;若光启间,则巢乱已平,岂得云路阻乎?主后说者,大阜旧谱载公光启二年来刺歙州,又有龙纪元年父老公呈颂德政言,一二年间,善政屡出。按僖宗崩,昭宗立,改元龙纪,据此则莅任当在光启间,若云广明,则至龙纪已十年,何云一二年乎?又有《黄堂擢异序》,首言擢异才以典牧宰,而三山潘君金举,以为歙州刺史;次言巢贼虽除,余党犹盛;终言朝廷以公治江东为第一,行将擢用,四民遮留,乞借终任;末书大顺元年。大顺,为龙纪元年之明年,以此推之,亦在光启间之证。广明间巢乱方炽,安得云余党犹盛?且广明至大顺,已历十一载,终任久矣!又何云乞借终任乎?此二说,始皆疑之,嗣考旧谱序,言逢时公历刺我歙,遂居篁墩,乃恍然曰,公盖两任歙州,前任在广明间,以守制去官,闽有巢乱,移家至歙第,流寓而已;后任在光启间,以致仕去,歙民感公德,相率请留,遂定厥居。当日踪迹,厘然可识。序言广明间,而下又言历刺,则光启之复任,自见相传。又有《送郡主潘君居篁墩序》,末书大顺二年辛亥,按大顺中,巢诛已久,序乃言,黄巢作乱,天下扰扰,凡郡邑村墟名黄者不犯,因适篁墩居焉,岂是时巢贼复生乎?此则后人伪撰,无疑也。

按:本文考述了潘逢时治歙迁歙的两种说法,结论为潘逢时曾两任歙州刺史。

《世系源流述》

我新安之潘,自刺史名公始,公以进士起家,唐光启二年分符刺歙,值黄巢乱后,公悉心城社,士民德公,卧辙遮留,遂俯徇舆情,家于治之篁墩。公先世居洛阳,宦游闽中,寓家闽之三山,故后世犹曰三山派云。子三,长万一公,次万二公,季万三公。万一公天性孝友,亲殁,偕弟庐于墓侧,遂寓居其地,名曰潘坞,晚岁转徙寒山。万二、万三两公,偕卜杏潭,是为潘村派。祖万一公子曰大震,一名瑶公,精青乌术,居恒叹曰:予安能郁

郁久居此乎？乃相度四方，择可为卜居聚族地者，遂购别业于大阜，遗命其子细六公曰：大阜之原，平壤沃衍，山水环秀，卜居善地，无逾于此，予生平属意处也，汝其识之，无忘吾言。细六公早世（逝），有子二，长曰现，次曰珮，珮公他迁，现公承祖父之志，奉母程氏徙居大阜，故程氏葬本里五渡上坑，细六公仍祔葬上坞刺史公墓右。先是世远年湮，已失所在，有明崇祯十七载（年），众派拓修刺史公墓道，始洗出公墓碣，后得修，其时祀焉。则大阜之潘，虽自现公迁，实自瑶公始也。现公长子从龙，次子从凤。从凤公无传，从龙公生子二，曰芝、曰英。芝公，字仁嵩；英公，字仁霸。仁嵩公三子，长曰三宣义（议），次曰四宣义（议），三曰五宣义（议）。四宣义公迁休之东亭，五宣义公迁休之朗源。三宣义公迁本里之桥东，生子二，长曰五公，次曰八公，此则大阜桥东派也。仁霸公子旺，旺公生子三，曰琼、曰达、曰道。琼公子师心公，字彦成，由文学升上舍，领桐城县，以从使金有功，迁成忠郎，生子四，长曰惇，次曰恪，三曰慥，四曰恬。惇公任将仕郎，恪公、恬公，咸举进士，慥公为太学生，此则大阜派也。达公子师纬公，邑庠生。道公以明经辟山阴教授，其子师经公，亦邑庠生，此则大阜黄栀园派也。后由大阜桥东派迁余坑者，则圣孙公；迁白洋者，则永师公；而二旺公后，仍属本里下四门派也。由大阜黄栀园迁去者，惟昌化石盘元庆公一派。其世居故里乔木相承者，椒繁瓜衍，祠登邑志，族著右家。参之各派，本同源而分流，互以朝宗，若江汉而汇海矣！由现公迁大阜，溯源于刺史名公，为若干世数；由名公迁歙黄墩，由黄墩迁潘坞，由潘坞转徙寒山，由寒山再迁大阜，为几处来历。俾后世子孙，昭穆不失其伦，水木不忘其自，千秋征信，其在兹乎？若夫前后赝谱附会错乱，考证既真，一切可废，至于宗同刺史，派匪大阜，谱系支修，故不具载也。顺治辛卯清和月上浣之吉，二十四世孙虎臣谨识（支谱原按：虎臣公为廷顺公后，又名仲康，字二猷，号餐霞，顺治中有廷茂公后仲纮公者，尝辑宗谱，公实佐之。谱自刺史公始，凡大阜子姓悉具，即由大阜他徙者，亦罗列甚晰。惜当日因杜冒滥之弊，刊成仅印十七部，以孝、友、睦、姻、任、恤、知、仁、圣、义、中、和、温、良、恭、俭、让编号，分给子姓十七人，筠友公得"恤"字号一部，岁久大半散佚，子姓钞缀，阙略实多，歙中访得旧并本，亦仅存者。考是谱成于顺治辛卯，时其蔚公年十三，名已列入，今九派之谱托始于公，虽中隔二百年,而前后脉络相属,惟九派以上,同出大阜者,分支愈衍蒐辑綦难,俟诸异日云。)

按:本篇记新安潘氏世系源流。

潘世恩、祖荫祖孙军机

按:《大阜潘氏支谱》载潘氏众多名士,以潘世恩、潘祖荫祖孙军机大臣为最,现辑录二人生平于后。

潘世恩,奕基公子,原名世辅,字槐堂,号芝轩,苏州府廪膳生,乾隆壬子科举人,癸丑科一甲一名赐进士及第,翰林院修撰,大考一等,翰林院侍读,詹事府左春坊左庶子,翰林院侍讲学士、侍读学士,日讲起居注官,詹事府少詹事、詹事,内阁学士兼礼部侍郎衔礼部右侍郎,兵部左、右侍郎,户部左侍郎,吏部左、右侍郎,工部尚书,经筵讲官,户部尚书,吏部左侍郎,都察院左都御史,紫禁城骑马,经筵讲官,工部尚书,吏部尚书,体仁阁大学士、管理户部兵部事务,文渊阁领阁事军机大臣、查库大臣,翰林院掌院学士,稽察钦奉上谕事件处日讲起居注官,管理工部事务,东阁大学士、管理户部事务,上书房总师傅,太子太保、武英殿大学士,七旬赐寿、赏戴花翎、紫禁城乘轿、内廷给扶、赏穿黄马褂、晋加太傅、赏用资缮,八旬赐寿、予告大学士、赏食全俸。道光甲辰重游泮宫。咸丰壬子科重宴鹿鸣、癸丑科重宴恩荣。历署户部左右侍郎、兼管钱法堂事务,兵部左右侍郎,工部左侍郎,吏部、礼部、工部尚书。历充《八旗通志》纂修、武英殿纂修,提调国史馆,协修本衙门撰文,实录馆纂修,咸安宫总裁,续纂《四库全书》馆总裁,文颖馆总裁,国史馆正、副总裁,武英殿总裁。嘉庆己未科会试同考官,甲子科浙江乡试正考官,戊辰恩科顺天乡试副考官,提督云南、江西、浙江学政。道光戊子科顺天武乡试正考官,己亥科顺天乡试正考官,壬辰恩科、丙辰恩科、庚子科、丁未科会试正总裁。嘉庆壬戌、乙丑,道光壬辰、癸巳、甲辰教习庶吉士。嘉庆戊辰、甲戌,道光己丑、乙未、戊戌、庚子、甲辰殿试读卷大臣,嘉庆戊辰、己巳、甲戌,道光己丑、癸巳、乙未、丙

申、戊戌朝考阅卷大臣。嘉庆癸亥考试眷录阅卷大臣。嘉庆甲子、戊辰、癸丑，道光戊子、辛卯、壬辰、甲午、乙未、丁酉、己亥、庚子、甲辰考试试差阅卷大臣。嘉庆辛未，道光庚子庶吉士散馆阅卷大臣，道光癸巳大考翰詹阅卷大臣，丁酉拔贡朝考复试阅卷大臣。授光禄大夫。生于清乾隆三十四年己丑十二月二十一日，卒于清咸丰四年甲寅四月二十日，年八十有六。赏给陀罗经，被赐奠酚予，谥文恭，特旨入祀贤良祠，谕赐祭文、赐碑文。娶谢氏，长源公女，生于清乾隆三十七年壬辰九月四日，卒于清乾隆五十七年壬子四月四日，年二十有一，赠一品夫人。继娶汪氏，为仁公女，生于清乾隆四十三年戊戌九月二十九日，卒于清咸丰四年甲寅十二月二十九日，年七十有九，封一品夫人，合祔葬奕基公墓。侧室张氏，生于清乾隆五十一年丙午七月三日，卒于清咸丰六年丙辰十一月八日，年七十有一，赠一品夫人，以子曾莹官封一品太夫人，葬吴县一都九图重字圩横塘管家村壬山丙向兼子午；黄氏，生于清嘉庆二年丁巳十月二十六日，卒于清道光二十一年辛丑闰三月六日，年四十有五，以孙祖荫官赠一品夫人；安氏，生于清嘉庆三年戊午六月二十四日，卒于清道光十一年辛卯六月十二日，年三十有四，以子曾绶官赠宜人，以子曾玮官赠恭人，俱葬吴县十三都十图建字圩双泾浜壬山丙向兼子午（另有侧室朱氏、陈氏、王氏、黄氏）。子五：曾沂，谢氏出；曾献（殇）、曾莹、曾绶，汪氏出；曾玮，张氏出。女五：一适汪学源，谢氏出；一适汪嘉森，一适汪楱，一适汪家梓，汪氏出；一适汪德英，黄氏出。

潘祖荫，曾绶公长子，字东镛，号伯寅，国学生。道光丙午顺天乡试挑取眷录，戊申钦赐举人，庚戌考取国子监学正学录记名。咸丰壬子恩科一甲三名赐进士及第，翰林院编修，侍读，南书房行走，侍讲学士，大理寺少卿，光禄寺卿，都察院左副都御史，工部右侍郎兼管钱法堂事务、管理火药局事务，户部右侍郎兼管钱法堂事务，经筵讲官，户部左侍郎兼管三库事务，特赏编修，南书房行走，候补三品京堂、侍郎，大理寺卿，礼部右侍郎，户部右侍郎兼管三库事务，经筵讲官，户部左侍郎，都察院左都御史，工部尚书，刑部尚书，管理三库事务、专办中俄交涉事件，军机大臣，南书房行走，工部尚书管理火药局事务兼管顺天府尹事务，赏戴花翎头品顶戴，太子少保，紫禁城骑马，赏穿带嗉貂褂，晋加太保。六旬赐寿。历署日讲起居注官,国子监祭酒,都察院左副都御史,宗人府府丞,礼部右侍郎,刑部左右侍郎,吏部左右侍郎,工部左右侍郎,工部尚书,礼部尚书,兵部尚书,户部尚书。历充国史馆协修,实录馆纂修,功臣馆纂修,咸安宫总裁,玉牒馆总裁,实录馆副总裁,国史馆正总裁,会典馆副总裁。咸丰丙辰科会试同考官,戊午科陕甘乡试正考官;同治壬戌恩科山东乡试正考官,癸酉科顺天乡试副考官;光绪乙酉科顺天乡试正考官;同治庚午科顺天武乡试副考官;光绪丙子科顺天武乡试正考官;同治辛未科武会试副总裁,光绪丁丑科武会试正总裁,己丑科会试副总裁;同治辛未科会试知贡举,光绪戊子科顺天武乡试监临,己丑恩科顺天文武乡试监临。咸丰乙卯、己未教习庶吉士,同治戊辰,光绪丙子、己丑殿试读卷大臣;同治乙丑、戊辰、辛未,光绪丁丑、丙戌、己丑、庚寅朝考阅卷大臣;同治庚午,光绪己卯、戊子宗室乡试复试阅卷大臣;同治甲子,光绪丙子、己卯、壬午、戊子、己丑顺天乡试复试阅卷大臣;咸丰庚申,同治乙丑、戊辰、辛未,光绪丙子、己丑、庚寅各省乡试复试阅卷大臣;同治乙丑、戊辰,光绪丙子、己丑乡试补复试阅卷大臣;同治乙丑、戊辰、辛未,光绪丙子、丁丑、丙戌、庚寅会试复试阅卷大臣;光绪丙子、己卯、壬午、戊子考试试差阅卷大臣;同治乙丑、辛未,光绪丁丑、庚辰、丙戌、己丑、庚寅庶吉士散馆阅卷大臣;同治壬戌、己巳,光绪丁丑、戊寅、辛巳、丁亥考试御史阅卷大臣;光绪丁丑考试学正学录阅卷大臣;同治戊辰,光绪丁丑考试教习阅卷大臣;同治癸酉,光绪戊寅、己卯、辛巳、壬午考试孝廉方正阅卷大臣;同治甲子、乙丑,光绪丙戌拔贡朝考阅卷大臣;同治戊辰、辛未,光绪丁丑、己丑优贡朝考阅卷大臣;同治戊辰贡监考职阅卷大臣;同治辛未考试恩监阅卷大臣;同治癸酉,光绪壬午考试汉荫生阅卷大臣;同治甲子、戊辰,光绪丁丑考试誊录阅卷大臣;覆核朝审大臣。稽查京通十七仓大臣,管理沟渠河道大臣,管理八旗官学大臣。授光禄大夫。生于清道光十年庚寅十月六日,卒于清光绪十六年庚寅十月三日,年六十有一,晋赠太傅,赏给陀罗经,被赐奠酹,赏银二千两,治丧照尚书例,赐恤予,谥文勤,特旨于顺天建立专祠,谕赐祭文,谕赐碑文。娶汪氏,桂公女,生于清道光十一年辛卯九月二十三日,卒于清光绪二十二年丙申五月二日,年六十有六,封一品夫人,合葬吴县五都二图任字圩茭白荡子山午向兼壬向,嗣子树楏(祖年子)。

按：本篇详记潘世恩、潘祖荫祖孙军机大臣之生平。

《汪氏义门宗谱》五则

原姓

《汪氏义门宗谱》载汪姓之源，文曰："汪氏之先，本于轩辕，别于后稷，族于姬鲁，而氏于颖川，实为鲁成公之次子夫人姒氏之所生，居期而育，长而敦敏健顺，五行之妙合，固有异于余人矣。祥征于身，文著于手，功庸采地有开先焉。成公黑肱之子，长曰午，次曰汪。午嗣为鲁襄公，而汪食采地于颖川，是为汪氏之始。夫古今姓氏多推出于轩辕、尧舜、夏商、文武。"

按：本谱藏歙县档案馆，本则记汪氏得姓之始为鲁成公次子汪，以人名为姓氏。

汪旭上表

晋成帝咸康二年（336）丙申三月诏天下，索诸谱，淮安侯汪旭上表：臣旭上言，臣等千载有幸，奉诏品量，分别姓氏，臣承轩辕之后、元器之苗裔，周武王弟周公旦鲁伯禽之后，至成公黑肱次子汪封汪侯，食邑颖川。

按：本则言鲁成公次子汪封汪侯而得姓。

本姓原始图

轩辕十八传至文王昌，十九传至周公旦，二十传至鲁公伯禽，再十二传至鲁成公黑肱，生子二，长为鲁襄公午，次为颖川侯汪，以名为姓，为汪姓始祖。始祖姓姬，原鲁成公黑肱之夫人姒氏，夜梦虹绕身，居期生次子颖川侯，有纹在手曰汪，遂名之。

按：本则言汪生有异象，手上有纹如"汪"字，遂名之为汪。

宋真宗诏

朕惟为国,以礼让为先,民俗以仁厚为美。惟汝汪氏,胄出轩辕,派承周旦,识机慕化,忠义远著于唐朝,善则齐家孝友益笃,于今日浚池淅米同居已致于十世,鸣鼓会食共灶实过于千口,实江南第一郡,真天下第一家,今特亲制"义门"二字用旌厥家。

　　按:本则为宋真宗赐汪氏为"义门"的诏书,因其一家,十代同居,共灶超过千人,为天下第一家,因而赐之。

义门汪氏十世同居始末

汪氏之先,本出于黟歙,五季兵革繁兴,汪广携子淅避地来家于宣旌德之新建,惟服田力穑以自适。淅之子宝,宝之子四令,是时家道亦苟美矣。宝乃使四令分职四庄之事,令蔡治下庄,令昭治东庄,令规治西庄,令郢治陈庄。宝卒,兄弟以义相尚,不肯析财以居。四令之子十有一文,遵先志惟谨景德。祥符后,宋治日隆,汪氏之义名日益高。十一文之子三十有八元,诸元又各有子若孙类,皆同寝处,共饮食,一家之间以口计者一千三百,而群众且十世矣。浚地淅米,鸣鼓会食,时人有'三岁婴儿不辨母,环视桁上衣无数'之谣。天禧四年(1020),州以其事闻于朝,诏表异之,赐以'义门'二字,旌其闾。五年,文政者与文谅以里物进之朝。帝善其来,诏赐白金倍所献。文政兄弟益感上赐,请监书归,淑其子孙,而汪氏儒风自此发轫。安定胡先生诗所谓'宗枝冠南州,儒风亦优优'者是也。文政之名遂载太史氏。诸文既卒,诸元之子,忽有起斗粟之忿者,遂攘臂争之,而义风败矣。元干子舜元即其人也。方其始争,元简若长辈,涕泣以道之,喻之以理,而弗获众,于是合其子弟若侄,聚火于炉,使之既燃。复析而三十八,之因曰:天下之理,聚则气盛,散则消长,不能齐汝,视若兹火,昔之合于一者,炎炎固如彼,今吾离而析之,或幸而赫烈不止,或不幸而渐入衰微,又不幸而遽至于熄绝而不复振其利害,盖甚相远,尔曷不念而祖而父之艰难以起厥家,乃携手足以坠其绪,尔独忍于兹乎。舜元卒不听。刑部公齐时守韶州,闻义居之析,公乃作诗悼之曰:'祖祢阴功未有涯,奈

何群小好奢华。几年义聚千余口,一旦星分数百家。造孽未除心下火,贪财惟爱眼前花。更无击鼓升堂饭,自取饥寒莫怨嗟。'刻之韶州壁柱间,以寄其不满。今元简与长者之子孙为最繁衍,亦造物者报其拳拳尚义之心也。渐公,别名担来。五代时,汪广携子渐避乱来旌,时尚幼,担负以来,故名担来。故始来旌者为广公,则始迁祖为广公无疑也。

　　按:本篇详述义门汪氏十世同居情况。一门十世同居,确是不易,定然以义、以和为宗旨。然天下大势合久必分,家庭亦然,分亦非坏事。

《西溪汪氏支谱》二则

　　按:《西溪汪氏支谱》由唐越国公汪华三十五代孙、京闱贡士文林郎推九江府署瑞州府事汪濬编纂。

新安西溪汪氏源流宗支派地理图

　　汪氏之源鲁成公,妻姒氏有游白兔岩之梦,遇虹绕腹,感而生子,有'汪'字之纹在其手,遂以名之。及长,仪表奇异,志气超凡,仕鲁为上大夫,建大功,封汪侯,食采颖川。其子曰芒,孙曰锜,以父祖名为氏,乃称汪芒、汪锜焉。自时厥后,代有隆替,人有显晦。在秦有曰考者(7世),为鲁司马左尚书;有曰量者(11世),为太原郡守。在汉有曰猛者(12世),从高祖定关中,官至沛郡守;有曰晃者(16世),从武帝北征,为中郎将。至后汉,有曰文和者(31世),以龙骧将军从孙氏讨黄巾,为会稽令,乃于歙而家之,于是颖川之汪派流江东矣。晋之初始用旺族,是时有曰旭者(35世),为淮安侯,乃沿旧谱记其所出焉。在陈,有曰叔举者(40世)迁歙之登源(今属绩溪)。颖川侯之四十四世孙有华者,世家歙之登源,值隋季乱,应募起兵,于以保据六州,十余年间,民安乐土,及闻唐主受禅,奉表以归,高祖嘉之,即日刻印锡圭,特授歙宣杭睦婺饶六州总管上柱国越国公,食邑三千户。越国公率为神,于歙佑民护国,后追封英济王,世所谓汪王者,一郡六邑之人咸尊祀之。国朝著在祀典岁命有司行祀。今郡人见汪姓者，皆敬礼之，曰：此汪王后也。51世汪质迁新建（旌德），55世迁唐模，65世迁大亩塌，66世汪叔詹迁古城关，71世汪人鉴迁西溪。

　　按：本则亦记汪氏得姓之由，及至71世汪人鑑迁西溪之汪氏迁徙情况。

新安歙西沙溪汪氏源流名世地理歌

　　按：《西溪汪氏支谱》载有"新安歙西沙溪汪氏源流名世地理歌"一首，以七字一句，将汪氏自得姓始，至人鑑公迁西溪止，尽加罗列，令人一览。

颖川汪侯本姓姬，手有汪纹遂名之。子芒以父名为姓，故别姓曰汪芒氏。传诵、钺、嵩、建、考、欣、永、陈、良、猛、胜、理、婴、晃、性、进、达、及雅、勇，言、高与洪、并珍、云、托、剀、广、平、至和者，为会稽令遂家歙。和乃江南派之初，传子曰轸孙曰澈，授、演、道献、恭、统生，元爽、叔举、泰、勋明；勋明长子曰僧滢，乃生世华实豪英。保障六州纳唐款，官为六州都总管，生赠公爵殁封王，庙食千秋民尚感。世家居歙之登源，是为歙之始祖焉。王生九子长曰建，建子处修孙鼎传，鼎传世美、琦、凝绩，质、融、秀山、震、思立，质迁新建立唐模，五世二迁家愈实。唐模汪自思立名，传义诚、宪至延臣；延臣子馗孙德晕，仁高、延芳、承吉、瀚，世基次子为少卿，少卿叔詹居古城。古城汪自少卿始，宦门累世传诗礼，若川、友善、时可兴，起莘、人鉴字月卿，月卿上自颖川祖，七十一传皆可数。为知天时并地利，迁西沙溪平阳地，沙溪平阳山水钟，子子孙孙万万世。

正德十一年岁次丙子夏五月望日沙溪裔孙仲淮百拜谨书

卷十一

《太函集》五则

按：汪道昆，字伯玉，号太函、南溟，明代歙县松明山人（今属徽州区），嘉靖进士，文学家，《太函集》120卷是其代表作，今辑录数则如下。

汪道昆砚铭

石瓜砚铭，青门有宾，玄而浮，谁其累之？引蔓周。珍之席上，逾天球。百世绵绵，依故侯。宋歙砚铭，而赢而，角乎而。而教而，朴乎而。吾庸而，错乎而。古砚铭，万则刓，规而锷。窍旁通，归太朴。结绿砚铭，佛子日盦昌谿，以绘事，中流得片石。色如绿沈，周正混成，无庸追琢。浮沈清浊，天地官焉。于时南羽氏研之，泰芋氏铭之。铭曰：荷不茎浮，普陀之滨。色泽盈盈，叩之玉鸣。其方不磷，广大中娠。西极化人，苔而廉贞。

按：砚铭是刻在砚石上之警句箴言，反映作者之精神品格。

汪道昆《潘氏宗祠碑记》

新都礼义之国，诸大宗各有祠。郡大夫泽施于民，其后或作寓公于吾土。若程公元谭，若任公昉。潘氏自刺史守歙，名名刺史，以善政得民。使者柳批上卓异状，上课之最，旌以玺书，子孙留歙黄墩。自唐乾符始至宣议郎承穆徙婺，复徙歙杏潭。潘之枌榆自潘村始。宋武节大夫珏长子节度使有容、次子迪功郎有余并迁岩镇。太学士洋发、秘书监源发并有文名。爰及明兴,其族滋大。处士逮三举子:长阳江令英,次百岁翁韶,季曰黄,鼎足而立。"

按:本《潘氏宗祠碑记》主要在表新都之地(即徽州)为礼义之国,大宗之祖皆是有德泽施于百姓之人,继而简记潘氏在歙之衍脉。

丰干社七君子

"丰干社七君子"为:孝廉陈仲鱼,文学方献成、方羽仲、方君在、方元素、谢少廉、程子虚。

按:丰干社为明代歙地文士所结之社也。

颍上社六君子

"颍上社六君子"为:长方君式,是为信陵,临皋为园,浮丰据颍。次潘玄超,次潘元仲,兄弟也,是为汀州公闻孙公。次汪景纯,吾宗之昭也,居颍上。吾宗食采于鲁,受氏颍川,天祚元宗,于是乎在。次则方子中,为中丞公子,子中之与五人者,友也,则其良也,亟见可也。少者为程用修,盖与景纯世婚媾,同里而居。都人士言,吾党之有六君子也,犹戴匡之有六星也,图内之有六翩也,声有六律六同,色有六彩,味有六和也。

按:颍上社亦为明代歙地文社。

《方于鲁墨表》

象有五:一曰规,二曰萬,三曰斑,四曰圭,五曰杂佩。圆为规,方为萬,正直为斑,修者、锐者、茶者、葵者为圭,凡诸取数不齐,皆为杂佩。义有六:一曰国宝,二曰国华,三曰博古,四曰博物,五曰太莫,六曰太玄。

按:方于鲁为明代徽墨名家。汪道昆之墨表指出方于鲁墨的五种象形和六种含义。

《新安景物约编》二十五则

按：由歙县志办所藏之《新安景物约编》复印本，吾承编《歙县志·旅游编》时予以阅辑，仅选二十五景如下，以供读者览知。

许仙宫

即南山观也，宋建炎中改名许仙宫。唐许宣平隐此。今有丹池、礼斗坛、仙老峰、钵盂石、分桃石诸胜。

慈孝松

元至正间，歙西棠樾鲍宗岩、寿松父子遇贼争死，松即受缚之树，明永乐中赐名"慈孝松"。

玉帐遗踪

在歙城东北，本名玉屏山，明太祖驻跸于此，召见朱升、唐仲实，故名驻跸山。郡人毕永俊构屋其麓，题曰：玉帐遗踪。京兆毕懋康构西清馆其上，池莲并蒂，又名之曰华苹山。风泉传响，常吐飞溜，旧名石壁山。

炼丹池与小武夷

聂真人炼丹池，在问政山麓。小武夷，歙长青山之别名。

王山人遗迹

府志载，在浙江中马寨旁，上有隐园，昔人题句云："羲之重写兰亭序，摩诘亲传辋水图。"皆王山人仲房遗迹。

按：仲房，王寅之字，歙县王村人，自号十岳山人，明文人。

铁犀

渔梁有二铁犀,镇水患。万历中,霞山僧夜见绯衣神鞭犀入水,明日大水,失其一。

槐塘古槐

在歙西槐塘,相传程齐国手植,其地即以槐名。元,唐仲实诗:"德隆相业和台鼎,清风吹入南薰弦。"

按:程齐国,乃宋丞相程元凤也。

钵盂津

歙南长陔有南源古寺,祀梁武帝暨宝志禅师,寺后有五峰,前有三瀑布,汇为泽,名钵盂津。

练溪朝云

戴志载歙八景注"练溪朝云"云:新安溪流浚源于扬之水,直泻数十里,望之如练带,昔人有"千寻练带新安水"之句,故称练溪。每春晓雨止,白云横溪,云水相连,影摇素练,真奇观也。明张文在《练溪朝云》诗曰:"数声渔歌破清晓,沙际惊飞鸥鹭群。溪流素练三千尺,寒光摇曳朝云湿。"

按:戴志,即明歙知县戴东旻主修之天启《歙志》。

乌聊山

在郡城东南隅,一名富山,盘薄郁积,雄挟环阓。汉建安之乱,县人毛甘以万户屯此,为三国吴将贺齐所破,因置新都郡。唐越国公汪华在隋末起兵,亦屯于此。及义宁中,自休宁迁治此山之下,城东北皆践山为之,西有四水合流,山上数石圆而白,曰落星石,共七枚,如北斗,又名斗山。一

名七星山,山冈联七,累如贯珠,上有斗山书院,明湛若水讲学于此,向上建斗山亭。唐中世,刺史薛邕迁越国公庙于此,俗呼为庙山。别呼山之东峰为东山云。下有仙姑井。

万山

在乌聊之北。

长青山

晋罗文祐炼丹成,乘白狼上升,其草长青,故名长青山。下有升化桥,又曰小武夷。

马鞍山、龟山

马鞍山,在歙治东南。龟山,在马鞍山南,一名圭山,旧建文笔峰于上。

> 按:文笔峰当为文笔塔也,此塔20世纪50年代尚存,吾当年为中学生时曾亲见之,1958年大炼钢铁时拆之。

问政山

《祥符图经》载:问政山,唐光化中(898—900),聂道士隐此,刺史陶雅深所推重,常访以为政之要,故名。《方舆胜览》载聂夷中诗云:千寻练带新安水,万仞花屏问政山。故府记云,山在县东五里,一名华屏,唐有荆南掌书记于方外者,弃官从太白山学术,其从弟德晦刺歙,方外访之,为筑室于此,号问政山房。邑人聂师道少事方外,后入吴为国师,号问政先生。有兴唐观、宝相寺,寺侧有泉,有高眉、钟楼二峰。见碑志。及豫章黄山谷书问政先生诰后,其绝崖下刻宋黄台词。其山鸾翔凤翥,屏障城闉,右出曰太函,明汪道昆著述地,亦产佳茶;左出曰高眉,尖秀矗天中。

> 按:此则记问政山得名掌故也,所述德晦为于德晦,于唐宣宗大中

岑山

在歙南十五里,屹立渐江中,石势礌砢,水声瀺灂,蚪松插天,顶平夷。唐建寺曰周流。元郑玉建读书楼其上,更名小焦山。先生闲披短蓑游钓,乡人尊为郑公钓台。又名普陀山,康熙中御书星岩寺。

古歙诸泉

渥洼泉,在岑山,渐江中北岸,味胜中泠,根源石罅。 文公泉,在问政山古紫阳书院侧,甘洌异常。

古歙诸亭

斗山亭,即魁杓亭,郡城斗山书院之上。许田《斗山亭限韵》:古堞新莎雨后青,危楼缥缈晓云扃。王路《斗山亭》:溪水天边绿,松云雨后青。陈瑚《斗山亭九日宴集》:双郭风摇千树直,一天霞衬万山明。羊山亭,在问政山。浮丘亭,郡治西北雉堞上,有两古木,宋郡守洪适倚木建亭。旧斗山亭,即其北也。岁寒亭,在歙治,旧名松风亭,宋邑令王荐建,苏辙有诗。朗吟亭,郡城万山观上,有洞宾遗像,传为吕祖自图,云亭取"朗吟飞过洞庭湖"之句。候贤亭,在问政山,唐刺史于德晦为兄方外筑问政山房于此。披云亭,在南山,唐宣歙副使魏宏间为张友正建。

秀锦楼

郡城内,宋汪藻守郡时建,以比画锦,方岳有赋,今西城门楼也。

梅花古衲墓

即渐江墓。渐江,本前明诸生,俗姓江,东关人,能诗善画,得倪迂三昧,晚年住西干寺。墓在披云峰下。仙化之日语人,墓上种梅花,曰:我愿清香十斛濯魄冰壶也。其高弟有江注及释石舟,注亦能诗,尤工黄海

松石。

郑仙姑阁

在郡城乌聊山下。姑,郑八郎女,八十岁不嫁,曾与苏辙论五蕴五行,坐卧不出小楼,而或见千百里之外。前有仙姑井。

龙王山禹王阁

横截练江,雄挟渔梁,又名鹤顶。相传宣州刺史访许宣平待渡处。据传,许宣平以草履赠走卒,之宣州,日至则倒悬之,辰发已至,忘其语,履化鹤飞去。此为"草履化双鹤"。

金鸡石

郡南严岭道中,万紫山有石,赤文绿字,峭壁悬崖,石有金鸡,能读者,则金鸡飞鸣。唐罗隐读之,果验。

太尉殿

歙北丰口有太尉庙,毁于黄巢。宋绍兴初,断碑出,碑载,汉郑宏,字谓宏,罢官后,由会稽迁睦,由睦迁新安,子孙遂家焉。跳石、律村等处,郑姓为多,里人郑显文复为建庙,知府洪适纪事。

古歙八景

屏山春雨、乌聊晓钟、黄山霁雪、飞布晴岚、紫阳山月、练溪朝云、渔梁夕照、白水寒蟾。

紫阳十景

双城雨色、十寺钟声、乌聊朝云、渔梁夏涨、贤关暮霭、古渡樵歌、霞山塔影、仙桥印月、禹阁疏林、回龙积雪。

《沙溪集略》九则

按:《沙溪集略》为沙溪人凌应秋北洲氏编辑,其弟彝谟、彝泰、禹襄、载篁参订,记载了歙北沙溪地理、人事诸情况。全书共分八卷,藏歙县志办。

源流

凌本姬姓,周武王少弟康叔,封于卫,其子为司寇,成王命其子为凌官,遂以官为姓,望出涿鹿。自吴校尉统公,字公续,拜偏将军,封亭侯,称江表虎臣,世居余杭。传十三世曰安公,唐高宗显庆二年(657),判歙州,遂居歙之沙溪,为始祖。其由沙溪而之吴、之越、之闽、之浙、之楚、之淮南北等区,子孙益众,科第益多。其间,忠臣名宦,指不胜屈,而悉原本于沙溪。故称凌氏者,必曰沙溪凌,明其所自出也。

按:本则叙凌氏亦以官为姓,始祖为周武王少弟康叔之子。唐高宗时,凌安任歙州通判,居沙溪,为始祖,其为三国名将凌统之后。由沙溪转迁吴、越、闽、楚、淮等地。

舆地

沙溪属歙县北乡九都七图,距万年桥十里。始祖安公自余杭来判歙州,后卒于公廨,葬城北里湖,夫人汪氏携孤万一公庐于墓侧,旦夕诣祝祷得居地,夜感梦曰:溪东有地名沙溪,背东北,面西南,平洋、爽垲二水回环,居此。

按:本则记沙溪在歙北的位置,及凌氏在此落脚之故。

北园文会

创始于元泰定间（1324—1327），在村南之八亩垆。儒士凌公庆四，号北园，读书其间，讲明程朱之学，与槐塘唐白云、双桥郑师山二先生相往还。明太祖自帅常遇春等将兵十万繇宣至歙，召故老耆儒访以民事，庆四与朱升、唐仲实、姚琏、郑恒等入见对，皆称旨，受尊酒束帛之赐，终其身，隐居不仕，学者称为北园先生。嘉靖初观察斗城公下帷于此。许文穆、毕东郊诸先辈时相过从，吟啸其中，号为三友。至万历间，文风日振，人才日出，密迩数十里，如唐中丞晖、程按察子鳌与司马骊公、民部世韶公、侍郎润生公，联文史之社，讲习有年，诸公先后飞腾，弦诵之声日渐寥寂。鼎革后，风霜兵燹，墙垣崩坏，椽瓦颓倾，宇舍已不复存，而其遗址犹在。

按：本则记沙溪北园文会起始于元末明初之凌庆四，因其号北园而名之，他亦是朱元璋召见的文士之一。唐白云，即唐仲实；郑师山为郑玉，双桥乃郑村之原名。此为最初之文会。后至嘉靖、万历间，斗城公凌琯，凌庆四之后人，明嘉靖四十一年进士，官至陕西按察使。许文穆，为许国，明嘉靖四十四年进士，官至礼部尚书。毕东郊，毕懋康也，明万历二十六年进士，又字孟侯，邑城人，官中书舍人，广西道监察御史、南京兵部右侍郎。再后有槐塘唐晖、程子鳌、凌骊等，相继为会。

北园文会诗

许国《春日北园文会即事》：时光佳媚景谁铺？恰似唐人金碧图。倚槛却怜梅额减，隔墙应爱柳眉舒。冻鱼就日游人懒，啼鸟娇春语渐麤。方羡远山明丽甚，东风催雨又模糊。毕懋康《北园文会雪里赏红梅》：空中离角两招摇，玉润脂香炉不消。柏子吐烟炉半暖，梅花点润镜中娇。为贪飞絮凭高槛，哪得携尊醉野桥。笑问寻春何太艳，一时瑶海起红潮。凌琯《北园文会六月瑞香再馥》：风流不向初春尽，馥烈偏从晚夏传。色丽朱明雕琥珀，香滋碧畹吐龙涎。临池夜夺芙蓉艳，倚槛光分茉莉妍。却向草堂添野趣，于今好作瑞花篇。

按：本则载许国、毕懋康、凌琯三人所作北园文会诗。

吕仙宫

在小溪之北岸，唐僖宗时，十世祖荣禄公遇异人，待之甚恭，久而弗倦。异人授方，指地凿井，曰：汲此酿酒，酒当自佳。试之，果验。忆此异人，乃吕仙也，绘像立祠祀之。岁久倾圮。至明万历四十一年，裔孙太常卿子俭率族重建祠宇，新置铁井栏，镌吕仙诗字于壁。邑令楚黄张涛题曰：唐朝凌荣禄公造酒遇仙之处。宁国司理许光祚题额曰：迓仙室。国朝康熙二十九年，吕仙屡征灵异，展拜者众。族人因祠宇湫隘，扩隙地建廊房，因改今额。宫旁有仙井，相传吕仙以丹投井，又号丹井。蜀人凌伯曾题曰：玉华分液。歙令戴东旻题曰：金丹永存。

按：本则记载沙溪吕仙宫的位置、吕仙到沙溪授方指地凿井之异事等。

仙井

在吕仙宫旁，吕仙指示地脉凿井得泉，授方造酒，投丹疗疾。万历癸丑太常公子俭率族众建"迓仙室"，井栏始易以铁焉，有记。

按：原载明代《歙志·艺文》，略记仙井。

饮甘亭

在吕仙宫右侧，吕仙来游，尝饮于此，曰：君造酒味甘，吾指地凿井，得醴泉，授丹方，酿之，其味不更甘耶。邑令刘垣之因颜其亭曰：饮甘，存仙迹也。久圮。明万历四十一年族人重建。

凌荣禄公

《沙溪集略》载凌荣禄公，字子贵，禀性纯朴，言行无伪。一日，遇异人

于溪上，邀至家，以酒待之。异人欣然授以酒方，指地凿井，曰：汲此水，依方造之，其味自佳，使公与公子孙富盛于万载，而名犹存焉。试之，果验。忆此异人，乃吕仙也。唐光启元年，以方进，蒙赐金帛而归。公不自私，遂以所赐建创里社，因名曰皇富，与五村共之。宋龙图阁带制俞献可为之立传。

按：本则所载凌荣禄即殷勤款待吕仙得酒方之人。

凌庆四公

《沙溪集略》载凌庆四公，字必通，号北园先生，夙慧，从胡云峰先生游，尽得其学。归里后，构静室数楹于村南之八亩垎，与其徒讲明朱程之旨。时槐塘唐白云、双桥郑师山，皆负人伦，鉴咸折节，与交焉。明太祖自帅常遇春等将兵十万，繇宣至歙，召故老耆儒访以民事，守臣邓愈以公名闻，与唐仲实、姚琏、郑恒等入县对，皆称旨，受尊酒束帛之赐。终其身隐居不仕。著有《济时三策》、《正心论》、《北园小草》，学者称为"北园先生"。郡守陈彦回为之立传。

后　记

　　或许是年少时起，我即养成爱看书，且对自己认为值得留存的东西必摘辑之习惯，当然以好词、好句和有趣味、有哲理的东西为主。但那时只是随摘随记随阅之而已，没有刻意要蒐集成册，以备后用，因此分散在许多笔记本中。读大学时，曾专门用一个本子摘辑之，以图成册，但也随着那年头的动乱而不了了之。但爱读书报、爱摘辑资料的习惯未变，一直延续至今。这对我的写作和写材料是有一定帮助的，因为许多知识虽未曾刻意地去记忆它，但却潜移默化在我的神思中，成为我思维的有机组成，到动笔时便水到渠成地体现出来。这种知识积累的作用是不可言喻的。

　　1997年年底，我从县委宣传部被调到县地方志办公室工作。地志办是个冷清的单位，但有一个优点，即史志方面的图书资料收藏较多，且能让人静下来阅读之。我在编撰《歙县年鉴》之余，阅读了许多有关歙县乃至徽州的故实。同时，我在自己购买的明清笔记和其他图书中，也发现许多有关歙县及徽州的故实，于是便萌生有模有样的辑录之想。特别是购阅了我县前辈方志家许承尧老先生出版的《歙事闲谭》后，对我更是一个动力。他当年将编纂《歙县志》所余资料编撰成书，给后人研究徽学提供了丰富的矿藏。这给我以启示，我也不愿让自己收集到的资料隐居在一室之中，而愿将它们辑录成书，以求问世，也为他人在了解和研究徽州时提供一些资源。2005年年底，退休后，我又被原单位返聘编纂新《歙县志》，几年中，又阅读和收集了不少史志资料，尤其是为编纂"氏族编"，到歙县档案馆和博物馆、黄山学院查阅辑录了一些宗谱材料。我亦不愿让这些一字一句摘记下来的东西尘封在斗室中。于是，我在工作之余，一则一则地写在笔记本中，几年下来竟达十万字。2009年时，我将记写的第一本交借调来志办工作的姚敏同志，抽空帮我输入电脑。不久，她调走了，只录了几千字。而我那时不会电脑，但用笔辑录仍在继续。2010年初夏，

回家乡不久的擅长电脑的小儿子,教会我用电脑打字,我便自己在电脑上操作了。但在2011年8月之前,在完成《歙县志》出版发行后,我还在进行着县党史稿的编撰工作,因而电脑辑录《歙故丛谭》一书,仍在业余挤时间进行。9月后,我才有专门的时间用电脑辑录此书。但因身体状况,每日也只有用4个小时分上下午两段进行。如今,东西终于告成,心中喜悦之情难以言表。

综览全书,计搜集了74种图书、宗谱、方志、辞典、碑记等,其中图书28种,宗谱21种,方志21种,余则其他,计篇条705则,分为十八卷辑录之,内容涵盖徽州人物、姓氏、史实、著作、传说、掌故、轶闻、古迹等诸方面。取书名《歙故丛谭》,先言明:此"歙"非单指歙县,乃涵盖整个徽州也,因徽州之先是歙州;"故"者,过去之人物史实所传也;"丛"者,自是非一篇之谓,乃丛生之一大片也;"谭",同谈、同说。全名即是歙州故实之丛说也。

2012年年初,我把《歙故丛谭》书稿交歙县政协领导一阅,希望得到支持,政协领导即予以肯定;后在3月份县政协文史委会议上提出,亦得到支持;再后县委、县政府主要领导同志闻元也给以鼓励和关注。遂终由歙县政协文史委以"歙县文史资料专辑"印出,并得黄山市著名书法家胡云先生慷慨为之题写书名,歙县著名画家吴志高先生为之做封面设计,县政协文史委主任吴曙东同志担当编辑。

书印出后,我寄赠一本给安徽师范大学教授王世华。他是一位徽学研究名家,著述甚多,成果颇丰,收到我的拙书后,认为此书还有一些资料价值,可以正式出版发行。于是在他同有关领导研究后,决定以"安徽师范大学徽学研究丛书"之一,在安徽师范大学出版社出版,王教授还热心受邀,欣然为本书作序。此为我之幸运也。此次出版做了较大的调整和删改,计为十一卷,辑录图书17种,宗谱19种,其他5种,计条目322则。为文字简练起见,按语文字风格仍以半文言为主。敬希读者见谅。在此特向为此书出版出力的人们表示衷心感谢。

是为后记。

张　恺

于2015年11月7日